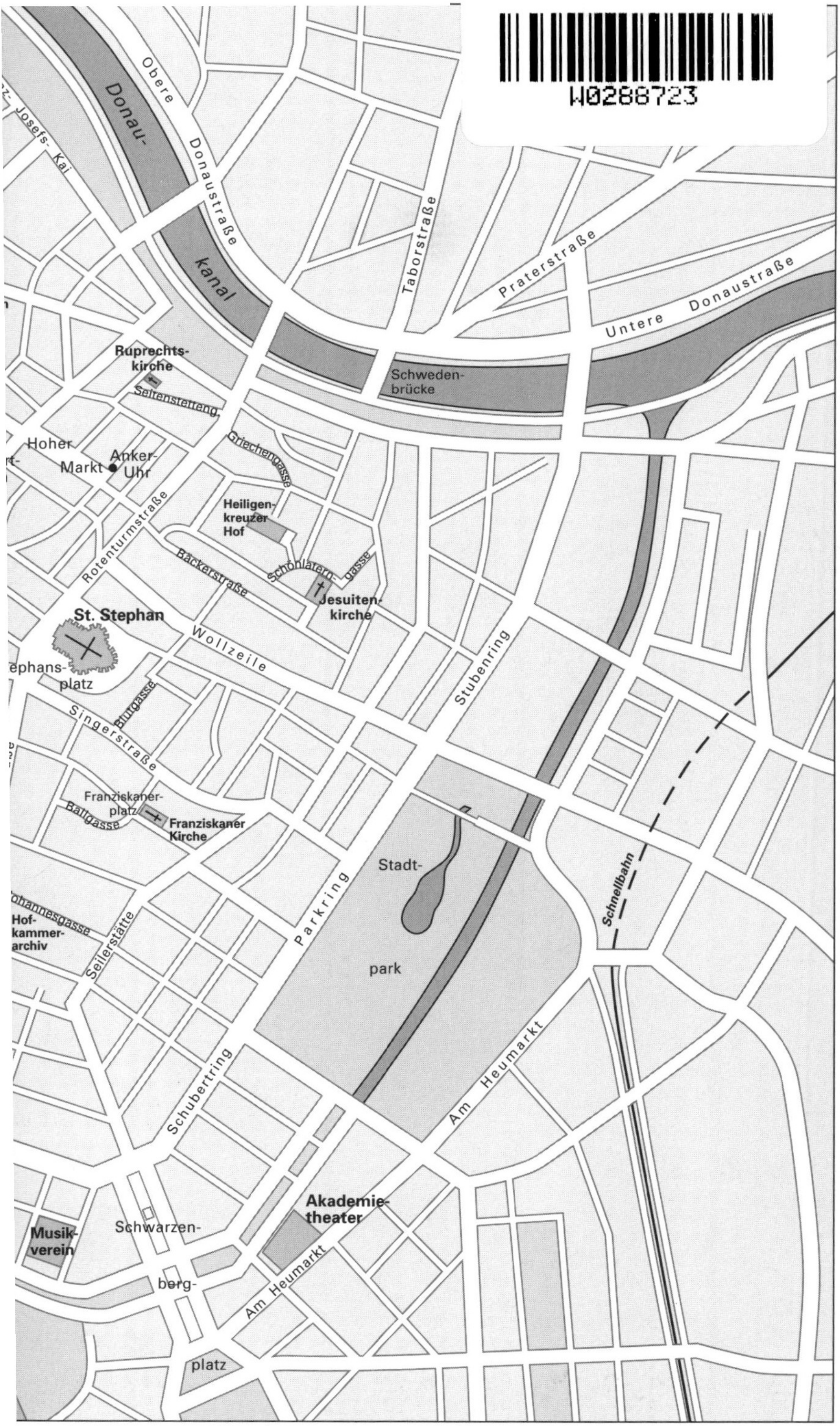
Obere Donaustraße
Donau-kanal
Josefs-Kai
Taborstraße
Praterstraße
Untere Donaustraße
Schwedenbrücke
Ruprechtskirche
Seitenstetteng.
Griechengasse
Hoher Markt
Anker-Uhr
Rotenturmstraße
Heiligenkreuzer Hof
Bäckerstraße
Schönlaterngasse
Jesuitenkirche
St. Stephan
Stephansplatz
Wollzeile
Stubenring
Blutgasse
Singerstraße
Franziskanerplatz
Ballgasse
Franziskaner Kirche
Stadtpark
Parkring
Schnellbahn
Johannesgasse
Hofkammerarchiv
Seilerstätte
Am Heumarkt
Schubertring
Akademietheater
Musikverein
Schwarzenbergplatz

→ Richard Miklin

Wien

Literarische Spaziergänge durch Vergangenheit und Gegenwart

Klett-Cotta

Für Silvia

Inhalt

»Eine versteinerte Arche Noah«
Der Stephansdom 7

»Owê war sint verswunden ...«
In Vindobona und »ze Wiene« 18

»weidda obn is da grobn«
Zwischen Kohlmarkt und Seilerstätte 41

»Unübersehbar warn mir«
Durch die Hofburg und über den Ring 70

»Mühsal, Schweiß und Not«
In der Leopoldstadt und im Wurstelprater . . . 95

»Ungargassenland«
Zwischen Stadtpark, Donaukanal
und Belvedere – und ein Besuch auf
dem St. Marxer Friedhof 114

»In einer Symphonie von Düften«
Von der Oper über den Naschmarkt
auf den Spittelberg 135

»In dem Bezirk sind alle Doktors«
Kreuz und quer durch die Josefstadt 153

»Jeder Weg hat seine eigene Würde«
Rund um die Strudlhofstiege 170

»Die Majestäten verlassen uns«
Ein Ausflug nach Schönbrunn 189

»Wann die Musi so spüüt«
In Heiligenstadt und Grinzing
und ein Blick vom Cobenzl 197

Quellennachweis 214

Bildnachweis 220

Personenregister 221

→ »Eine versteinerte Arche Noah«

Der Stephansdom

Langsam steige ich im südlichen Stephansturm die enge Wendeltreppe zur Türmerstube empor. Die Treppe hat angeblich genau dreihundertdreiundvierzig Stufen. Dreihundertdreiundvierzig ist sieben mal sieben mal sieben. Die heilige Zahl sieben potenziert mit der heiligen Zahl drei. Gotische Zahlenmystik. Ganz weltlicher Natur sind hingegen die unzähligen, in die Wand geritzten Namen, kindliche Versuche vieler Generationen von Turmbesteigern, sich in dem uralten Dom zu verewigen.

In der Stube, wo jahrhundertelang der Türmer hauste, um nach Feuer Ausschau zu halten und im Kriegsfall vor heranziehenden Feinden zu warnen, sitzt heute tagsüber ein Souvenirverkäufer. Eine der Sagen um den Stephansdom erzählt, daß zu der Zeit, als der Dom noch von einem Friedhof umgeben war, eines Nachts der Tod erschien, um sich mit dem als Meisterkegler bekannten Türmer zu messen. Angesichts seines unheimlichen Gegners gingen dem Türmer die Nerven durch. Um ja nicht zu verlieren, warf er voller Angst heimlich einen Kegel aus dem Fenster. Doch der Tod traf alle acht Kegel und als neunten den Türmer, der wie tot umfiel. »Den Tod betrügt man nicht«, sagte der Tod lakonisch, ließ den Türmer aber leben, da er wirklich nur kegeln wollte. Zumindest in einer Version der Sage. In einer anderen kommt der Türmer nicht mit dem Leben davon.

Wien von oben. Ich versuche mir vorzustellen, wie es vor etwa zweitausend Jahren zu meinen Füßen ausgesehen haben könnte, wäre es damals möglich gewesen, von einem Turm wie diesem hinunterzuschauen. Die sanfte Hügelkette des Wienerwalds von Nord- bis Südwesten hätte wohl einen ganz ähnlichen Anblick geboten. Doch die Donau, die man heute von hier aus nicht mehr sehen kann, muß nördlich von Wien ein sehr breiter, vielarmiger Strom gewesen sein, dessen südlichster Arm nahe an den ersten

Siedlungen vorbeifloß. Endlose Weiten im Osten. Im Zeitraffer lasse ich dann die Stadt wachsen und sich ausbreiten. Vom Westfenster des Turms blicke ich auf das fast quadratische römische Legionslager Vindobona hinunter. Bäche und kleine Flüsse fließen daran vorbei und münden in die Donau, eine schmale Straße führt von Westen nach Osten am Lager vorüber, eine andere geht in den Süden. Nach dem Abzug der Truppen verfallen die Bauten innerhalb der Lagermauern. Nur langsam füllt sich das Quadrat wieder mit Häusern, zuerst hölzernen, dann mit solchen aus Stein. Immer mehr Kirchtürme wachsen aus dem Boden. Schließlich überspringt die Stadt die Grenzen des ehemaligen Römerlagers, der Graben wird zugeschüttet. Eine neue Stadtmauer entsteht. Der Dom – und damit mein Aussichtsplatz – befindet sich jetzt im Zentrum der Stadt. Die Ringmauer wird verstärkt und mit Basteien versehen. Aus der Vogelperspektive sieht die neue Festungsmauer wie ein vielzackiger Stern aus. Dann tut sich lange nichts, aber innerhalb der Mauern wird es immer dichter, die Häuser werden höher. Endlich wird auch diese Mauer abgebrochen, und die Innenstadt wächst mit den Vororten zusammen. Damit sind wir in der zweiten Hälfte des 19. Jahrhunderts angelangt.

In seiner Erzählung *Aussicht und Betrachtungen von der Spitze des St. Stephansturmes* (1842) beschreibt der damals siebenunddreißigjährige Adalbert Stifter das unter ihm liegende Wien:

Der Teil gerade zu unsern Füßen ist die eigentliche Stadt. Wir sehen sie wie eine Scheibe um unsern Turm herumliegen, ein Gewimmel und Geschiebe von Dächern, Giebeln, Schornsteinen, Türmen, ein Durcheinanderliegen von Prismen, Würfeln, Pyramiden, Parallelepipeden, Kuppeln, als sei das alles in toller Kristallisation aneinandergeschossen und starre nun da so fort. [...] Dort, nur durch eine dünne Häuserschicht von uns getrennt, steht die schöne schwarze Kuppel St. Peters, von dieser Höhe

← »Unsre Augen brennen noch nach oben« (Gerhard Fritsch) – Blick aus der Churhausgasse auf den Stephansturm

erst sichtbar, wie weit sie die Häusermasse überragt – hinter ihr der freundliche Turm der Schottenabtei, links das schlanke Stift St. Michaels, dann die Augustiner, die Kapuziner und zwischen ihnen allen – selber eine kleine Stadt – die ehrwürdigen Gebäude der kaiserlichen Hofburg. Dann schwingt sich von Süd gegen Ost herum die Häusermasse des Kärntnerviertels, durchschnitten von dem sanften Bogen der Kärntnerstraße, der menschenwimmelnden – dort ragen die Franziskanertürme, weiter links die der Universität empor, und dort gegen Nordwest – du kleines bescheidenes Türmchen! St. Ruprecht, ältestes der Stadt – und wieder links davon die zart durchbrochene Spitze von Maria am Gestade – und noch andere und andere Türme, Giebel, Erker und Balkone.

Vergleicht man Stifters Bild der Stadt mit ihrem heutigen Aussehen, zeigen sich große Veränderungen. Die augenfälligste: Wien ist schon lange keine »Scheibe« mehr. Als Stifter vom Stephansturm herabschaute, blickte er auf eine in ihren Grundstrukturen noch immer mittelalterliche, von Festungsmauern und Basteien umgebene Stadt, vor der sich das sogenannte Glacis ausdehnte, eine große, unverbaute Fläche, die als Schußfeld dienen und Angreifern die unbemerkte Annäherung an die Stadt erschweren sollte. Dieses Glacis legte sich bis 1858 »wie ein breiter, grüner Gürtel«, so Stifter, um die Stadt und trennte diese schon rein optisch von den umliegenden Vorstädten und Dörfern. Seit dem Abbruch der Basteien und der Entstehung der Ringstraße mit ihren Palais und Prunkbauten ist die Grenze zwischen der Inneren Stadt und den sie umschließenden Bezirken vom Stephansturm aus nicht mehr zu erkennen.

Die zweite auffällige Änderung betrifft die über die Dächer hinausragenden Bauten. Während Stifter ausschließlich Kirchtürme aus dem Häusermeer herausragen sah, springen dem heutigen Betrachter eine Vielzahl weiterer Bauten ins Auge. Um nur einige zu nennen, die sich im Westen und Norden zeigen: Hinter den Türmen der neugotischen Votivkirche, die Stifter nicht sehen konnte, da mit ihrer Erbauung erst 1856 begonnen wurde, erheben sich die beiden riesigen schwarzen Blöcke des neuen Allgemeinen Krankenhauses, rechts im Hintergrund der Kirche Maria am Gestade glänzt die vergoldete Kugel am Schornstein des von Friedensreich Hundertwasser verzierten Fernheizwerks in der Sonne, wieder weiter rechts steht der 1953-55 erbaute sogenannte Ringturm, eines der ersten Hochhäuser Wiens, aus dem Grün des Augartens erheben sich, als nicht zu entfernende Relikte des Zweiten Weltkriegs, zwei Flaktürme, rechts dahinter ragt der Millennium Tower, mit 202 Metern das höchste Haus der Stadt, in den Himmel, nördlich des Flusses folgen der Donauturm und die von immer neuen Hochhäusern umgebene UNO-City, und schließlich, noch weiter rechts, schon nordöstlich vom Stephansturm, das Riesenrad. Auch das konnte Stifter noch nicht sehen; es wurde erst 1897 in Betrieb genommen. Und zu all dem kommt eine Dachlandschaft, zu der sich Stifters »Gewimmel und Geschiebe von Dächern« sehr ordentlich ausgenommen haben dürfte. Die große Anzahl von ausgebauten Dachböden mit ihren Terrassen und Dachgärten hat hoch über dem Straßenniveau eine eigene Lebenswelt entstehen lassen.

Wie haben sich die Menschen dieser Stadt verändert seit Stifters Zeiten? Die Entfernung des Korsetts der Stadtbefestigung ließ seine Bewohner erstmals tief durchatmen und bildete die Voraussetzung für den Aufstieg Wiens zur imperialen Großstadt. Trotz Konflikten mit den Nachbarstaaten und zunehmenden Spannungen im Inneren des Vielvölkerreichs war die Habsburgermonarchie für die meisten ein Garant für Frieden und Sicherheit. In Wirklichkeit hatte sie sich zur Jahrhundertwende längst überlebt und wurde nur noch durch die Gestalt des alten Kaisers Franz Joseph zusammengehalten. Sein Tod bedeutete das endgültige Ende aller scheinbaren Sicherheiten und den Anfang einer jahrzehntelangen Krisenzeit, die die Wiener besonders intensiv zu spüren bekamen. Wer um 1900 geboren war, hatte mit fünfzig Jahren zwei Weltkriege über- und den Zusammenbruch von vier Staatsformen erlebt: 1918 der Monarchie, 1933 der Ersten Republik, 1938 des austrofaschistischen Ständestaats, 1945 des Dritten Reichs. Er hat den Wandel der Stadt von der Metropole einer europäischen Großmacht zur Hauptstadt eines Kleinstaats mitgemacht.

Vor dem Ersten Weltkrieg war die Donaumetropole der »melting-pot« eines Vielvölkerreichs, aus dessen Provinzen die Vorfahren vieler Wiener stammen. Heute, nach dem Verschwinden des »Eisernen Vorhangs« und dem Beitritt Österreichs zur Europäischen Union, ist Wien – befreit von seiner jahrzehntelangen geopolitischen Randlage – wieder zu einer offenen Stadt im Herzen Mitteleuropas geworden. Manche fürchten diese scheinbar neue Situation, andere sehen sie als Chance, an die lebendige, multiethnische Vergangenheit anzuknüpfen, die den Humus für die kulturelle Hochblüte der Stadt im ersten Drittel des 20. Jahrhunderts bildete. Und sicher glauben auch heute viele, daß sich ohnehin nichts ändert. Folgenden Dialog mit einem »echt'n Weana« haben Carl Merz und Helmut Qualtinger Mitte der siebziger Jahre geschrieben, gültig ist er wohl noch immer:

DER FREUND Travnicek, was halten Sie von Wien?
TRAVNICEK Da müssen S' mich nachdenken lassen – – Nix.
FREUND Aber Travnicek, merken Sie nicht den ungeheuren Aufschwung, den die Stadt genommen hat?
TRAVNICEK Mitnichten – Wien bleibt Wien.
FREUND Na also –
TRAVNICEK Furchtbarer Gedanke ...

Ich steige von der Türmerstube hinunter, um mir den Dom von außen und innen anzusehen. Voll Bewunderung für die Kunst der mittelalterlichen Baumeister und Steinmetze lasse ich meinen Blick zur Turmspitze hinaufwandern. Ich betrachte die unzähligen filigranen Türmchen und die gotischen Wasserspeier, diese eindrucksvollen »steinernen Drachen«, die »zähnefletschend über dem Abgrund« hängen, wie es in einem Gedicht von Gerhard Fritsch heißt. Und in einem anderen sagt er von den Schwalben, die den Turm umkreisen: sie »wissen noch um Gottes Herz«.

Seit dem Hochmittelalter ist der Stephansdom Zentrum und Wahrzeichen der Stadt. Mit dem Bau einer romanischen Pfarrkirche, deren Bauplatz damals noch außerhalb der Stadtmauern lag, wurde 1137 begonnen, mit der Errichtung des gotischen Chors 1304. Im Jahr 1433 wurde der Südturm vollendet, und nach 1440 wurden das Langhaus, das Dach und die Gewölbe fertiggebaut. 1511 wurde der Bau des Nordturms eingestellt, der zwischen 1556 und 1578 seine achteckige Haube bekam. Damit hatte der Dom die Gestalt, in der er sich noch heute präsentiert. Im April 1945 brannte der gotische Dachstuhl ab, und Teile des Gewölbes über dem Hauptchor stürzten ein. 1952 wurde der renovierte Dom wiedereröffnet.

Rote Steinplatten im Pflaster des Stephansplatzes markieren die Umrisse der 1782 abgebrannten Maria-Magdalena-Kapelle. Sie war die Friedhofskirche des bis 1732 den Dom umgebenden Stephansfreithofs, so die alte Bezeichnung, der durch vier Tore, die nächtens geschlossen wurden, aus den umliegenden Gassen betreten werden konnte. Die westliche Begrenzung des Friedhofs wurde von einer schmalen Häuserzeile gebildet, die nur wenige Meter vom Riesentor entfernt parallel zur Westfassade des Doms quer über den heutigen Platz verlief. Sie enthielt unter anderem das Mesnerhaus und den sogenannten Heilthumstuhl, in dem die Reliquien aufbewahrt wurden. Im Zuge der Errichtung der U-Bahnstation Stephansplatz wurde 1978 die unter der Magdalenenkapelle gelegene frühgotische Virgilkapelle freigelegt, in die man durch ein Fenster im Stationsabgang einen Blick werfen kann. Sie wurde als Beinhaus genutzt, ihre ursprüngliche Funktion ist aber ungewiß. An den Friedhof erinnern heute nur noch in die Domwände eingelassene Grabsteine.

Der Dom muß laufend restauriert werden. Zuletzt drohte ein Fialturm des Südturms einzustürzen, was eine dramatische Rettungsaktion notwendig machte. Ein riesiges Gerüst hängt seither am Turm. Und wenn dieses abgetragen ist, wird an einer anderen Stelle ein neues in den Himmel wachsen. Überall nagt der Zahn der Zeit am Gestein und macht den Dom zu einer permanenten Baustelle.

Vor einiger Zeit wurde auch das kulturhistorisch bedeutsame Neidhart-Grabmal restauriert. Es befindet sich an der Südseite des Doms, links vom Singertor. Unter einem zweibogigen Baldachin liegt auf einer Grabtumba eine überlebensgroße Figur aus Sandstein, die Neidhart Fuchs, den lustigen Rat Herzog Ottos des Fröhlichen (1301-1339) darstellt und um 1360 geschaffen worden sein dürfte. Die heute graue Figur war ursprünglich bunt gefaßt, das Kleid war blau, der Mantel rot und die Kappe grün. Der »Künstlername« des Hofnarren nimmt auf den berühmten »Liedermacher« Neidhart von Reuenthal bezug, der in der ersten Hälfte des 13. Jahrhunderts gelebt und selbst am Babenberger Hof gesungen und gespielt hat. Nach seinem Tod wurden seine Lieder nachgeahmt und erweitert, und er selbst wurde zu einer sagenumwobenen Figur, die im Mittelpunkt von Schwänken und Spielen stand. Im Haus Tuchlauben 19, das wir bei unserem ersten Spaziergang besuchen werden, sind mittelalterliche Fresken erhalten, die unter anderem den heute bekanntesten aller Neidhart-Schwänke, den Veilchenschwank, darstellen.

Ebenfalls an der Außenmauer des Doms, unter dem Nordturm, befindet sich eine Kopie – das Original ist im Kircheninneren – des Epitaphs von Konrad Celtis, einem Bahnbrecher des Humanismus in Deutschland und Österreich. Er erhob die Geschichtswissenschaft zu einer akademischen Disziplin, machte die Geographie durch den Einsatz von Karten und Globen zu einer Erfahrungswissenschaft und brachte durch die Gründung literarischer Gesellschaften die Ideen des Humanismus unters Volk. Außerdem schrieb er lateinische Dramen und Oden und wurde 1487 von Kaiser Friedrich III. zum Dichter gekrönt. Der Grabstein des 1508 verstorbenen »poeta laureatus« zeigt einen von Büchern umgebenen Gelehrten über einem Lorbeerkranz, in dem das Wort VIVO (ich lebe) steht, und sieht damit aus wie eine Illustration zu einem lateinischen Epigramm des Dichters:

Ad Mortem.
Omnia, mors, perimis, rapis omnia parta labore:
Post mortem probitas scriptaque sola manent.

(*An den Tod* / Alles vernichtest Du, Tod, raffst hinweg den Erfolg aller Mühen. / Nur die Redlichkeit bleibt und das geschriebene Wort.)

Den Haupteingang in den Dom bildet das sogenannte Riesentor. Alle österreichischen Herrscher und Staatsoberhäupter, von den Babenbergern über die Habsburger bis hin zu den Bundespräsidenten der Republik, sind durch dieses imposante gotische Portal geschritten. Einer der vielen möglichen Anlässe dazu ist noch heute die Fronleichsnamsprozession, die in der Zeit der Monarchie immer auch eine Demonstration der Größe des Hauses Habsburg war. In seinem Abgesang auf die Donaumonarchie, dem Roman *Radetzkymarsch* (1932), schildert Joseph Roth eine solche farbenprächtige Prozession und den Eintritt Kaiser Franz Josephs in den Dom unter dem Dröhnen der Glocken.

Hunderttausende Menschen besuchen jährlich den Dom, aber auch zahlreiche literarische Figuren werden von ihren Erfindern in die Kirche geschickt. Die bekannteste ist vielleicht die verzweifelte, schwangere Marianne aus Ödön von Horváths Volksstück *Geschichten aus dem Wiener Wald* (UA 1931). Sie findet dort allerdings keine Hilfe und keinen Trost. Nach dem Verlassen des Beichtstuhls schickt sie vor dem Seitenaltar des Heiligen Antonius ein kindliches Stoßgebet zum Himmel: »Was hast du mit mir vor, lieber Gott?«

Der Dom ist überreich an wertvollen Kunstwerken. Die bedeutendsten sind die spätgotische Kanzel des Anton Pilgram mit dem Selbstporträt des Künstlers (um 1500), der Wiener Neustädter Altar (1147) und der Hochaltar mit dem Bild »Steinigung des hl. Stephan« von Tobias Pock (1640). Der Architekt und Kunsttheoriker Adolf Loos hat auf die Funktion des Doms als Spiegelbild einer mehrhundertjährigen Stadtgeschichte hingewiesen:

Der schönste innenraum: der stephansdom. Sage ich damit etwas altes? Umso besser. Man kann es nicht oft genug sagen: Wir haben den weihevollsten kirchenraum der welt. Das ist kein totes inventarstück, das wir von unseren vätern übernommen haben. Dieser raum erzählt uns unsere geschichte. Alle generationen haben daran mitgearbeitet, alle in ihrer sprache. Bis auf unsere – denn die kann ihre sprache nicht sprechen.

Für Gerhard Roth ist der Stephansdom »sowohl eine versteinerte Arche Noah, in der die Geschichte Wiens in Form von Zeichen und Spuren die Flut der Zeiten überlebt hat, als auch ein ›vom Glauben versetzter Berg‹«. Sein faktenreicher Essay *Der Stephansdom* (1991) wird beiden Aspekten gerecht.

Auch heute ist der Stephansdom erst in zweiter Linie ein kunst- und kulturhistorisches Monument, in erster Linie ist er ein Gotteshaus. Darauf verweist ein Gedicht der 1987 verstorbenen Lyrikerin Christine Busta. Man muß kein Christ sein, um sich davon betroffen zu fühlen.

Bittlichter (1985)

Dienstbotenmadonna im Stephansdom,
der zu Füßen wir wieder
unsre Bittlichter anzünden:
je eines für einander
und eines für alle,
die es brauchen.

Vergib uns die Selbstsucht
und Knausrigkeit!
Unter denen,
für die unser drittes Licht brennt,
sind ja auch wir –
noch einmal.

Und damit hinaus in die Stadt. Wir spazieren durch Wien und seine Geschichte, und wir machen bevorzugt dort halt, wo es einem Autor gelungen ist, die Atmosphäre einer bestimmten Zeit einzufangen und damit Häuser, Straßen und Plätze mit Leben zu erfüllen. Und wir besuchen die Orte, wo Schriftsteller und ihre Figuren gelebt, geliebt und gelitten haben und wo sie gestorben sind. Es ist ein ganz eigener Reiz, die heutige Stadt mit der zu vergleichen, die in Romanen, Dramen und Gedichten, in Erinnerungen, Tagebüchern und Briefen gegenwärtig ist. Vieles ist verschwunden, ganze Straßenzüge und Stadtviertel haben ihr Aussehen im Lauf der Zeit völlig verändert. Und oft sind es nur noch die literarischen Texte, die die Erinnerung an Vergangenes wachhalten.

Wir beginnen mit drei Wegen durch die Innenstadt. Der erste führt durch das Areal des ältesten, römischen bis hochmittelalterlichen Wien, auch der zweite bleibt noch innerhalb der ehemaligen Festungsmauern, erst der dritte, durch und rund um die Hofburg, geht darüber hinaus und bezieht einen Teil der Ringstraße mit ein. Dann folgen Spaziergänge durch die Leopoldstadt und durch die Bezirke zwischen Ring und Gürtel. Nach einem Ausflug nach Schönbrunn und einem Spaziergang durch Heiligenstadt und Grinzing fahren wir abschließend auf den Cobenzl, um noch einmal einen Blick auf Wien zu werfen.

→ »Owê war sint verswunden ...«

IN VINDOBONA UND »ZE WIENE«

Erster Spaziergang: Hoher Markt – Tuchlauben – Am Hof – Freyung – Judenplatz – Maria am Gestade – Ruprechtskirche – Seitenstettengasse – Griechengasse – Heiligenkreuzer Hof – Schönlaterngasse – Alte Universität – Bäckerstraße

Es ist kurz vor Mittag. Auf dem Hohen Markt stehen in kleineren und größeren Gruppen Touristen zusammen. Mit den ersten Gongtönen des Zwölfuhrläutens verstummen die Gespräche, und alle wenden sich dem Schwibbogen zu, der die beiden Gebäude der Anker-Versicherung miteinander verbindet. Dort befindet sich ein eigenwilliges Kunstwerk, das erst auf den zweiten Blick als Uhr erkennbar wäre, wüßte man nicht, daß es sich dabei um die berühmte Anker-Uhr handelt. Die mit Symbolen überladene Uhr, stilistisch eine Mischung aus Historismus und Jugendstil, wurde von dem Wiener Maler Franz von Matsch entworfen und 1914 fertiggestellt.

Nach dem zwölften Gongton ziehen vor einem kreisrunden Mosaik überlebensgroße Figuren vorbei, die für die Geschichte und Kultur Wiens wichtige Personen darstellen. Dazu ertönen der jeweiligen Epoche entsprechende Melodien. Als erster erscheint der römische Kaiser Marc Aurel, begleitet von der Siegesode des Pindar. Nachdenklich blickt er auf die Touristen herab, während er sich Notizen macht, wahrscheinlich für seine berühmten *Selbstbetrachtungen*. Als vierter kommt der Minnesänger Walther von der Vogelweide. Im Gegensatz zu Marc Aurel würdigt er die Zuschauer keines Blickes. Er ist ganz in sein Kreuzfahrerlied vertieft, zu dem er sich selbst auf der Harfe begleitet. Der »Philosoph auf dem Kaiserthron« und der Minnesänger sind die einzigen Autoren der illustren Gesellschaft, der unter anderen Prinz Eugen, Maria Theresia und Joseph Haydn angehören.

→ Am Hof um 1930: Marktstände vor der Marienkirche »Zu den neun Chören der Engel«

EIER BUTTER GEFLÜGEL OBST
KREBSE
Fische u. Krebse
I. Tuchlauben 13
FISCHE KREBSE
Wilhelm Hofbauer I. Tuchlauben 13
Würstl
Würstl

In einem Antiquariat in der Habsburgergasse entdeckt der Titelheld von John Irvings Roman *Garp und wie er die Welt sah* (1979; *amerik.* 1978) eine englische Ausgabe der Lebensmaximen des Marc Aurel. Als ihm der Buchhändler erzählt, daß dieser in Wien gestorben sei, kauft Garp das Buch und vertieft sich in die Selbstreflexionen des Stoikers. »Ein Punkt ist die Lebensdauer der Menschen, ihr Wesen in stetem Flusse, ihre Empfindung dunkel, das ganze Gewebe ihres Körpers der Fäulnis unterworfen, ihre Seele ein Kreisel, ihr Schicksal schwer zu bestimmen, ihr Ruf zweifelhaft: kurz, alles, was den Körper betrifft, ist ein Strom, was die Seele angeht, Traum und Dunst«, lautet die deutsche Übersetzung eines Aphorismus, den auch John Irving zitiert. Garp hatte »irgendwie das Gefühl«, daß der Philosoph diese Zeilen in Wien geschrieben haben mußte.

Die Historiker sind sich bis heute nicht einig, ob der 121 in Rom geborene Marc Aurel am 17. März 180 tatsächlich in Vindobona oder aber bei Sirmium, dem heutigen Sremska Mitrovica in Jugoslawien, gestorben ist. Im allgemeinen Bewußtsein gilt der Kaiser jedenfalls als Wahlwiener, da er seine letzten Jahre in den Legionslagern an der Donau verbracht hatte. Im nahegelegenen Carnuntum hat er nachweislich einen Teil seiner griechisch geschriebenen *Selbstbetrachtungen* verfaßt. Und vielleicht hielt er sich wirklich gerade im Wiener Militärlager auf, dessen Prätorium (Legionskommando) sich hier, im Bereich des Hohen Marktes, befand, als er diese Sätze niederschrieb. Mit seinen »trostlosen Betrachtungen«, so John Irvings Held Garp, über die Vergänglichkeit alles Irdischen steht Marc Aurel jedenfalls am Beginn einer in Wien bis in die Gegenwart lebendigen Tradition, die über Walther von der Vogelweide, Abraham a Sancta Clara und Franz Grillparzer bis hin zu Hugo von Hofmannsthal und Thomas Bernhard führt.

Reste des Römerlagers kann man noch heute besichtigen. Der Eingang zu den Ausgrabungen unter dem Hohen Markt befindet sich genau gegenüber dem sogenannten Vermählungsbrunnen, in einem Bau der fünfziger Jahre, den John Irvings Held Garp wohl ebenfalls als trostlos bezeichnet hätte. Neben Statuetten und Grabsteinen kann man hier vor allem römische Bodenheizungen bewundern und sich anhand von Wandtafeln ein Bild vom Legionslager Vindobona machen, das von etwa 100 bis 400 n. Chr. bestanden hat.

Der Hohe Markt ist einer der ältesten Plätze Wiens. Im Hoch- und Spätmittelalter bildete er das Zentrum der Altstadt. Hier befanden sich der Markt, Gerichtsgebäude, Pranger und Richtstätte, er war umsäumt mit Patrizierhäusern. Doch an diese Zeit und die nachfolgenden Jahrhunderte erinnert heute nichts mehr. Alle Gebäude aus der Barockzeit und fast alle aus dem 19. und frühen 20. Jahrhundert wurden im Zweiten Weltkrieg durch Bomben zerstört. Etwa das Palais Arnstein an der Südseite des Hohen Marktes, das während des Wiener Kongresses der Sammelpunkt der europäischen Gesellschaft war. Im Salon der Fanny von Arnstein tauchte 1814 zum erstenmal ein bis dahin in Wien unbekanntes Requisit auf: eine mit allerlei Zierat behängte Tanne. Der Christbaum ist in Österreich bald zu einer bis heute bewahrten Selbstverständlichkeit geworden, aber daß ihn ausgerechnet eine jüdische Familie in Mode gebracht hat, weiß kaum noch jemand. Zerstört wurde auch das Palais Sina, das an der Nordseite des Platzes stand, über dessen Trümmer der Bösewicht Harry Lime in dem 1949 gedrehten Film *Der dritte Mann* zum Donaukanal hinunter flüchtet.

Eine Vorstellung davon, wie geschäftig es vor dem Krieg auf dem Platz zugegangen sein muß, vermittelt der spannende psychologische Kriminalroman *Ich war Jack Mortimer* (1933) von Alexander Lernet-Holenia, dessen Handlung hier beginnt. Der Hohe Markt war zwar schon damals auch ein Taxistandplatz, daneben gab es aber viele Verkaufsstände, und »überall roch es nach Gemüse, Blumen und Obst«. Heute riecht es hier nach Autoabgasen und dem Pferdemist der durchfahrenden Fiaker. Der älteste Platz von Wien hätte wohl Besseres verdient.

Neben dem Haus Nr. 5, dem ehemaligen Schrannengebäude, mündet die sogenannte Tuchlauben in den Hohen Markt, wo schon im Mittelalter Tuchhändler und Tuchschneider »unter den Lauben« ihre Waren anboten. Eine kleine Figur am Haus Nr. 20, an der Ecke zur Landskrongasse, stammt wahrscheinlich aus dieser Zeit. Die steinerne Skulptur stellt einen winterlich gekleideten Mann dar, der sich über einem Glutkesselchen die Beine wärmt. Ihr Alter ist nicht geklärt, sicher befand sie sich aber schon an der Fassade des Vorgängerbaus, dem sogenannten »Winterhaus«. In diesem erlebte die 1858 geborene Rosa Mayreder als Tochter des »Winterbierhaus«-Wirts ihre Kindheit und Jugend, wovon sie in ihren Erinnerungen *Das Haus in der Landskrongasse* (1948) erzählt. Was die Frauenrechtlerin und Schriftstellerin vom Wohnen im 19. Jahrhundert berichtet, mutet noch durchaus »mittelalterlich« an. Sie erwähnt den täglichen Blick von ihrem Fenster auf die Rückseite des Schrannengebäudes, auf ein »schmutziges rötliches Grau, mit dicht verstaubten Spinnweben ornamentiert«, und erinnert sich mit Abscheu an die Gerüche, die von der Gasse in die Wohnung gelangten:

> […] auf der einen Seite drang aus einem Magazin, das zur Buchhandlung unter den Tuchlauben gehörte, jene Ausdünstung von verschimmelndem Stroh und modrigem Papier herein, die man in Wien mit dem Ausdruck »miechteln« bezeichnet, und auf der anderen Seite, wo die Gasthausküche mit einem Fenster in das Höfchen mündete, befand sich die Quelle für noch zudringlichere Geruchsbildungen, namentlich jene nach verbranntem Fett, die man in Wien »schmirkeln« nennt. In der stillen Finsternis der Gewölbe spielte sich ein Kampf unsichtbarer Mächte um die Vorherrschaft ab: bald siegte das Miechteln, bald siegte das Schmirkeln, zu denen sich nach den Umständen noch ein »Grabeln« oder ein »Räukeln« gesellte.

Eine Erklärung für Nicht-Wiener: »Grabeln« meint den Gestank von faulen Eiern und »Räukeln« den Geruch nach Rauch. Man braucht also nicht viel Phantasie, um sich den ständigen penetranten Geruch in diesem Haus vorzustellen.

Doch zurück ins wirkliche Mittelalter. Im Haus Tuchlauben 19 wurde 1979 im Zuge von Umbauten eine sensationelle Entdekkung gemacht. Im ersten Stock wurden unter dem Putz Fresken aus der Zeit vor 1400 gefunden, die Szenen aus der Dichtung des mittelalterlichen »Liedermachers« Neidhart von Reuenthal darstellen, der von etwa 1180 bis 1250 gelebt hat und 1228 am Wiener Hof aufgetreten ist. Diese ältesten profanen Fresken Wiens sind neben dem Grabmal des Neidhart beim Stephansdom ein Beleg für die allgemeine Beliebtheit seiner Lieder weit über seinen Tod hinaus.

Die Fresken zeigen Szenen aus den sogenannten Sommer- und Winterliedern, wie Ballspiel, Schneeballschlacht, Rauferei, Schlittenfahrt und Reigentanz. Auch das bekannteste Neidhart-Lied, der Veilchenschwank, ist dargestellt. Leider ist aber gerade die Szene, in der die Herzogin den Hut lüftet, eine Fehlstelle. In den Liedern geht es oft darum, daß der Sänger in Konflikt mit Bauernburschen gerät, weil diese bei Mädchen, auf die er selbst ein Auge geworfen hat, erfolgreicher sind. Eine solche Eroberung zeigt die sogenannte Spiegelraub-Szene, bei der ein Bursche einem Mädchen »an den füdenol« (»an die Scham«) greift, wie es in dem Lied *Owê dirre sumerzît* unverblümt heißt. Dessen dritte Strophe lautet:

Wesse ich, wem ich solde klagen
  mînen grôzen ungemach,
  den ich von in lîde und lange her geliten hân!

swaz mir noch bî mînen tagen
  leides ie von in geschach,
  dêst ein wint, wan daz mir nû der eine hât getân.

owê, daz ich sol
  nû min selbes laster rüegen!
mîner ougen wünne greif er an den füdenol.
  tumber gouch, des mehte joch den keiser Friderîch genüegen.
hoener schimph gevellet nimmer guoten liuten wol.

Hier sind Töne angeschlagen, die bei einem Reinmar von Hagenau und einem Walther von der Vogelweide, beide ebenfalls am Wiener Hof, noch undenkbar waren. Die derben Lieder des »Bauernfeindes« Neidhart sind weit vom Frauenlob der nicht viel älteren Minnesänger entfernt. Der Ort, wo alle drei ihr Publikum fanden, befand sich ganz in der Nähe der Tuchlauben.

Verläßt man das Haus mit den öffentlich zugänglichen Neidhart-Fresken und geht nach rechts, kommt man zu der rechtwinkelig verlaufenden Kleeblattgasse. Durch das Haus Nr. 9 gelangt man in die Kurrentgasse, deren Enge und gekrümmter Verlauf mittelalterlich wirken, deren Häuser aber aus der Barockzeit stammen. Geht man nach links und um die Ecke zur Steindlgasse, steht man vor dem gotischen Chor der Kirche »Zu den neun Chören der Engel«, zwischen dessen Strebepfeiler kleine Läden eingesetzt sind. Rechts davon öffnet sich der romantische Schulhof. Im Haus Nr. 2, einem der ältesten Häuser Wiens, befindet sich das Uhrenmuseum der Stadt mit der europaweit größten Sammlung historischer Zeitmeßgeräte. Es enthält in einem eigenen Raum die berühmte Kollektion der 1916 verstorbenen Marie von Ebner-Eschenbach, der bedeutendsten österreichischen Schriftstellerin des 19. Jahrhunderts, deren realistische Erzählungen, wie *Krambambuli* (1883) und *Das Gemeindekind* (1887), noch heute zur Schullektüre gehören. Von ihrer Sammelleidenschaft zeugt die Novelle *Lotti, die Uhrmacherin* (1889). Ausgestellt sind auch Bilder der Wohnung und der Schreibtisch der Dichterin, weshalb der Raum fast den Charakter einer kleinen Gedenkstätte besitzt. Vom Museum sind es nur ein paar Schritte durch einen Schwibbogen bis zum Platz Am Hof.

Seinen Namen verdankt der Platz der Tatsache, daß ungefähr da, wo heute das Bankgebäude und die Kirche stehen, im Hochmittelalter der Hof der Babenberger Herzöge war. Die Burg wurde 1155 vom damaligen Herzog von Bayern und Markgrafen von Österreich Heinrich II. Jasomirgott errichtet. Ein Jahr später wurde Österreich zum Herzogtum erhoben. Heinrich II. verzichtete dafür im sogenannten »privilegium minus« auf Bayern und verlegte seine Residenz von Regensburg nach Wien, wo er fortan als

Herzog lebte. Unter dem Böhmenkönig Ottokar II. Přemysl, der Österreich von 1251 bis 1276 regierte, wurde mit dem Bau eines neuen Regierungssitzes, der Hofburg, begonnen.

Die Babenbergerburg Am Hof war ein kulturelles Zentrum ersten Ranges. Hier traten, wie bereits erwähnt, die Minnesänger Reinmar von Hagenau und sein Konkurrent Walther von der Vogelweide auf, später Neidhart und der Tannhäuser, hier entstanden vielleicht auch Teile des *Nibelungenliedes* und das *Kudrunlied*.

Walther von der Vogelweide, der um 1168 geborene berühmteste deutsche Minnesänger, hat seine prägenden Jahre am Wiener Hof verbracht. Hier lernte er, nach eigener Aussage, »singen unde sagen«. Doch diese glückliche Zeit am Hof von Herzog Friedrich I. endete mit der Regierungsübernahme durch Leopold VI., mit dem sich Walther offenbar nicht gut verstand. Deshalb verließ er 1198 Wien und kehrte später nur noch gelegentlich hierher zurück. Seine berühmte Elegie ist eine wehmütige Erinnerung an die Jugendzeit und bittere Klage über die trostlose Gegenwart. Sie beginnt mit den bekannten Versen:

Owê war sint verswunden alliu mîniu jâr!
ist mir mîn leben getroumet, oder ist ez wâr?
daz ich ie wânde ez waere, was daz allez iht?
dar nâch hân ich geslâfen und enweiz es niht.

Der Babenbergerhof war immer wieder Schauplatz glänzender Feste. Das prunkvollste war wahrscheinlich die Hochzeitsfeier von Herzog Leopold VI. mit Theodora, der Großnichte des byzantinischen Kaisers im Jahr 1203. Vermutlich war es diese Hochzeit, die dem Dichter des *Nibelungenliedes* als Vorgabe für die Vermählung Etzels mit Kriemhild in der »stat ze Wiene« diente.

Von der Babenbergerburg, die keine Festung, sondern ein Gebäudekomplex um einen Hof war, ist heute keine Spur mehr zu finden. Nur die Weite des rechteckigen Platzes läßt erahnen, daß hier einmal Turniere stattfanden, wie es der steirische Minnesänger Ulrich von Lichtenstein in seinem Epos *Frauendienst* (1255) schildert. Später, nach der Übersiedlung der Residenz in die Hofburg, entwickelte sich der Platz zu einem großen Markt, wo Waffen und Bekleidung, Fische und Krebse – die Donau war ja nicht weit – verkauft wurden.

Dieser Platz wurde aber auch wiederholt zur Richtstätte, auf dem die Landesfürsten öffentlich ihre Macht demonstrierten. 1463 wurde hier ein Bürgermeister wegen Verrats gevierteilt, 1595 ein Festungskommandant aus einem ähnlichen Grund enthauptet. Während der Revolution von 1848 bewies das Volk, daß es ebenfalls zu solch blutrünstigen Taten fähig ist: Es hängte den gelynchten Kriegsminister vor dessen Ministerium, das an der Stelle des heutigen Bankgebäudes stand, an einen Laternenpfahl. Auch ein politisches Ereignis von europäischer Bedeutung fand Am Hof statt. 1806 wurde vom Balkon der ehemaligen Jesuitenkirche das Ende des »Heiligen Römischen Reiches« verkündet.

Turniere, Hinrichtungen, Lynchjustiz, weltpolitische Kundgebungen – all dies gehört der Vergangenheit an. Heute liegt der große Platz meist leer und verlassen da. Freitags und samstags bauen Händler ihre Stände auf, verkaufen Antiquitäten und Bücher, Käse und Wein. Im Winter riecht es nach Punsch. Manchmal kommt dann eine Stimmung auf, wie sie Josef Weinheber in einem Gedicht aus dem Jahr 1935 beschreibt: »Dann wird der Platz ganz Traum, und am Ende / verschwimmt er in seltsam gestrigem Licht, / indes überm Düster der Buden und Stände / Schnee fällt – weiß und leise und dicht ...«

Gleichzeitig mit dem Bau der Burg Am Hof gründete Herzog Heinrich II. Jasomirgott außerhalb der Stadtmauern, aber in Sichtweite der Residenz, eine Kirche und ein Kloster, in das er irische Mönche aus Regensburg berief. Da Irland im Mittelalter Neuschottland hieß, wurde das Kloster Schottenstift genannt, und diesen Namen hat es bis heute behalten. Die Bezeichnung Freyung für den Platz davor wird auf die Befreiung des Schottenstifts von der landesfürstlichen Gerichtsbarkeit 1181 zurückgeführt, die erst Maria Theresia aufhob. Er war jahrhundertelang der Tummelplatz der Gaukler, Spaßmacher und Marktschreier.

Albert Ehrenstein, einer der wenigen expressionistischen Lyriker Österreichs von Rang, schrieb 1921 eine Art Liebesgedicht an den Platz:

Wiener Freyung

Ihr nächtigen Häuser der Freyung,
Weltwiesen am stillen See,
versteinter Waldwinkel der Stadt,
tief verpuppt in Schlaf!

Lang lebe, verzauberter Kirchturm!
Ich gehe die Zeit,
und komme ich wieder zur Erde,
will ich bei dir sein als Haus!

Zwei Häuser der Freyung seien besonders hervorgehoben: Nr. 3, das ehemalige, von Domenico Martinelli entworfene, nach 1690 erbaute Palais Harrach, das in den neunziger Jahren mit großem Aufwand restauriert wurde und heute Ausstellungsräume des Kunsthistorischen Museums enthält. Damit und durch die Aktivitäten des gegenüberliegenden »Kunstforums« wurde die Freyung in den letzten Jahren zu einem wichtigen Schauplatz vielbeachteter Kunstausstellungen. Neben dem Palais Harrach befindet sich auf Nr. 4 das Palais Daun-Kinsky, einer der bedeutendsten Barockpaläste Wiens, erbaut 1713-16 nach Plänen von Johann Lukas von Hildebrandt. Dieses Palais diente Robert Musil als Vorbild für das Domizil des Grafen Leinsdorf, dem Hauptorganisator der »Parallelaktion« in seinem Roman *Der Mann ohne Eigenschaften* (1930).

Den größten Teil der Nordseite des dreieckigen Platzes nimmt die Seitenfront der Schottenkirche ein. In der Mitte der Außenfassade befindet sich eine überlebensgroße Statue ihres Gründers, Herzog Heinrich II. Jasomirgott, der übrigens der einzige in Wien bestattete Babenberger ist. Sein Sarkophag steht in der Krypta der Kirche.

Links vom Hauptportal befindet sich die Einfahrt in das zwischen 1826 und 1832 von Joseph Kornhäusel architektonisch vereinheitlichte Stift. Durch den ersten Hof gelangt man in dessen Museum. Sein wertvollster Besitz ist der Schottenaltar (um 1470) mit Ansichten vom mittelalterlichen Wien.

Um den dritten Hof gruppieren sich die Räumlichkeiten des traditionsreichen Schottengymnasiums. Der berühmteste Lehrer der Anstalt war Wolfgang Schmeltzl, der 1547 ein langes Gedicht mit dem Titel *Ein Lobspruch der hochlöblichen und weitberümbten Küniglichen Stat Wienn in Österreich* veröffentlichte. Auch einige Schüler wurden bekannte Schriftsteller: Nikolaus Lenau, Johann Nestroy, Ferdinand von Saar, der sich in der fünften seiner *Wiener Elegien* (1893) an sein Gymnasium erinnert; der ehemals vielgespielte Burgtheaterautor Eduard von Bauernfeld und Leopold Andrian, der mit einem einzigen Werk, der Erzählung *Der Garten der Erkenntnis* (1895), im Wien der Jahrhundertwende Furore machte.

Vom Stift gehen wir über den Platz zurück in Richtung Am Hof, vorbei an dem 1844-46 von Ludwig Schwanthaler entworfenen Austriabrunnen. Für dessen zentrale Figur soll angeblich Goethes Enkelin Alma Modell gestanden haben. Sie war 1839 mit ihrer Mutter Ottilie nach Wien gekommen und 1844 im Alter von nur siebzehn Jahren gestorben.

Das Straßenstück, das die Freyung mit dem Platz Am Hof verbindet, heißt Heidenschuß. Diese Bezeichnung wird von der Skulptur des säbelschwingenden Türken abgeleitet, die sich an der Ecke zur Strauchgasse befindet. Hier soll nämlich einer Sage zufolge während der Türkenbelagerung von 1529 ein feindlicher Stollen von einem im Keller arbeitenden Bäckerlehrling entdeckt und daraufhin zerstört worden sein.

Wir spazieren quer über den Platz Am Hof und kommen durch die Drahtgasse auf den Judenplatz, das Zentrum des mittelalterlichen Gettos. Hier, gleich neben dem Herzogshof, siedelten sich um 1220 die Wiener Juden an, unter dem Schutz des Landesherrn, der sie als Geldleiher benötigte, da Christen der Geldhandel verboten war. In der Folge entstanden eine der bedeutendsten Judenschulen des deutschsprachigen Raums, ein Judenspital, eine Badestube und eine Synagoge. Diese blühende Gemeinde – um 1400 umfaßte sie etwa 800 Personen – fand in der Wiener »Geserah« (hebr. für Verhängnis) von 1421 ihr blutiges Ende. Die Vorgeschichte zu dieser Katastrophe ist komplex. Durch verschiedene Umstände verloren die wenigen reichen Juden ihre schutzwürdige Funktion als Geldleiher; den Juden wurde Zusammenarbeit mit den Hussiten in Böhmen vorgeworfen und überdies das »todeswürdige« Verbrechen der Hostienschändung. Die Verfolgung begann mit Zwangstaufen und damit, daß man die Menschen auf steuerlosen Booten donauabwärts treiben ließ. Schließlich wurden etwa 200 Juden nach Erdberg gebracht und auf der dortigen Gänseweide verbrannt. An diese Massenverbrennung vom 12. März 1421 erinnert noch heute ein gotisches Relief am Haus »Zum großen Jordan«, Judenplatz 2, das die Taufe Christi darstellt. Die Übersetzung der lateinischen Inschrift lautet: »Durch den Jordan werden die Leiber von Seuche und Übel gereinigt, da weicht jede verborgene Sünde. So erhebt sich die Wut rasend durch die ganze Stadt 1421 und sühnt die argen Verbrechen der hebräischen Hunde. So wie die Welt durch die Sintflut gereinigt wird, soll sie nun durch das wütende Feuer bestraft werden.« Die Häuser wurden zerstört, die Ansiedlung von neuen Judengemeinden verboten. Erst unter Friedrich III. durften sich 1451 wieder einige Juden in Wien niederlassen. Aber es dauerte noch zweihundert Jahre, bis erneut eine größere Gemeinde entstand, diesmal jedoch jenseits des Donaukanals, im Unteren Werd.

Der Judenplatz wird heute von zwei Denkmälern beherrscht, dem Lessing-Denkmal von Siegfried Charoux (1968) und dem Mahnmal von Rachel Whiteread (1999), das eine umgestülpte Bibliothek darstellt und an die Vernichtung der jüdischen Kultur in Wien erinnern soll. Unter dem Mahnmal sind die Reste der 1421 zerstörten Or-Sarua-Synagoge zu besichtigen.

Wir verlassen den Judenplatz durch die Fütterergasse und gehen auf der Wipplingerstraße ein Stück nach links bis zu der 1903/04 erbauten Hohen Brücke. Hier befand sich schon in der Römerzeit eine Brücke über den Tiefen Graben, durch den ein

Bach der Donau zufloß. Ein Blick von der Brücke macht sofort deutlich, warum der Tiefe Graben jahrhundertelang die natürliche Grenze des Römerlagers und langezeit auch des babenbergischen Wien gegen Westen war. Schaut man hinauf zum Heidenschuß, wo sich früher auch eine Brücke befand, so verlief die römische Mauer entlang der linken Seite der Schlucht. Blickt man in die andere Richtung, muß man sich da, wo sich der Tiefe Graben zu einem Platz weitet, die Einmündung des Baches in den südlichsten Donauarm vorstellen. Und schaut man schließlich stadteinwärts, sieht man fast durch das ganze Legionslager hindurch, das man hier durch ein Tor betrat und ein paar Schritte östlich des Hohen Marktes durch ein zweites wieder verließ.

Bevor wir weitergehen, muß noch auf ein Haus im Tiefen Graben hingewiesen werden. Nr. 30 beherbergt das »Hotel Orient«, das bekannteste und eleganteste Stundenhotel von Wien. 1896 erbaut und in üppigem Makart-Stil eingerichtet, wurde und wird es hin und wieder auch als Drehort für Filme und für literarische Veranstaltungen genutzt. So wurden Teile des *Dritten Manns* und von Schnitzlers *Reigen* in seinen Suiten gedreht.

Wir bleiben auf dem Areal des ehemaligen Legionslagers, biegen von der Wipplingerstraße gleich links in die Schwertgasse ein und kommen zu der gotischen Kirche Maria am Gestade, die früher auch Maria Stiegen genannt wurde. In einem Brief vom 15. September 1819 an seinen Freund Goethe schwärmt der Wienbesucher Carl Friedrich Zelter vom Turm der Kirche:

Der oberste Aufsatz ist wie eine Bischofsmütze, ganz hohl und dabei so stark und zierlich durchbrochen wie ein Feenschloß; die Luft scheint es zu heben. Das Eisen ist umfassend und geht nicht in den Stein, und auch dieses ist so genau nach Stärke und Haltbarkeit abgemessen, als wenns von einer Spinne hineingesponnen wäre.

Bis ins Hochmittelalter lag die Kirche, die zum Teil auf Resten der römischen Lagermauer steht, tatsächlich am Gestade, das heißt am Ufer des südlichsten Donauarms, aber natürlich nicht in ihrer heutigen Gestalt. Das gotische Langhaus wurde 1414, der steinerne Turmhelm 1428 vollendet.

Westlich und nördlich der Kirche fällt das Gelände steil ab, früher direkt zur noch unregulierten Donau, jetzt zum Concordiaplatz und zum Salzgries. Obwohl dieses Viertel so nahe dem Zentrum liegt, war es noch zur Jahrhundertwende eine armselige Wohngegend. In seinem Roman *Der Weg ins Freie* (1908) läßt Arthur Schnitzler den jüdischen Intellektuellen Nürnberger hier wohnen, »in einer engen, düstern Gasse, die aus der innern Stadt treppenweise gegen die Donau zu« führt, im obersten Stock eines Hauses, das als »uralt, schmal und hoch« geschildert wird. Von dort schaut Georg von Wergenthin, der Protagonist des Romans, auf einen Turm »mit durchbrochener Steinkuppel« und denkt dabei an ein der Kirche gegenüberliegendes Haus, »an dessen Eingang die zwei steinernen Riesen auf gewaltigen Armen das Adelswappen eines versunkenen Geschlechts trugen, und in dem sein Kind gezeugt worden war, das in wenig Wochen zur Welt kommen sollte«. Vielleicht hatte Schnitzler das prächtige Portal des Barockhauses »Zu den sieben Schwertern« in der Schwertgasse 3 vor Augen, das ganz der Beschreibung im Roman entspricht. Von einem Fenster dieses Hauses könnte sein Held Georg auf die Straße geblickt haben: »Gegenüber, aus dem Dunkel uralter Häuser hervor, kam die Stiege geschlichen, bis vor das Tor der grauen Kirche, die im Flockenfall wie hinter einem wallenden Vorhang verdämmerte.«

Der bedeutendste literarische Text, in dem die Kirche Maria am Gestade erwähnt wird, ist Ingeborg Bachmanns vielstrophiges geschichtsphilosophisches Gedicht *Große Landschaft bei Wien* (1953), in dem sie wenige Jahre nach dem Zweiten Weltkrieg eine illusionslose Bilanz über zweitausend Jahre christlich-abendländischer Geschichte zieht: »das Schiff ist leer, der Stein ist blind / gerettet ist keiner, getroffen sind viele«, heißt es in der Strophe, die mit der Nennung des Kirchennamens beginnt.

Das Innere der Kirche beeindruckt mit gotischen Baldachinen und prachtvollen Glasfenstern. Wirklich verblüffend ist aber für jeden, der den schmalen, hohen Raum zum erstenmal betrachtet, der leichte, terrainbedingte Knick zwischen Chor und Langhaus.

Wieder im Freien, gehen wir rechts an der Kirche vorüber, in die Salvatorgasse hinein und kommen an dem um 1520 entstandenen, ornamentreichen Portal der Salvatorkirche vorbei, einem der wenigen Zeugnisse der Renaissance in Wien. Wir überqueren die Marc-Aurel-Straße und biegen in die Sterngasse ein. Links von der Stiege, die nach Theodor Herzl, dem Begründer des Zionismus, benannt ist, sind Riesenquader aus der einstigen Badeanlage des Legionslagers aufgestellt. Am oberen Ende der Stiege beginnt ein Stadtteil mit ganz eigenem Charakter. Über hundert Jahre, von den zwanziger Jahren des 19. Jahrhundert bis zur Hitlerzeit, war diese Gegend jüdisch geprägt. Vor allem in der Judengasse, die den Stadttempel mit dem Hohen Markt verbindet, siedelten sich viele jüdische Trödler und Kleiderhändler an. Diese lebendige Vergangenheit steht hinter dem Prosagedicht *Judengasse* (1955) von Ilse Aichinger.

Katzenköpfe. Was unsere Straßen schmückt, sind nicht mehr
die Schädel der Opfertiere. Unser Stolz ist vergangen.
Hinter unseren Gängen ticken die Uhren ins graue Licht. Junge
Männer fragen lächelnd nach unseren Wünschen. Da rauscht
kein rotes Meer.
Nur unsere Wäsche trocknet noch im Ostwind.
Es ist geschehen, weil wir die Nacht nicht abgewartet haben. Als
die Sonne unterging, sind wir ihr nachgezogen.
Und hier ist die Stelle, an der wir müde wurden, hier bauten wir
Häuser. Hier ging die Sonne unter, hier krümmten wir uns,
ohne uns zu beugen.
Seither wächst Gras zwischen den Steinen.

In Verlängerung der Judengasse kommt man zur Ruprechtskirche, die bereits 740 gegründet worden sein soll und damit als die älteste Kirche Wiens gilt. Das Langhaus und die drei unteren Turmgeschosse der einfachen romanischen Kirche entstanden wahrscheinlich schon im 11. Jahrhundert. Das schlichte Innere enthält die ältesten Glasmalereien Wiens. Unterhalb der Kirche befand sich seit der Römerzeit ein Donauhafen, wo die aus dem Westen kommenden Salzschiffe anlegten. Heute blickt man von dem Platz nördlich der Kirche auf das andere Donaukanalufer mit seinen langweiligen modernen Bürogebäuden.

Auf dem Rasengrundstück unter der Kirche stand früher das Hotel Métropole, in dem sich nach dem »Anschluß« 1938 die Geheime Staatspolizei einquartiert hatte. Die Wiener Gestapo soll eine der bestorganisierten und effizientesten im ganzen Dritten Reich gewesen sein. Wer in das ehemalige Hotel Métropole vorgeladen wurde, sah in den seltensten Fällen seine Angehörigen wieder. Mit kühler Selbstverständlichkeit wurden Juden und Regimekritiker festgenommen und in Vernichtungslager deportiert. Von der ehemaligen Gestapo-Zentrale ist heute nichts mehr zu sehen, das Hotel Métropole wurde 1945 durch Bomben zerstört. Nur das antifaschistische Denkmal auf dem Rasen des Morzinplatzes erinnert daran. Im Leopold-Figl-Hof daneben ist eine Gedenkstätte an die Opfer des Nationalsozialismus eingerichtet.

Wir gehen zurück zur Seitenstettengasse. An der Ecke zur Judengasse befinden sich gleich zwei Gedenktafeln, die beide an Adalbert Stifter erinnern. Die erste verweist darauf, daß der Dichter in den Jahren 1842/43 in diesem Haus gewohnt hat. Die zweite nimmt auf die Sonnenfinsternis Bezug, die er von der Warte des Kornhäuslturms aus am 8. Juli 1842 beobachtete und ausführlich beschrieb. Anläßlich der Sonnenfinsternis vom 11. August 1999 wurden Stifters Betrachtungen über die »herzzermalmende« Wirkung des Geschehens, den »Moment, da Gott redete und die Menschen horchten«, wieder aktuell und oft zitiert. Den kuriosen Turm mit seiner eigenartigen Fensteranordnung, der nach seinem Erbauer Josef Kornhäusel benannt wurde, kann man allerdings nur von der dahinterliegenden Straße aus sehen.

In der Seitenstettengasse befindet sich die einzige, 1825/26 ebenfalls von Josef Kornhäusel errichtete Synagoge Wiens, die in der Pogromnacht vom 9. auf den 10. November 1938 nicht zerstört wurde. Das verdankte sie einer josefinischen Bestimmung, wonach nichtkatholische Gotteshäuser von der Straße aus nicht sichtbar sein durften. Und außerdem hätte eine Brandlegung die umliegenden Häuser gefährdet.

Folgt man dem Verlauf der Seitenstettengasse abwärts, kommt man über den Rabensteig in die Rotenturmstraße und hat damit bereits die östliche Grenze des römischen Legionslagers überschritten. Mit der babenbergischen Stadterweiterung von 1200 wurde die damals steil abfallende Rotenturmstraße zur wichtigsten Verkehrsverbindung vom Stephansplatz zum Donaukanal, wo man nur durch den sogenannten Roten Turm in die Stadt gelangen konnte. Nördlich davon führte bis 1782 die einzige Brücke über den Kanal.

Wir bleiben aber innerhalb der mittelalterlichen Stadtmauer und gehen in die Griechengasse hinein, die von der Rotenturmstraße in einem Bogen zum Fleischmarkt hinaufführt. Die immer enger werdende Gasse führt an der 1803 im Empirestil errichteten St. Georgs-Kapelle, der Kirche der nichtunierten Griechen, vorbei. In der »buckligen« Gasse gibt es manche Relikte aus der Gotik, wie etwa einen Wohnturm im Hof des Hauses Nr. 9, der noch heute bewohnt ist. Wo die Gasse ganz eng wird, wurden im Mittelalter Prellsteine angebracht, um ein Anstreifen der Wagenräder an den Hausmauern zu verhindern. Das bekannteste Haus der Gasse ist das »Griechenbeisl«, dessen Fassade auf den Fleischmarkt geht. Hier soll der Volkssänger Augustin häufig verkehrt und das Lied »O du lieber Augustin« geschrieben haben. Die Geschichte von dem Dudelsackpfeifer, der während der Pest von 1679 in volltrunkenem Zustand zu den Pesttoten in eine Grube geworfen und am nächsten Tag wieder gesund und unbeschadet herausgeholt wurde, zählt zu den beliebtesten Wiener Sagen. Vielen gilt Augustin als ein »echta Weana«, der bekanntlich nie untergeht.

Das »Griechenviertel« war die Lieblingsgegend des deutschen Schriftstellers Reinhold Schneider, der 1955/56 den letzten Winter seines Lebens in Wien verbrachte. Auf seinen einsamen Spaziergängen durch die Innenstadt betrat er Anfang 1956 die neben dem

»Griechenbeisl« gelegene griechisch-orthodoxe Kirche, die unter Kaiser Joseph II. erbaut und 1858-61 von Theophil Hansen erweitert worden war. Schneider bestaunte »das geöffnete Geheimnis der zierlichen Ikonenwand«; tief bewegte ihn »der feierlich-traurige altgriechische Gesang«. Wie das ganze 1956 postum erschienene Tagebuch *Winter in Wien* ist auch diese Eintragung von einem melancholischen, von Todesahnungen erfüllten Grundton getragen.

Von der griechisch-orthodoxen Kirche ist es nicht weit zu einem anderem Ort, den Reinhold Schneider geliebt hat, dem Heiligenkreuzer Hof, in den man über die Köllnerhof- und Grashofgasse gelangt. An Winterwochenenden, wenn der Hof nicht mit Autos verparkt ist, nimmt einen auch heute, wie damals Schneider, »die weiße, weite Stille« gefangen. Der ganze Gebäudekomplex gelangte im 13. Jahrhundert in den Besitz des Zisterzienserstifts Heiligenkreuz. Aus dieser Zeit gibt es noch einige Bauteile. Die pittoreske Bernhardskapelle wurde 1662 eingeweiht. Im Sommer werden im Heiligenkreuzer Hof Kunsthandwerksmärkte abgehalten, manchmal umrahmt von mittelalterlicher Musik.

Der 1983 verstorbene, mit Reinhold Schneider befreundete Kulturhistoriker Friedrich Heer hat in seinem schönen Essay *Dunkle Mutter Wien, mein Wien* (1978) über dieses Viertel geschrieben:

Seit meinem zehnten Lebensjahr streich' ich hier herum. In einem Geviert von Gassen, von Gäßchen, von kleinen Plätzen, Wollzeile, die Dominikaner, das Griechenviertel, ich schaue nicht auf die Namen der Gassen, der kleinen Plätze. Wohl weiß ich, daß es eine Schönlaterngasse gibt, und den Heiligenkreuzerhof und die Köllnerhofgasse und die Sonnenfelsgasse und ein paar Gassen und Straßen da herum, deren Namen ich kenne, wenn man sie mir nennt. Mit der Nase finde ich wohl hin, doch kann ich einem Fremden nicht erklären, wo sie wirklich liegen, wie man genau gehen muß, um genau hinzukommen. Deshalb verirre ich mich, vergehe mich noch heut', wenn ich eine ganz bestimmte Adresse suche. Dort.

Vielleicht hängt das zusammen, daß dieses Wien, dieses Innere Wien, »in der Stadt«, mehr in mir liegt als das Außen. Daß ich da mehr in mir herumlaufe, in meinem Labyrinth, als in dem kleinen Labyrinth der Gäßchen und Gassen, das gar kein Labyrinth ist, wenn man sich auskennt.

Die Schönlaterngasse, in die man durch den Heiligerkreuzer Hof kommt, ist eine der schönsten Gassen der Innenstadt. Ihren Namen hat sie nach der schmiedeeisernen Laterne, die am Haus Nr. 6 hängt.

Das berühmteste Haus der Schönlaterngasse ist das »Basiliskenhaus«, Nr. 7. Das im Kern gotische, um 17. Jahrhundert umgebaute Haus ist mit einer der bekanntesten Wiener Sagen verbunden. Eine Kurzfassung steht an der Fassade:

ANNO DOMINI MCCII WARD ERWELDT KAYSER / FRIEDERICH II. UNTER SEINEM REGIMENT IST VON / EINEM HANN ENTSPRUNGEN AIN BASILISC / WELCHER OBENSTEHENDER FIGUR GLEICH / UND IST DER BRUNN VOLL ANGESCHÜTT / WORDEN MIT ERDEN DARINNEN SELBIGES / THIER GEFUNDEN WORDEN IST / OHNE ZWEIFEL WEIL ES SEYNER / GIFFTIGEN AYGENSCHAFT VIEL MENSCHEN GESTORBEN UND VERDORBEN SEYND

Einer anderen Version zufolge hat ein Bäckermeister dem Basilisken, einer Kreuzung aus Hahn und Kröte, einen Spiegel vorgehalten, woraufhin dieser zerplatzt sei. In einer Fassadennische über der Inschrift befindet sich eine Darstellung des Basilisken aus Sandstein, die allerdings mehr ulkig als furchterregend aussieht.

Das Haus daneben, die »Alte Schmiede«, beherbergt das »Literarische Quartier«, eines der wichtigsten Veranstaltungs- und Begegnungszentren für moderne Literatur und Musik in Wien. Im Keller befindet sich eine alte, original belassene Schmiedewerkstätte.

Die Schönlaterngasse mündet in die Sonnenfelsgasse. Im Hochmittelalter war das Areal zwischen dieser und der parallel verlaufenden Bäckerstraße unverbaut. Ein langer, schmaler Platz erstreckte sich vom Lugeck bis zum heutigen Dr.-Ignaz-Seipel-Platz, die sogenannte Handelsvorstadt, ein geschlossenes Areal ohne Ausgang im Osten. Hier haben sich viele schöne alte Häuser aus dem 17. und 18. Jahrhundert erhalten, die einen Rundgang lohnen. Eines der ältesten Häuser der Sonnenfelsgasse, Nr. 3, stammt in seinem Kern aus dem 14./15. Jahrhundert. In seinen Kellergewölben ist ein bekannter Wiener Stadtheuriger untergebracht, mit einem Brunnenhaus, in dem noch heute ein Basilisk hockt.

Zwei Häuser weiter befindet sich ein Etablissement, dessen Name an die berühmteste Hure der österreichischen Literatur erinnert. Denn nicht weit von hier, in einem schäbigen alten Haus in der Schönlaterngasse, läßt Felix Salten die Titelheldin seines 1906 anonym erschienenen Romans *Josefine Mutzenbacher* ihrer Beschäftigung nachgehen. In seinem Erinnerungsbuch *Musik der Kindheit* (1928) widmet Anton Wildgans der Bäckerstraße und seiner Umgebung ein eigenes Kapitel, das die einstige Schäbigkeit und Verrufenheit des Viertels bestätigt.

Die Sonnenfelsgasse führt auf den Dr.-Ignaz-Seipel-Platz, der vom alten Universitätsgebäude und der Jesuitenkirche beherrscht wird. Hier war vom 17. bis gegen Ende des 19. Jahrhunderts der Mittelpunkt des universitären Lebens in Wien. 1623 hatte Ferdinand II. die philosophische und theologische Fakultät den Jesuiten übergeben und gleichzeitig den Bau eines Kollegiums, eines Seminars und einer Kirche bewilligt. Damit wurden die Jesuiten zu machtvollen Trägern der Rekatholisierung der Stadt, die um 1580 schon zu vier Fünfteln protestantisch gewesen sein dürfte. Ihre heutige Gestalt erhielt die Jesuiten- bzw. Universitätskirche zwischen 1703 und 1707 durch den italienischen Architekten Andrea Pozzo. Im Inneren der Kirche befindet sich mit der von Pozzo geschaffenen Scheinkuppel eine der eindrucksvollsten illusionistischen Malereien des Wiener Barock. Das Gebäude der alten Universität, die 1365 gegründet wurde, stammt aus den Jahren 1753-55. Es ist der bedeutendste im Stil des Rokoko ausgestaltete Monumentalbau der Stadt.

Wie es Mitte des 19. Jahrhunderts zu Semesterbeginn auf dem Platz vor der Universität zugegangen ist, davon liefert Adalbert Stifter in seiner Erzählung *Leben und Haushalt dreier Wiener Studenten* (1844) ein lebhaftes Bild:

Einen wimmelnden Ameisenhaufen trafen sie heute an. Schon unter dem Schwibbogen, der von der Wollzeile auf den Universitätsplatz führt, standen Gruppen bärtiger und unbärtiger Leute, sämtlich als Musensöhne erkennbar, und lasen die ungeheuren angeklebten Zettel, auf denen Kost, Wohnung, Unterricht, Theater, Meerschaum, verlorne Gelder, Lehrbücher, verlaufene Hunde, Bälle und Konzerte angeschlagen waren; die nicht lasen, neckten sich oder rauchten gar Zigarren. Der Gang rechts an dem Schwibbogen wimmelte schwarz und grau von denen, die die Philosophie bezogen und sich eben Pfeifen und Röcke und die wichtige Miene angeschafft hatten, – weiterhin auf dem Platze standen oder wandelten ganze Partien solcher, die in die höheren Fächer rückten, und da unsere Freunde die Hallen betraten, schlug erst das rechte Brausen über ihnen zusammen, als wären sie in den Bauch eines ungeheuren Resonanzkastens gekommen [...].

Mit der Übersiedlung der Universität 1884 an die Ringstraße war es in den Hallen und auf dem Platz still geworden. Seither ist die Österreichische Akademie der Wissenschaften, die 1857 in die alte Universität einzog, die alleinige Mieterin der Räumlichkeiten.

1971 hatte die Akademie der Wissenschaften Thomas Bernhard den Grillparzerpreis zuerkannt, den vor ihm unter anderen Arthur Schnitzler und Friedrich Dürrenmatt erhalten hatten. Bernhard bedankte sich auf seine Weise. In der Erzählung *Wittgensteins Neffe* (1982) schildert er den Hergang der Feier, die für den Ich-Erzähler schon in der Aula enttäuschend begann. Dort stand er in der Erwartung, von irgend jemand offiziell empfangen zu werden, eine Viertelstunde herum. Da ihn niemand erkannte und begrüßte, ging er mit seinen Freunden allein in den Festsaal hinauf, setzte sich dort mitten unter die Gäste und mußte erst umständlich nach vorne gebeten werden. Nachdem er sich Reden auf Grillparzer und sich selbst angehört hatte, schnappte er nach dem Festakt noch die Frage der damaligen Ministerin für Wissenschaft und Kunst auf, wo denn der »Dichterling« sei. Das war ihm zuviel, und er verließ die Akadamie, so schnell er konnte.

Die Bäckerstraße ist nicht mehr »ein tiefer, enger, nur von wenigen Gasflammen spärlich durchgeisterter Schacht«, wie es in Wildgans' Erinnerungen heißt. Heute ist sie eine heimelige Gasse, in der Galerien, Boutiquen und Szenelokale einander abwechseln. Seit Jahrzehnten ist das »Café Alt Wien« für viele Künstler und Literaten ein zweites Wohnzimmer. Für die Lyrikerin Elfriede Gerstl zum Beispiel gehört es zum Alltag.

vom alltag (1988)

der zeitungsklau am sonntag
die verpfefferte suppe im alt wien
samstag leberkäs vom pepihacker
am flohmarkt
    das pralle einkaufsackl beim bücherhermann
                                        deponieren
die ängste der strassbroschenhändlerin
in der wohnung
        die gewohnte unordnung
das suchen von blusen und büchern
den dauergast fragen
    hast das letzte profil
        die letzte emma gesehen
die beruhigende langeweile
im eintreffen des gewohnten

Das Gewohnte beruhigt und macht unvorsichtig. Doch man sollte nicht unvorsichtig werden in der Bäckerstraße. Und vor allem sich von niemandem vertrauensselig in den Turm des Hauses Nr. 2 einladen lassen, damit dieser Spaziergang nicht so endet, wie die »Wiener Sonaten« *Liebe, Freud und schöner Tod* (1998) des Schweizer Autors Christoph Braendle.

Dann steigen wir in den Dachboden hinab. Wir gehen durch ihn hindurch bis hin zu einem Aufzug. Ein Handkuß noch, hinreißend, gnädige Frau, wunderschön. Sie weiß nicht, daß der Aufzug das Los von Schloß Neugebäude teilt: man hat ihn während der Montage vergessen. Der Schacht ist leer. Alle Zugänge sind vermauert. Außer dem einen hier oben, von dem außer mir niemand weiß. Ich habe den Boden des Aufzugs mit bemaltem Papier präpariert. Ich lasse sie vorangehen; und ich verspreche, ich werde nicht schubsen.

→ »weidda obn is da grobn«

ZWISCHEN KOHLMARKT UND SEILERSTÄTTE

Zweiter Spaziergang: Graben – Kohlmarkt – Stallburggasse – Dorotheergasse – Spiegelgasse – Albertinaplatz – Neuer Markt – Kärntnerstraße – Johannesgasse – Himmelpfortgasse – Ballgasse – Franziskanerplatz – Blutgasse

Auf manchen fotografischen Aufnahmen vom Stephansplatz aus den dreißiger Jahren herrscht vor dem Dom ein unbeschreibliches Gedränge von Autos, Autobussen und Fußgängern. In den sechziger Jahren wurde der Verkehr noch stärker; Lärm und Abgase machten das Zentrum der Innenstadt zu einer stinkenden Verkehrshölle. Um den drohenden Kollaps zu vermeiden, wurde 1971 die Kärntnerstraße und kurze Zeit später auch der Stephansplatz zur Fußgängerzone erklärt. Diese wurde in der Folge auch auf den Graben und den Kohlmarkt ausgeweitet. Heute gehört das Herz der »City« ganz den Fußgängern, nur der starke Lieferantenverkehr an den Vormittagen erinnert noch an frühere Zustände.

Spaziert man vom Riesentor, dem Hauptportal des Doms, Richtung Kärntnerstraße, kommt man an dem 1990 von Hans Hollein errichteten Haas-Haus vorbei, das am Übergang vom Stephansplatz zum Stock-im-Eisen-Platz steht. Dieser postmoderne Bau an so prominenter Stelle hat von Anfang an für heftige Diskussionen gesorgt. Einer, dem das Haus gefiel, war Gregor von Rezzori, der 1998 verstorbene Grandseigneur der europäischen Literatur: »Wohlan, das Trampolin über dem Dach könnte ich mir wegwünschen; der Spiegeleffekt der halben Glaswand und des runden Turms wirkt nicht gerade beruhigend auf meine angegriffenen Nerven. Aber das Ganze, so wie's mir da als neue Wirklichkeit am Stephansplatz in die Augen springt, ist weder häßlich noch betrüblich, sondern im Gegenteil: wohlgestaltet und erfreulich.« Im Innern allerdings fühlte sich Rezzori gefangen »wie eine Fliege im Spinnennetz des Zu-Viel«: »Merkwürdig ist an dieser Überfülle der Einfälle und Formen, daß sie nicht beeindruckt, sondern

sich sozusagen selbst verleugnet: daß ihre Elemente sich gegenseitig aufheben.«

Der Stock-im-Eisen-Platz hat seinen Namen von einem Objekt, das sich an der Ecke des Equitablepalais am Beginn der Kärntnerstraße befindet: ein alter Baumstumpf mit Eisenring, Schloß und unzähligen Nägeln. Mit diesem »Stock im Eisen«, in den nach altem Brauch Schlossergesellen Nägel schlugen, bevor sie »auf die Walz« gingen, ist eine der bekanntesten Sagen Wiens verbunden. Dieser Geschichte zufolge war das Schloß vom Teufel gemacht worden. Nur einem Schlossergesellen, der dem Satan seine Seele verschrieben hatte, soll es gelungen sein, einen passenden Schlüssel zu schmieden und damit das Schloß zu öffnen. Dafür wurde er zum Bürger und Meister gemacht. Als er den Schlüssel jubelnd in die Höhe warf, soll dieser zu jedermanns Erstaunen nicht mehr auf die Erde herabgefallen sein.

Der Graben wurde zur Zeit Maria Theresias zum Zentrum des großstädtischen Wien. Die für einen Platz ungewöhnliche Form – eigentlich ist der Graben eine breite Straße – entstand im Zuge der babenbergischen Stadterweiterung um 1200. Dabei wurde der das ehemalige Römerlager umgebende Graben – daher der Name – zugeschüttet und verbaut. Im Spätmittelalter wurde ein Brunnen angelegt und ein ständiger Markt eingerichtet, die Zahl vornehmer Bürgerhäuser nahm rasch zu. Von diesen Bauten ist heute allerdings nichts mehr erhalten. Und auch von den Palais, die in der Barockzeit gebaut wurden, steht nur noch eines, das wahrscheinlich nach Plänen von Johann Lukas von Hildebrandt um 1720 errichtete Palais Bartolotti-Partenfeld auf Nr. 11.

Doch es gibt auf dem Graben noch ein zweites Bauwerk aus der Barockzeit, das genau in der Mitte des Platzes steht: die Dreifaltigkeitssäule, die in ihrer heutigen Gestalt 1693 vollendet wurde. Sie entstand aufgrund eines Gelübdes, das Leopold I. während der Pestepidemie von 1679 abgelegt hatte. Besonders beeindruckend

← Die romantische, mittelalterlich-gekrümmte Ballgasse in einer Aufnahme aus der Jahrhundertwende

ist die zentrale Figurengruppe »Der Glaube besiegt die Pest« von Paul Strudel. Bereits 1680 wurde eine provisorische hölzerne Pestsäule errichtet, bei deren Einweihung der wortgewaltige »reformierte Augustiner Baarfüsser und Kayserliche Prediger« Abraham a Sancta Clara von ihrem Sockel aus eine Predigt über die Dreifaltigkeit hielt. Im selben Jahr veröffentlichte er seine berühmte Pestschrift *Mercks Wienn*. Eine Passage daraus liest sich wie eine Poetisierung des amtlichen Wiener Straßenverzeichnisses:

In der Herrengassen hat der Todt geherrschet. In der Klugerstrassen / ist der Todt nicht klueg gewest / sondern verschwenderisch. [...] Auff dem Graben / hat der Todt nichts als eingraben. Auff der Freyung / waren wenig befreyt vor dem Todt. [...] Im Stock in Eysen / hat sich der Todt hart gnug erzeigt: Summa es ist keine Gassen noch Strassen / ob auch ihre Nahmen nicht alle hier beygefügt / so wohl in Wienn als in dero grossen weiten Vorstätten / welche der rasende Todt nicht hätte durchstrichen; Man sahe das gantze Monath umb Wienn / und in Wienn nichts als Todte tragen / Todte führen / Todte schlaiffen / Tote begraben [...].

Für Abraham a Sancta Clara war klar: Die Pest ist die Strafe Gottes für »die Sünd« der Menschen, für ihre Laster und Schwächen. In seinen temperamentvollen, nicht selten deftigen Predigten rief er zu Umkehr und Läuterung auf.

Es hat nicht viel genützt. Vierzig Jahre nach seinem Tod sah sich Kaiserin Maria Theresia veranlaßt, eine sogenannte »Keuschheitskommission« zu gründen, unter deren Tätigkeit ein Besucher aus Italien besonders litt. Giacomo Casanova war achtundzwanzig Jahre alt, als er im März 1753 erstmals nach Wien kam. In seinen Memoiren erinnert er sich:

In Wien war alles schön. Viel Geld und viel Luxus. Aber auch große Hemmnisse für die Anbeter der Venus. Eine Legion erbärmlicher Spitzel, die man mit dem schönen Namen Keuschheitskommissäre schmückte, waren die unerbittlichen Verfolger aller Mädchen. Die Herrscherin besaß in bezug auf die sogenannte illegitime Liebe nicht die erhabene Tugend der Duldsamkeit; fromm bis zur Bigotterie, glaubte sie sich ein großes Verdienst vor Gott zu erwerben, indem sie den natürlichsten Trieb beider Geschlechter auf das kleinlichste verfolgte. Indem sie das Verzeichnis der Todsünden in ihre kaiserliche Hand nahm, glaubte sie über sechs von ihnen hinwegsehen zu dürfen, um nur die Wollust zu treffen, die ihr unverzeihlich schien.

Die Keuschheitskommission vermochte jedoch ebensowenig wie die Predigten Abrahams die öffentliche Moral zu heben. Und gerade am Graben, wo Casanova besonders gerne spazieren ging, blühte die öffentliche Unmoral. Im Volksmund wurde der Platz mit einer Entlehnung aus der Jägersprache als »Schnepfenstrich« bezeichnet. Am Graben war immer »Balzzeit«, und »Schnepfen« gab es auch immer genug. Eine andere, ortsgebundene Bezeichnung für eine hierorts tätige Prostituierte war »Grabennymphe«. Joseph Richter, einer der umtriebigsten Schriftsteller seiner Zeit, gab 1787 unter dem Titel *Taschenbuch für Grabennymphen* einen eigenen Kalender für die Damen vom horizontalen Gewerbe heraus, in welchem er die Haupteigenschaften beschreibt, die eine erfolgreiche Dirne besitzen sollte: »Jugend, Unverschämtheit und etwas Puz«. Jugend sei nicht so wichtig, da sich jedes Gesicht, »ohne zu grosse Kunst, jung mahlen läßt«. Und das meint Richter mit »etwas Puz«:

Sorget euch nicht. Unter Puz verstehe ich weder saubere Leinenwäsche, noch einen Kleidervorrath. Ihr braucht blos einige Pfund Roßhaar zu einem falschen Hintern, und einige Ellen Papieratlas oder Sendeltafet zu einem langen Mantel und Rock. Zu letzterm könnet ihr statt des Futters dicken Flonell nehmen, damit ihr umso fester und fleischiger aussehet. Das Hemd mag zerfezt und zerlumpt seyn, wie immer. Wer wird auf das Hemd sehen? Glaubet mir, es giebt so gar Fräuleins, die unter ihren seidnen Kleidern oft kein ganzes Hemd haben.

Die Kärntnerstraße und der Graben, wo auch Josefine Mutzenbacher auf Kundenfang ging, blieben bis nach dem Zweiten Weltkrieg die exklusivste Gegend für Prostituierte. Erst vor wenigen Jahrzehnten wurde der Straßenstrich ganz aus der Innenstadt hinausgedrängt.

Exklusiv war der Graben schon immer in jeder Hinsicht. In Heimito von Doderers Roman *Die Dämonen* (1956) schwärmt der Ich-Erzähler Geyrenhoff von Schaufenstern »der entzückendsten Geschäfte«, die »mit tausend hübschen Dingen« auf den Platz »hinausplaudern«. Seine zufällige Begegnung mit dem Kammerrat Levielle im Vorfrühling 1927 genau an der Stelle, wo »der Turm von St. Stephan gleichsam mit einem einzigen Riesenschritte hervortrat«, das heißt an der Ecke des ersten Haas-Hauses, nahm Geyrenhoff zum Anlaß für die Abfassung seiner Wiener Chronik, die die Zeit vom Herbst 1926 bis zum Sommer 1927 umfaßt.

Auch Thomas Bernhards Roman *Holzfällen* (1984) beginnt mit einem zufälligen Treffen auf dem Graben. Nach monatelangem Alleinsein in seiner Währinger Wohnung hat der Ich-Erzähler das Bedürfnis, wieder unter Menschen zu sein, und spaziert auf dem Graben und in der Kärntnerstraße hin und her. Dabei läuft er dem Ehepaar Auersberger in die Arme, mit dem er seit Jahrzehnten keinen Umgang mehr hatte und haben wollte. Die Begegnung trägt ihm die Einladung zu einem Abendessen ein, zu dem auch ein berühmter Burgschauspieler und andere Künstler erwartet werden. Damit fängt die »Erregung«, so der Untertitel des Romans, an.

Uns hat das Hinundherlaufen auf dem Graben schließlich an die Ecke zum Kohlmarkt gebracht. In der Ferne glitzern die vergoldeten Zierteile der Michaelerkuppel in der Sonne, hinter uns beginnt in der Verlängerung des Kohlmarkts die Tuchlauben, und rechts führt die schmale Naglergasse hinein, die in ihrem Verlauf der ehemaligen römischen Lagermauer folgt. Ungefähr hier befand sich das Südtor des Lagers. Im Mittelalter wurde dann an dieser Stelle das Peilertor errichtet, dessen Turm fast zweihundert Jahre lang als Gefängnis gedient hatte; 1732 wurden Turm und Tor abgerissen. Der Kohlmarkt war also jahrhundertelang eine der wichtigsten Zufahrtsstraßen Wiens.

Als Verbindung zwischen Graben und Hofburg entwickelte sich der Kohlmarkt, wo bis ins Spätmittelalter Holzkohle verkauft wurde, seit dem 18. Jahrhundert zu einer der vornehmsten Straßen Wiens. Hier siedelten sich neben eleganten Geschäften auch Kaffeehäuser für die noble Gesellschaft an. Bis 1877 stand an der Ecke zur Wallnerstraße das »aristokratische« Café Daum, der Treffpunkt des hohen Militärs. In dem noch heute bestehenden Nachbarhaus, Nr. 8/10, befand sich das Café Pucher. »Im ›Pucher‹ verkehrte der Ballhausplatz. Wer dem Ministerium des Äußeren angehörte, dem war dieses verhältnismäßig schmale eingequetschte Café am Kohlmarkt nicht fremd«, heißt es in Doderers Roman *Die Strudlhofstiege* (1951). Karl Kraus läßt einige Szenen seines Dramas *Die letzten Tage der Menschheit* (1919) im Café Pucher spielen. So etwa gleich die 2. Szene des Vorspiels, am Abend des 28. Juni 1914, dem Tag der Ermordung des österreichischen Thronfolgers Franz Ferdinand, die den Ersten Weltkrieg auslöste. Die Atmosphäre im Lokal gibt die Szenenanweisung wieder:

Café Pucher. An demselben Abend vor Mitternacht. Das Kaffeehaus ist beinahe leer; nur zwei Tische sind besetzt. An dem einen hat ein Prokurist des Bankvereins soeben Platz genommen. An dem andern sitzen zwei glatzköpfige Herren, die, jeder eine Zigarre mit Papierspitz im Mund, in die Lektüre von Witzblättern vertieft sind. Die Kassierin schläft. Ein Kellner fuchtelt zum Scherz mit dem »Hangerl« vor ihrem Gesicht. Ein anderer wird vom Kaffeekoch mit einem Fetzen aus der Küche gejagt, worüber der Zahlkellner und der Koch in Gelächter ausbrechen.

Die Szene beginnt mit einem kurzen Dialog zwischen dem Prokuristen und dem Zahlkellner, dann betritt ein neuer Gast das Lokal, der sich mit dem Kellner Franz unterhält.

Der Fremde: Sie Markör, wer sind denn die beiden älteren Herren, die kommen mir so bekannt vor –

Franz (sich über den Gast beugend): Das is der Ministertisch. Der Herr mit dem Zwicker, der was das Kleine Witzblatt liest, is seine Exlenz der Minister des Innern, und der Herr mit dem Zwicker, der was den Pschütt studiert, das is seine Exlenz der Herr Ministerpräsident.

Der Fremde: So! Sind die nur heut da, wegen des Ereignisses, oder immer?

Franz: Jeden Abend bereits, na ja, die Exlenzen sind hauptsächlich Junggesellen.

Der Fremde: So! Und wer ist der Herr, der grad dazukommt?

Franz: Ah is scho da – das ist Seine Exlenz der Direktor der Kabinettskanzlei.

Der Fremde: So!

(Franz stürzt davon und bringt dem Direktor der Kabinettskanzlei eine Limonade und das Interessante Blatt. Nach einer Weile sagt)

Der Ministerpräsident (indem er die Pschütt-Karikaturen beiseite legt): Nix besonderes heut.

Der Minister des Innern (gähnt und sagt): Fad!

Der Ministerpräsident: Überhaupt, bis so ein Tag vorüber is!

Der Direktor der Kabinettskanzlei: Man spürt scho die Hundstäg.

Der Ministerpräsident (nach einer Pause des Nachdenkens): Ein Communiqué denk ich wird halt doch nötig sein denk ich. Wegen der Maßnahmen, die die Regierung zu der durch die Ereignisse geschaffenen Situation ins Auge gefaßt hat, zu deren Besprechung die Mitglieder des Kabinetts in längerer Konferenz beisammen verblieben oder so.

Der Minister des Innern: Tunlichst! […] Welche Maßnahmen werden wir denn treffen?

Der Ministerpräsidentt: Das wird vom Communiqué abhängen. […]

»Die unwahrscheinlichsten Gespräche, die hier geführt werden, sind gesprochen worden; die grellsten Erfindungen sind Zitate«, schreibt Karl Kraus im Vorwort zu seiner Tragödie. Leider kann man diesen Schauplatz nicht mehr besichtigen. Heute sind in den Räumlichkeiten des ehemaligen Café Pucher exklusive Geschäfte eingemietet.

Das berühmteste Kaffeehaus am Kohlmarkt ist kein »gewöhnliches« Kaffeehaus, sondern eine Café-Konditorei, die ehemalige »k.k. Hofzuckerbäckerei Demel«. 1786 von Ludwig Dehne am Michaelerplatz gegründet, wurde sie 1857 von Christoph Demel, der sie auf den Kohlmarkt verlegte, gekauft. Bis 1972 blieb die Konditorei im Familienbesitz. Ihr neuer Inhaber wurde Udo Proksch, der im Stockwerk darüber auch den »Club 45« betrieb, einen Privatklub, in dem Künstler und Politiker ein- und ausgingen. Proksch kam durch den »Lucona-Skandal« zuerst in die Schlagzeilen und dann ins Gefängnis. Der Klärung der politischen Verbindungen zur SPÖ fielen mehrere Politiker zum Opfer, u.a. ein Wiener Ex-Bürgermeister, der seine damalige Funktion als Nationalratspräsident zurücklegte. Der Fall war wie geschaffen für einen Politthriller und wurde auch verfilmt. Ein visionäres Drehbuch über die Entweihung des altehrwürdigen Mehlspeistempels durch politische Akteure hatte zu einem wesentlich früheren Zeitpunkt auch schon der Essayist Anton Kuh vor Augen:

Beim Demel klingt ein ausgestorbener Dialekt auf: das »Knautschen«; jene turfbekannte Art, Lauten, die sich aus Gaumen und Nase quetschen, resigniert ihren Weg zu lassen, ohne Sorge darum, ob sie sich zu einem Satzgebilde fügen oder nicht. Unangestrengtheit ist bekanntlich das erste Adelsmerkmal; der Fürst betont und artikuliert nicht, man könnte sonst glauben, er wolle etwas haben, und sei's auch nur: Recht [...] Der Graf trägt noch immer sein Monokel und ißt die »Schneideln« gedankenlos in sich hinein, als ob er Weintrauben zupfe. Fragt: »Waren die Bojschewiken schon da?« (Klingt wie: »Chaudeau«.) [...] Das Gespenst von Demel 1919: Zwischen je einer Portion Eiscreme und Gotha sitzt der Lenin. Sie bannen ihn mit Witz und Spott. Aber über ihren Rücken läuft eine Gänsehaut. Sie singen im dunklen Wald der Zeit vor sich hin … Und antworten dem Tod, der sie an der Schulter zupft: »Brüderl, komm!« ein bißchen verlegen mit »Degoutant!«.

Vom »Demel«, der seit 1994 im Besitz der Raiffeisenbank ist, sind es nur noch wenige Schritte bis zum Michaelerplatz, den wir aber jetzt rechts liegenlassen, denn er bildet den Ausgangspunkt für unseren dritten Innenstadt-Spaziergang. Neben der Michaelerkirche befindet sich das sogenannte Kleine Michaelerhaus, durch das wir in die Habsburgergasse gelangen. Von hier blickt man auf die Rückseite der Stallburg, in der die Pferde der Spanischen Hofreitschule untergebracht sind, die man sich im Rahmen eines Besuchs des Lipizzanermuseums ansehen kann. Wir bleiben aber hinter dem Gebäude und gehen ein Stück in die Bräunergasse Richtung Graben hinein.

Im dem 1761 erbauten Haus Nr. 3, das eine bemerkenswerte Rokokofassade mit einem schönen schmiedeeisernen Balkongitter besitzt, wurde am 7. Dezember 1801 als Sohn eines Hof- und Gerichtsadvokaten Johann Nestroy geboren. In Jörg Mauthes Roman *Die große Hitze* (1974) wohnt die Freundin des Helden in diesem Haus, »einem geräumigen Gebäude mit einem schönen Innenhof voller kurioser Barockfratzen, in denen Bestialisches und Menschliches in manchmal lächerlicher, da und dort aber auch alptraumhafter Manier ineinander überging – ohne Zweifel der geeignete Ort zur Weckung sowohl satirischer wie satyrischer Anlagen in der Seele eines empfindsamen Kindes«. In der Hauseinfahrt hängen einige Schaukästen, die über Leben und Werk des bedeutendsten österreichischen Satirikers des 19. Jahrhunderts informieren. Schräg gegenüber steht das sogenannte »Steigersche Stiftungshaus«, in dem von 1855 bis 1862 Friedrich Hebbel wohnte und einige seiner bekanntesten Dramen, wie *Agnes Bernauer* (1855) und *Die Nibelungen* (1862), schrieb.

Zurück zur Stallburggasse. Im Haus Nr. 2 wohnte eine ganze Anzahl bekannter Personen, darunter Hugo von Hofmannsthal und Alfred Polgar, die Opernsängerin Maria Jeritza und Bundeskanzler Engelbert Dollfuß. Und, wie man von Thomas Bernhard weiß, auch Paul Wittgenstein. In seinem Erdgeschoß befindet sich, zwischen zwei Antiquitätenläden, das Café Bräunerhof. Thomas Bernhard war Stammgast in diesem Kaffeehaus, dem er in seiner Erzählung *Wittgensteins Neffe* (1982) eine typisch Bernhardsche Liebeserklärung gemacht hat. Obwohl er an allem etwas auszusetzen hat, von der Luft im Lokal über die Beleuchtung bis hin zu den Sitzbänken, ist er einer der treuesten Gäste des Cafés.

Die nächste Gasse, die vom Graben wegführt, ist die Dorotheergasse, im 18. Jahrhundert eine der schönsten Palaststraßen Wiens. Vielleicht dachte Theodor Fontane bei der Arbeit an seinem Wien-Roman *Graf Petöfy* (1884) an sie, als er das Palais der Titelfigur in einer Querstraße zum Graben ansiedelte. Das »Palais Petöfy« ist zwar reine Fiktion, es hätte aber sicher gut in diese Straße gepaßt.

Im ehemaligen Palais Eskeles auf Nr. 11 ist seit 1993 das Jüdische Museum untergebracht, das mit seinen unschätzbar wertvollen Sammlungen die reiche Tradition des Wiener und österreichischen Judentums dokumentiert und mit Ausstellungen, Vorträgen und anderen Veranstaltungen die wechselvolle Beziehung zwischen Juden und Nichtjuden aufarbeitet. Hier finden auch regelmäßig Ausstellungen statt, die sich jüdischen Autoren widmen, wie etwa 1998 Egon Erwin Kisch und 1999 Karl Kraus.

Im Haus Dorotheergasse 6 befindet sich das Café Hawelka. Das 1939 von Leopold Hawelka übernomme Kaffeehaus wurde in den fünfziger Jahren zum Stammlokal der »Wiener Gruppe«, einem Kreis experimenteller Schriftsteller, dem Friedrich Achleitner, Konrad Bayer, Gerhard Rühm, Oswald Wiener und bis 1958 auch H. C. Artmann angehörten. Von ihm stammt die bekannteste Hommage an das Hawelka, in der er »von frischem Nußbeugel und duftender Melange« schwärmt. Ein für die »Wiener Gruppe« typisches Sprachkunstwerk mit dem Titel *Versuch übers Hawelka* schrieb Friedrich Achleitner um 1956:

ha
ha

ha
ha

ha
ha
ha

tschi

In einem Interview anläßlich des sechzigjährigen Bestehens des Cafés erinnern sich Leopold Hawelka und seine für ihre legendären Buchteln berühmte Frau Josefa an die vielen Künstler und Schriftsteller, die in dem Lokal verkehrten, an den randalierenden betrunkenen Lyriker Hermann Schürrer etwa oder an den Liedermacher Georg Danzer. Josefa Hawelka erzählt:

Der Danzer ist etliche Jahre da gesessen und hat jeden Tag seinen kleinen Braunen getrunken. Das Hawelka hat ihn geprägt. Dieser Ambrosch (Wolfgang Ambros, Red.) und seine Freunde waren auch da. Der Ambrosch hat a Talent gehabt. Auf einmal fällt dem der »Hofer« ein. Das Lied hat eing'schlagen. Furchtbar. In der Vorstadt, überall. Der Danzer hat das mitgekriegt und denkt: Aha! Das mach' ich auch. Schreibt er den »Nackerten im Hawelka«.

Sie erzählt auch von Thomas Bernhard, der »niemandem eine Freude gemacht« habe und »immer sauer« gewesen sei, und »daran« sei er auch gestorben. (Mit dem Verbot, aus seinem Werk zu zitieren, hat Bernhard auch dem Autor dieses Wien-Führers keine Freude gemacht.) Heute ist das Hawelka »nur ein Touristencafé«, so sein Besitzer, dessen Mythos aber noch immer Literaturfreunde aus aller Welt anlockt.

Schräg gegenüber dem Café Hawelka steht das Grabenhotel, in dem Peter Altenberg, das Enfant terrible unter den Wiener Literaten der Jahrhundertwende, von 1913 bis zu seinem Tod im Jahr 1919 gewohnt hat. In der Prosaskizze *Zimmereinrichtung* (1918) schreibt er darüber:

Ein Nest sich bauen, wirklich sein höchsteigenes, apartes, von allen anderen unterschiedenes Nest! Wie der Vogel es Halm für Halm sorgsam zusammenträgt! Und jedes Nest ist anders, grundverschieden, hat gleichsam irgendwie den Charakter des Besitzers, des Bewohners. Ja, die Vögel haben halt nicht das Unglück, Architekten für Innen-Einrichtung in der Vogelwelt zu besitzen, die für 10.000 Mark ein »schönes« Logis herstellen! Mein einfenstriges Kabinett im fünften Stock des »Grabenhotels« ist mein »Nest«, Halm für Halm zusammengesucht seit zwanzig Jahren. Die Wände ganz bedeckt mit Photos [...]. Ein Nest! Wenn ich denke, wer dieses geliebte Kabinett einmal in Bausch und Bogen erben wird, da freut mich wirklich das ganze Sterben nicht!

In seinem Roman *Der Wanderer* (1986) läßt der deutsche Schriftsteller Hermann Lenz, ein Bewunderer des Wiener Fin de siècle, sein Alter ego Eugen Rapp im Grabenhotel wohnen. Mit seiner Frage, ob sie ein Peter-Altenberg-Zimmer hätten, »sozusagen als Museumsstück«, entlockt er dem Portier nur ein Lächeln. Im Windfang des Hotels hängen allerdings einige historische Fotografien, die zeigen, wie Altenbergs »Nest« ausgesehen hat. Es war vollgestopft mit Kleinmöbeln und Nippes, die Wände übersät mit Bildern von Mädchen, Frauen, Landschaften und Porträts von ihm selbst. Wer die Objekte aus seinem letzten Domizil heute sehen will, muß sich in den Studiensaal des Historischen Museums am Karlsplatz begeben. Im Hotel selbst erinnert noch der Name des hauseigenen Restaurants sowie eine Gedenktafel an den skurrilen Mieter. Auf dieser Gedenktafel ist auch der mehrmalige Aufenthalt von Franz Kafka und Max Brod vermerkt.

Über den Graben kommt man in die nächste Parallelstraße, die Spiegelgasse. Im Haus Nr. 5 befand sich ab 1845 eines der vornehmsten Hotels der Stadt, der Matschakerhof. Zu den Stammgästen seines Restaurants zählte Franz Grillparzer, an den eine Bronzetafel mit Porträtrelief erinnert.

Die zweite Grillparzeradresse in der Spiegelgasse ist Nr. 21. Am 27. April 1849 zog der Dichter in den vierten Stock des Vorgängerbaus, wo er bis zu seinem Tod am 21. Januar 1872 wohnte. Die im Hausflur angebrachte Gedenktafel stammt vom alten, 1900 abgerissenen Haus. Die Hauptmieterin der Wohnung war Anna Fröhlich, eine Schwester von Grillparzers »ewiger Braut« Katharina. Diese vermachte sechs Jahre nach dem Tod des Dichters seinen gesamten Privatbesitz inklusive der Wohnungseinrichtung der Stadt Wien. Beim Abbruch des Hauses wurden alle Utensilien und Möbel, aber auch Türen, Fenster und Bodenbretter aufbewahrt. Heute ist eine exakte Rekonstruktion des Zimmers samt Vorraum und kleiner Bibliothek im Historischen Museum der Stadt Wien am Karlsplatz zu besichtigen. Während von Grillparzers Geburtshaus am Bauernmarkt 10, das er in seiner *Selbstbiographie* (1854) ausführlich beschreibt, nichts übriggeblieben ist, kann man sich also ein gutes Bild von seinen letzten Wohnverhältnissen machen.

Die Spiegelgasse mündet in den Lobkowitzplatz. Seit dem Mittelalter war hier der Schweinemarkt der Stadt. Da der Marktbetrieb die Nachtruhe der Anrainer und die Gottesdienste in der benachbarten Augustinerkirche immer mehr störte, wurde er 1675 auf Betreiben von Abraham a Sancta Clara vor die Stadtmauern verlegt. 1752 wurde der Platz nach dem 1685-87 errichteten Palais Lobkowitz benannt. Das prunkvolle Palais, das wahrscheinlich von Giovanni Pietro Tencala errichtet und dessen Mittelrisalit mit dem schönen Balkonportal von Johann Bernhard Fischer von Erlach gestaltet wurde, war im 19. Jahrhundert oft Mittelpunkt rauschender Feste und bedeutender kultureller Ereignisse. So erklang hier 1803 in privatem Rahmen erstmals die 3. Symphonie (»Eroica«) von Ludwig van Beethoven. Heute befindet sich in dem Haus das Österreichische Theatermuseum.

Im Haus Augustinerstraße 1, dem ehemaligen Palais Taroucca, ist die weltberühmte Graphische Sammlung Albertina mit Werken von Leonardo, Raffael, Michelangelo und Albrecht Dürer untergebracht. Von der Rampe, einem Rest der alten Stadtbefestigung, die nach dem Reiterstandbild Herzog Albrechts benannt ist, schaut man einerseits auf die Rückseite des Opernhauses, andererseits auf den Albertinaplatz. Dort stand der Philipphof, der 1945 unter den Bombenangriffen der Alliierten zusammenbrach und hunderte Menschen, die im darunterliegenden Luftschutzkeller Zuflucht gesucht hatten, unter sich begrub. Zu ihrem Gedenken und zum Gedenken an die Opfer des Nationalsozialismus wurde hier 1988-91 das von Alfred Hrdlička geschaffene und lange Zeit heftig umstrittene Mahnmal gegen Krieg und Faschismus aufgestellt. In der Mitte der marmornen Skulpturen, zwischen dem »Tor der Gewalt« und der Plastik »Orpheus betritt den Hades«, befindet sich die Bronzeplastik eines straßenschrubbenden Juden. Sie erinnert an den 12. März 1938, an dem, zwei Tage vor Hitlers Einzug in Wien, jüdische Bürger von Nationalsozialisten gezwungen wurden, mit Reibbürsten proösterreichische Parolen und Kruckenkreuze, die Symbole des Austrofaschismus, vom Straßenpflaster zu entfernen.

In ihrer Autobiographie *Einübung in Katastrophen* (1979) erinnert sich Dorothea Zeemann an diesen Tag. Da die damals 25jährige bei einer jüdischen Freundin wohnte, wurde sie »an ihrer Stelle zum Kruckenkreuzputzen geholt«:

Getreten und gestoßen lag ich auf dem Gehsteig in der Lauge und putzte gemeinsam mit anderen die aufgemalten Kruckenkreuze weg. Harte Bürsten und scharfes Wasser nahmen mir ein wenig von meinem Schuldgefühl. Sie nannten mich Judenhure, und ich kicherte hysterisch über dieses Pathos. Ich schwieg, und auch die anderen, die wußten, daß ich nicht Pilar war, schwiegen. Es war christlich, hier in der Katakombe zu sein. Daß Leben auf dem Spiele standen, dachten nur wenige. Zu soviel unreflektierter Gegenwart kam ich selten. Die Wut, die ich in mir schmoren ließ, war wie die Erregung vor der Liebe. Ich horchte in mich, wie ich kochte. Ich suhlte mich in der Feigheit wie in der ätzenden Lauge. Die Erschöpfung, als sie mich schließlich laufen ließen, empfand ich angenehm: als körperliche Sensation.

Nach der Enthüllung des »begehbaren« Denkmals war die Figur des knieenden Juden monatelang von müden Passanten gedankenlos als Sitzplatz mißbraucht worden. Das hat den Lyriker Julian Schutting zu einem längeren Gedicht unter dem Titel *Ärmstes aller Wiener Denkmäler!* (1995) angeregt, in dem es heißt:

[...] nicht wenige der Touristen,
die sich gern auf Granitbären und Marmorlöwen setzen,
sei es um zu rasten, sei es um auf einem Denkmal reitend
photographiert zu werden, dürften in Unkenntnis
historischen Wiener Lokalkolorits
den armen gekrümmt Geduckten
für eine Kröte oder einen Froschkönig gehalten haben,
zu bequemem Draufsitzen, wie auf einem Schemel,
einen habe mit eigenen Augen
auf deinem Nacken dazu tauglicher Niedrigkeit
sein Schuhband ich binden sehen,
was hätten ihm Nichtsahnendem auch zu denken geben sollen
die Blumen, die auf deinem Kriechtier-Rücken lagen,
welk wie die, welche von blumenpflückenden Kindern
alsbald gern weggeworfen oder irgendwo abgelegt werden!

Um künftig solch pietätlose Verwendung der Skulptur zu verhindern, hat man schließlich zu ihrem Schutz eine Art Stacheldraht darübergespannt.

Vom Albertinaplatz ist es nicht weit zum Neuen Markt. Dort steht die Kapuzinerkirche mit der Kaisergruft, die seit dem Roman *Die Kapuzinergruft* (1938) von Joseph Roth als *das* Symbol für das auseinandergebrochene Habsburgerreich gilt. Die Handlung des Romans beginnt vor dem Ersten Weltkrieg und endet 1938, kurz vor dem Einmarsch der deutschen Truppen in Wien. Für den Ich-Erzähler Franz-Ferdinand Trotta, einem Sproß aus dem legendären kaisertreuen Geschlecht, war schon zwanzig Jahre zuvor mit der Monarchie die Welt untergegangen. Am Ende des Romans irrt der verstörte und perspektivenlose Baron durch das nächtliche Wien, in dem schon alle Kruckenkreuzfahnen durch Hakenkreuzfahnen ersetzt wurden. Die letzte Szene spielt vor der Kaisergruft, wo Trotta den Sarg »seines« Kaisers Franz Joseph besuchen will: »Wohin soll ich, ich jetzt, ein Trotta?…«

Der Sarkophag von Kaiser Franz Joseph ist nur einer von 138 Särgen in insgesamt neun Grüften, in denen Mitglieder der Familien Habsburg und Habsburg-Lothringen unter der Kapuzinerkirche beigesetzt sind. In den ältesten Särgen liegen die Gründer der Gruft, Kaiser Matthias und seine Gemahlin Anna. Die letzte Beisetzung erfolgte 1989 als großes Medienspektakel: In der Gruftkapelle fand Zita neben ihrem Gemahl Kaiser Karl I. die letzte Ruhestätte. Die prunkvollste Grabstätte und das Zentrum der Anlage ist der Doppelsarkophag von Maria Theresia und ihrem Gemahl Kaiser Franz Stephan von Lothringen.

Der Besuch der Kapuzinergruft ist natürlich ein Muß für alle Wien-Touristen. Daß es dabei nicht immer so pietätvoll zugeht, wie es einer Begräbnisstätte eigentlich entspräche, zeigt die Erzählung *Besichtigung einer alten Stadt* (1971) von Ingeborg Bachmann, in der im Rahmen einer Stadtführung zuletzt die Kapuzinergruft besucht wird.

Ladies and Gentlemen! Our trip will finish in the Kapuzinergruft. Die Amerikaner sehen einander fragend und enttäuscht an. Einige wären lieber in den Prater gegangen, aber am Morgen gibt es keinen Prater und auch keinen Heurigen, und wir halten schon vor der Kapuzinerkirche und müssen fröstelnd und übernächtig hinunter in die Gruft. Here you can see the most famous collection in the world, the hearts of all the habsburgian emperors and empresses, archdukes und archduchesses. Eine betrunkene alte Amerikanerin fängt zu lachen an, die kleine

Miss läßt die Beethovenmaske fallen und schreit: Gosh! Wir möchten alle heraus aus den Grüften, der ältere Amerikaner, dem noch die lustige Witwe gefallen hat, muß sich übergeben. Der Fremdenführer findet es einen Skandal und flucht, aber nicht auf englisch, die Ausländer seien eben alle nur auf ein Vergnügen aus, von Kultur keine Ahnung, Ehrfurcht überhaupt keine, es wäre sein Beruf einfach der undankbarste Beruf von der Welt, für ihn wirklich kein Vergnügen, diese Barbaren haufenweise durch die Wiener Tage und Wiener Nächte zu führen. Er treibt seine Herde zurück in den Bus.

Ingeborg Bachmanns Fremdenführer irrt, denn in der Kapuzinergruft sind eben nicht die Herzen der Habsburger bestattet, sondern nur ihre Gebeine, während ihre Herzen, einem alten habsburgischen Zeremoniell entsprechend, im »Herzgrüftl« der Augustinerkirche und ihre Eingeweide in den Katakomben von St. Stephan beigesetzt wurden.

Der Neue Markt wurde, wie die Parallelgassen südlich des Grabens, im Zuge der babenbergischen Stadterweiterung um 1200 angelegt und bildete damals das Zentrum der »neuen Stadt«. Anfangs hauptsächlich ein Handelszentrum für Waren aus dem Süden, entwickelte er sich im Spätmittelalter zu einem Schauplatz höfischer Spektakel. Im 18. Jahrhundert wurde das Marktleben immer mehr durch Komödianten, die hier ihre Buden aufstellten, in den Hintergrund gedrängt. 1708 errichtete Joseph Stranitzky, der »Wiener Hanswurst«, seine Komödienhütte gegenüber dem ehemaligen Gasthaus »Zum roten Dachel«, das sich etwa an der Stelle des heutigen Hauses mit der Merkurfigur, Nr. 10-11, befand. Mit seinem beliebten »Hanswurstiaden« wurde Stranitzky zum ersten Vertreter der Wiener Volkskomödie.

Das Zentrum des Platzes bildet der 1737-39 errichtete Providentiabrunnen von Georg Raphael Donner. Die vier Figuren am Rand des Bassins symbolisieren die Flüsse Traun (Jüngling), Enns (alter Mann), March und Ybbs (Frauengestalten). In der Mitte steht die Vorsehung (Providentia). 1770 wurden die Figuren auf Befehl

Maria Theresias entfernt – sie waren ihr zu nackt. Glücklicherweise wurden sie durch das Engagement eines Bildhauers vor dem Einschmelzen bewahrt und 1801 wieder aufgestellt. Die heutigen Brunnenfiguren sind Kopien, die Originale befinden sich im Unteren Belvedere.

Der Neue Markt war auch immer von ausgezeichneten Wirtshäusern und vornehmen Hotels umgeben. An der Stelle des heutigen Hotels Europa (Nr. 3) stand das Hotelrestaurant Meissl & Schadn, das »Mekka der Rindfleischesser«. 1916, mitten im Ersten Weltkrieg, kam das Hotel auch in die politischen Schlagzeilen. Am 21. Oktober ermordete der Sozialdemokrat Dr. Friedrich Adler, der Sohn des Sozialistenführers Victor Adler, im Speisesaal des Hotels den Ministerpräsidenten Karl Graf Stürgkh durch drei Schüsse in den Kopf. Adler sah keine andere Möglichkeit, gegen die Kriegspolitik der Regierung zu protestieren und die Wiedereinberufung des Reichsrats zu erzwingen, den Stürgkh schon vor Kriegsbeginn durch ein Ausnahmegesetz ausgeschaltet und der seither autoritär regiert hatte. Adler wurde zum Tod verurteilt, dann zu 18 Jahren schwerem Kerker begnadigt und schließlich kurz vor Kriegsende amnestiert. Nach der Ermordung Stürgkhs wurde der Reichsrat tatsächlich wieder einberufen. Stürgkh ist übrigens derselbe Ministerpräsident, der bei Karl Kraus im Café Pucher sitzt.

Das traditionsreichste Hotel am Platz ist das Ambassador. In dessen Halle berichtet Herbert Menis, der Ich-Erzähler von Alexander Lernet-Holenias Roman *Die Standarte* (1934), einem geduldigen Zuhörer von seinen Erlebnis beim Untergang der Donaumonarchie. Eine zweite Romanfigur, die regelmäßig, und zwar jeden Nachmittag, im Café des Hotel Ambassador sitzt, ist der Musikkritiker Reger aus Thomas Bernhards Roman *Alte Meister* (1985). Während er die Vormittage im kühlen Kunsthistorischen Museum verbringe, um zu denken, komme er hierher, um in der Geborgenheit des Kaffeehauses das Gedachte aufzubereiten, erklärt Reger.

Im sogenannten Kärntner Durchgang, der den Neuen Markt mit der Kärntnerstraße verbindet, gestaltete Adolf Loos 1907 die »American Bar«, die eine der wenigen noch erhaltenen Innenausstattungen des Architekten besitzt. An einer Wand hängt die Kopie eines Porträts von Peter Altenberg, der mit Loos eng befreundet war. Vor einigen Jahren wurde auch die Außenfassade der »Loos-Bar« originalgetreu rekonstruiert.

Ihre Bedeutung als Hauptverkehrsader erlangte die Kärntnerstraße im 13. Jahrhundert als Endstrecke der aus dem Süden kommenden Fernhandelsstraße, auf der die Waren zum Neuen Markt gebracht wurden. Hier siedelten sich die reichsten Händler und vornehmsten Geschäfte an. Große Veränderungen erfuhr die Straße im Zuge des Abbruchs der Stadtmauern und Basteien im 19. Jahrhundert. Sie wurde bis zur neuen Ringstraße verlängert und etwa um das Doppelte verbreitert, wobei die an der westlichen Straßenseite gelegenen, aus der Barockzeit stammenden Gebäude abgerissen und durch Neubauten ersetzt wurden. Viele dieser Gründerzeitbauten sind im Zweiten Weltkrieg schwer beschädigt worden und mußten nach dem Krieg neuen Häusern weichen. Heute präsentiert sich die Kärntnerstraße als moderne Einkaufsstraße, in der nur noch ganz wenige Bauten aus vergangenen Jahrhunderten stehen.

Wie schon erwähnt, war die Kärntnerstraße bis in die sechziger Jahre auch die vornehmste Strichstraße der Stadt. Hier will Jenny, die Mutter von John Irvings Romanheld Garp, im Dezember 1961 von einer Prostituierten etwas über »diese verdammte Lust« erfahren. Das Gespräch gibt ihr den Anstoß zu ihrem Buch, das sie reich und berühmt machen sollte. Eine noch größere Rolle als in *Garp* spielen die Wiener Huren in Irvings Roman *Das Hotel New Hampshire* (1982, amerik. 1981). Das Hotel liegt in der Krugerstraße, einer Seitengasse der Kärntnerstraße. In einem seiner Stockwerke gehen vier Prostituierte unter der Führung der »Alten Billig« ihrer Arbeit nach. Der Erzähler bezeichnet sie als »so etwas wie eine Unterabteilung der Huren in der Kärntner Straße«. Das Hotel ist Erfindung, das Prostituiertenmilieu des »Kärntnerviertels« aber hat auch andere Schriftsteller inspiriert. *Kärntnerstraße* nennt sich ein entsprechendes Mundartgedicht von Gerhard Rühm aus den fünfziger Jahren:

keanddnaschdrossn
vadraudda glaung
blonde
brünedde
keanddnaschdrossn
zwölf hoeb ans
schazzi
hauchd di fedde

weidda obm
is da grobm
und da schdeffe
wingt ma zua
schwoazze
adredde

i bin scho miad
gem s a rua

Von den vielen Häusern der Kärntnerstraße, die im Zweiten Weltkrieg zerstört wurden, ist es um das Haus Nr. 33, das an der Ecke zur Johannesgasse stand, besonders schade. In seinem Keller befand sich das »Cabaret Fledermaus«, ein nach Plänen von Josef Hoffmann im Stil der Sezession exklusiv ausgestattetes, intimes Kammerspieltheater. Wenn das Geschäft der Firma Backhausen, der auch das alte Haus gehörte, geöffnet ist, kann man sich in einem kleinen Ausstellungsraum eine Vorstellung von dem durchgestylten Kellertheater machen, für das Autoren wie Peter Altenberg, Egon Friedell und Alfred Polgar tätig waren.

Wir verlassen nun die mondäne Kärntnerstraße und gehen in die Johannesgasse hinein – und zurück ins 19. Jahrhundert. Im Haus Nr. 6a ist seit 1846 das Hofkammerarchiv untergebracht, das ist das Archiv jener Behörde, die in der Monarchie das Vermögen des Herrschers verwaltete und aus der das heutige Finanzministerium hervorgegangen ist. 1832 wurde Franz Grillparzer, der seit 1815 bei der Hofkammer angestellt war, zu seinem Direktor ernannt. Am 25. Januar notierte der damals schon berühmte Burg-theaterautor in seinem Tagebuch: »Habe die Archivdirektorsstelle erhalten und so des Menschen Sohn um dreißig Silberlinge verkauft.« Im vierten Stock des Hauses kann man das Direktorenzimmer besichtigen, in dem Grillparzer bis zu seiner von ihm selbst erbetenen Pensionierung 1856 gearbeitet hat. Kein Ort ist besser geeignet, sich seinen lebenslangen Zwiespalt zwischen Beamtentum und Schriftstellerei zu vergegenwärtigen. Seine Zerrissenheit führte schließlich so weit, daß er seine letzten Dramen *Ein Bruderzwist in Habsburg, Die Jüdin von Toledo* und *Libussa* nur noch für die Schreibtischlade schrieb. Er fand übrigens nichts dabei, sich auch im Amt mit seinen literarischen Werken zu beschäftigen. Abgesehen von Grillparzer ist das öffentlich zugängliche Hofkammerarchiv schon allein wegen seines besonderen Ambientes sehenswert. Gerhard Roth schreibt darüber in einem MERIAN-Artikel: »Die gedrechselten und bemalten Holzregale, in denen tausende dickleibige Lederfolianten und Aktenbündel hinter kalligraphisch schön ausgeführten Aktendeckeln aufgeschichtet sind, der Geruch von altem Papier und die Größe der Räume, die sich scheinbar ins Unendliche fortpflanzen, wie manche Säle von Schlössern in raffinierten Spiegelkonstruktionen, lassen selbstverständlich an Franz Kafka denken.«

Ab der Kreuzung mit der Seilerstätte wird die Johannesgasse breiter und heller. Man spürt, daß man hier auf der Schwelle zu einem jüngeren Stadtteil steht. Und tatsächlich folgte die hochmittelalterliche Stadtmauer in etwa dem Verlauf der heutigen Seilerstätte. Hier stand man vor der Mauer. Wollte man die Stadt verlassen, mußte man an ihr entlanggehen, entweder rechts bis zum Kärntnertor am Ende der Kärntnerstraße oder links bis zum Stubentor am Ende der Wollzeile. Dort kann man noch vorhandene Fundamente dieses Tores besichtigen, die im Zuge des U-Bahnbaus freigelegt wurden.

Wir wollen aber die Grenzen der mittelalterlichen Stadt nicht überschreiten, gehen ein Stück nach links die Seilerstätte hinauf und biegen dann wieder in die enge Himmelpfortgasse ein. Die Gasse hat ihren Namen von dem 1230 gegründeten Kloster, das sich auf dem Areal der heutigen Häuser Nr. 7 und 9 befand. Der Name dieses Frauenklosters ist mit einer bekannten Wiener Legende verknüpft. Danach soll eine Nonne, die mit ihrem Dienst als Pförtnerin unzufrieden war, den Schlüssel vor ein Marienbild gelegt haben und aus dem Kloster entflohen sein. Als sie von Reue geplagt nach sieben Jahren zurückkehrte, öffnete ihr Maria und ließ sie ein. Die anderen Nonnen aber hatten gar nicht bemerkt, daß die Gottesmutter anstelle der abtrünnigen Nonne die Pforte gehütet hatte.

Der bekannteste und bedeutendste Bau in der Himmelpfortgasse ist das ehemalige Winterpalais der Prinzen Eugen, in dem seit 1848 das Finanzministerium untergebracht ist. Das in drei Bauphasen von 1694 bis 1724 errichtete Palais, das von Johann Bernhard Fischer von Erlach begonnen und von Johann Lukas von Hildebrandt fertiggestellt wurde, ist einer der schönsten Wiener Barockpaläste. Besonders eindrucksvoll ist das von Fischer von Erlach gestaltete Stiegenhaus mit den Herkulesfiguren.

Prinz Eugen von Savoyen ist einer der populärsten Helden der österreichischen Geschichte. Der Ratgeber dreier Kaiser – Leopolds I., Josephs I. und Karls VI. – und eigentliche Begründer der österreichischen Großmacht war aber nicht nur ein genialer Feldherr, Sieger über die Türken und in vielen Schlachten in ganz Europa, sondern auch ein großer Kunstkenner und -sammler. Wo er hinkam, kaufte er Bücher und Bilder, Möbel und Statuen und brachte diese in seine Wiener Schlösser, ins Belvedere und ins Stadtpalais, oder nach Schloß Hof im Marchfeld. Beim Bau dieser Schlösser beschäftigte er die bedeutendsten Architekten seiner Zeit. Eugens umfangreiche und kostbare Büchersammlung wurde gleich nach seinem Tod in die Hofbibliothek eingegliedert und steht bis heute in den Bücherschränken des Prunksaals der Nationalbibliothek.

Das Begräbnis des »heimlichen Kaisers« Eugen, der zweiundsiebzigjährig am 21. April 1736 in seinem Wiener Stadtpalais starb, wurde zu einem gewaltigen Spektakel, allerdings ohne das Beisein des wirklichen Kaisers Karl VI., der auf Eugens Beliebtheit stets eifersüchtig gewesen war. Eine Vorstellung von dem barocken Prunk, der sich damals in der Himmelpfortgasse entfaltete, gibt der Bericht in einer »Extra-Ausgabe« des »Wiener Diariums«. Hier ein Ausschnitt daraus:

Sodann wurde der Leichnam auf einer darzu gemachten Todten-Bahr getragen. Der darauf ruhende Sarg sowol als die gantze Bahr ware mit einer kostbaren von goldenen Frantzen / und breiten Borten um und um eingefaßten schwartz-sammeten Decke / in welcher ein großes Kreuz von reichem goldenen Zeug oder Drap d'Or von einem End bis zu dem andern formirt ware / völlig bis auf die Erde herunter / samt denen Tragenden überhült. [...] die Zipfe und Ende des Bahr-Tuchs wurden von 14 nebenher gehenden Kaiserlichen Herren Feldmarschall Leutenannten ... ohne Beobachtung des Ranges / sondern untereinander nach belieben gehalten. Und neben denselben außenher wurden von 36 Herren von der Kaiserlichen Feld-Kriegs-Cantzley ebensoviele brennende weiße Wax-Fackeln getragen. Nach dem Sarge wurde das Leib-Pferde Ihrer verstorbenen Durchleucht auf das schönste aufgeputzet / und mit auf dem Sattel gebundenem kostbaren Harnisch / zwischen zwei völlig vom Kopf bis zu den Füßen geharnischten reitenden Männern / geführte / und von Dero Herrn Page zu Fuß / wie auch neuen anderen über und über mit Trauertuch überhülten / und von so viel auch in Trauer gekleideten Reit-Knechten geführten Hand-Pferden gefolget.

Zwei Stunden dauerte der Trauerzug von der Himmelpfortgasse über Kärntnerstraße, Augustinerstraße, Kohlmarkt und Graben bis zum Stephansdom, wo die Totenmesse stattfand und der Leichnam beigesetzt wurde. Währenddessen läuteten ununterbrochen alle Kirchenglocken der Stadt. Das Begräbnis des »edlen Ritters« war sicher ein Höhepunkt in dem an Spektakeln nicht armen barocken Wien und befriedigte zweifellos die stets vorhandene Lust der Wiener an einer »schönen Leich'«.

Über die Rauhensteingasse gelangt man in die mittelalterlich anmutende, gekrümmte Ballgasse, ein romantisches Gäßchen mit interessanten Häusern aus dem 18. und 19. Jahrhundert. H. C. Artmann hat hier eine skurrile Kurzgeschichte mit dem Titel *Ein Wesen namens Sophia* (1949) angesiedelt, die so beginnt:

Wer die wiener innenstadt, also die city der ehemals imperialen metropole, mit einiger muße genügend aufmerksam durchstreift, wird früher oder später auch in die seltsam gebogene Ballgasse, sie zweigt vom Franziskanerplatz durch einen sogenannten schwibbogen ab, gelangen. In dieser kleinen gasse, unweit oder gar nahe der *Bürgerl. Tischlerherberge*, befindet sich ein uralter seiteneingang, zu einem gebäude gehörig, dessen hauptportal jedoch im quadrat des Franziskanerplatzes liegt. Durch diesen schmucklosen eingang steigt man in ein kellergewölbe, das, über einem tieferen kellergewölbe ausgebreitet, dunkelt, welches aber nicht etwa das vorletzte ist – es gibt noch ein tieferes, drittes. Von diesem gehen einige katakombengänge ab, die teilweise zugemauert sind, labyrinthe, die möglicherweise bis unter den gelben palast von Schönbrunn führen sollen.

Die Geschichte erzählt von einem jungen Kanadier namens Tom Kilgoorley, der eines Nachts immer tiefer in diese Kellergewölbe hinuntergelockt wird und dort seltsame Dinge erlebt. Ganz unten trifft er ein Wesen namens Sophia, das sich zu seinem hellen Entsetzen in den Flammen eines Kohlenbeckens die Hände wäscht. Außerdem besitzt es »nicht bloß zwei, sondern *drei* brüste von phantastischer wildheit, und von den schöngeschwungenen lenden abwärts kräuselte sich die faunische flur eines wolfspelzes...« Mehr sei nicht verraten.

Gibt es die labyrinthischen Katakombengänge tatsächlich? Gerhard Roth ist dieser Frage nachgegangen und hat von einem Wiener Archäologen die kompetente Auskunft erhalten, daß zwar die unterirdische Verbindung zwischen Hofburg und Schönbrunn eine Legende sei, wohl aber gebe es Verbindungsgänge von der

Hofburg in die Stiftskaserne, zur Oper, zum Burgtheater und zum Messepalast – und vielleicht auch zur Kapuzinergruft. Es gibt also ein unterirdisches Wien auch abseits des Kanalsystems, in dem sich der »Dritte Mann« herumgetrieben hat.

Doch kommen wir wieder an die Oberfläche und bleiben wir noch ein bißchen in der romantischen Ballgasse. Im Haus Nr. 6 befand sich schon im 19. Jahrhundert ein Gasthof, der sich »Zum Blumenstock« nannte, woran der Name des bestehenden Restaurants anknüpft. Hier konstituierte sich 1817 die Vereinigung »Ludlamshöhle«, ein gesellige Zusammenkunft von Schauspielern, Sängern, Musikern und Literaten. Ihr Gründer war der Schriftsteller Ignaz Castelli, auch Franz Grillparzer nahm manchmal an den Treffen teil. Dem Metternichschen Polizeistaat war diese freiheitliche Tischrunde, in der hauptsächlich mehr oder weniger scharfsinnig geblödelt wurde, suspekt. 1826 – damals traf man sich schon in einem anderen Gasthaus – sprengte die Polizei eine Zusammenkunft und durchsuchte die Wohnungen der Mitglieder. Sie holte auch Grillparzer aus dem Bett, der darüber erbost in seinem Tagebuch feststellt: »Wer mir die Vernachläßigung meines Talentes zum Vorwurf macht, der sollte vorher bedenken, wie in dem ewigen Kampfe mit Dummheit und Schlechtigkeit endlich der Geist ermattet.« Vor Gericht erwies sich schließlich die Harmlosigkeit der Gesellschaft. Die Angelegenheit zeigt deutlich genug die Kehrseite der biedermeierlichen Gemütlichkeit im vormärzlichen Wien.

Durch den von H. C. Artmann erwähnten Bogen verlassen wir die Ballgasse und befinden uns sogleich in einer ganz anderen Welt. Vor uns liegt der Franziskanerplatz, einer der schönsten Plätze Wiens. Ein südländisches Flair liegt über diesem pittoresken Platz mit dem Mosesbrunnen, besonders in den wärmeren Monaten, wenn um die wenigen, im Freien stehenden Tische des »Kleinen Cafés« plaudernde Gäste sitzen.

Die Franziskanerkirche besitzt eine für Wien ungewöhnliche Fassade, in der stilistische Elemente der süddeutschen Renaissance mit gotischen Nachklängen verschmelzen. Auch im Inneren wirkt die Kirche gotisch und zeugt somit von einer schon bei ihrer Einweihung 1611 nicht mehr ganz zeitgemäßen Baugesinnung. Sie bildete den Auftakt der »Klosteroffensive« von Kardinal Melchior Kleßl, der mit Klostergründungen und Kirchenbauten die Gegenreformation vorantrieb.

Ebenso ungewöhnlich wie die Fassade der Kirche ist die des angrenzenden, 1616-21 erbauten Franziskanerklosters mit ihren vertieften Kreisfeldern. Im Vorgängerbau des heutigen Klosters befand sich bis 1589 das sogenannte Büßerinnenkloster zu St. Hieronymus, das schon Aeneas Silvius Piccolomini, der spätere Papst Pius II., in einem um 1450 verfaßten, seiner Geschichte Österreichs, *Historia Australis* (1454-58), eingefügten Brief erwähnt: »Unter den Klöstern ist auch das von St. Hieronymus zu nennen, das der Bekehrung reuiger Dirnen dient, die dort Tag und Nacht in deutscher Sprache Hymnen singen. Falls eine der Dirnen rückfällig wird, so wird sie in der Donau ertränkt, allerdings herrscht ein frommes Leben vor.« Einige Jahrzehnte später rissen jedoch im Kloster Sitten ein, die schließlich zu seiner Aufhebung führten. Kein Fremdenführer versäumt, auf einen Grabstein im sogenannten Tummelplatz der Kirche hinzuweisen, der der letzten »Meisterin« des Klosters gedenkt: »HIERUNTER IST PEGRABEN DIE ERBIERDIG FRAU JULIANA KLEBERGERIN OBRESTE BEY S. HIERONIME IST GESTORBEN AN S. SEBASTIANTAG IM 1553 JAR. DER GOTT GNADIG SEY AME[N]« Diese »ehrwürdige Frau« war in einen gewaltigen Sittenskandal verwickelt. Juliana Kleeberger war im Kloster keineswegs keusch geworden, im Gegenteil. Nachdem sie mit dem Klostergeistlichen eine Beziehung eingegangen war, heirateten die beiden, wobei der Priester durch Teilung einer Hostie selbst die Trauung vornahm. Da Juliana ihren Mann aber ständig betrog, geriet der Eifersüchtige außer Rand und Band. Der Skandal kam den Domherren von St. Stephan zu Ohren, die das liederliche Paar einsperren ließen. Juliana wurde später wieder freigelassen und durfte ins Kloster zurückkehren, wo sie auch starb. Was mit ihrem Mann geschah, ist nicht überliefert.

Über die Singerstraße kommen wir in die Grünangergasse, in der sich, wie eine Gedenktafel am Eckhaus verkündet, gleich zwei der zahlreichen Wiener Wohnungen Franz Grillparzers befanden. Zwischen den Häusern Nr. 8 und 10 führt eine Treppe hinunter in verwinkelte, kleine Höfe mit wunderschönen, offenen, efeuüberwachsenen Stiegengängen, die man in Wien »Pawlatschen« nennt. Der größte dieser Höfe ist der sogenannte »Große Fähnrichhof«, im dem eine imposante Platane steht. Der ganze Gebäudekomplex ist einer der wenigen erhaltenen und mustergültig revitalisierten Reste von »Alt-Wien«.

Zwei Ausgänge führen schließlich in die Blutgasse. Warum dieses leicht gekrümmte und gewölbte Gäßchen, das im 14. Jahrhundert Kothgässel hieß, umbenannt wurde, ist bis heute nicht geklärt. Als Legende entlarvt wurde jedenfalls eine Namenserklärung, wonach das Blut der 1312 im Fähnrichhof erschlagenen Templer die Gasse hinuntergeronnen sein soll. Der Ritterorden der Templer wurde zwar in diesem Jahr aufgehoben, getötet wurde aber niemand. Der Name der romantischen mittelalterlichen Gasse regt jedenfalls die Phantasie an. Die französische Autorin Christiane Singer läßt eine Szene ihres Pestromans *Der Tod zu Wien* (1996; franz. 1978) hier spielen, in der ein Mann von seiner an der Seuche gestorbenen Frau, die er eben erst geheiratet hat, nur gewaltsam getrennt werden kann.

Unter den Schwibbogen der Blutgasse hindurch gelangt man wieder in die Singerstraße. Rechts befindet sich die Deutschordenskirche mit dem Deutschordenshaus, einem großen Baukomplex mit zwei Innenhöfen. Vom romantischen kleineren Hof aus hat man einen wunderschönen Blick auf den Stephansturm. Hier wohnte Wolfgang Amadeus Mozart von März bis Mai 1781 als Kapellmeister im Gefolge des Salzburger Erzbischofs Colloredo. Der 25jährige Musiker fühlte sich jedoch schlecht bezahlt und durch den Erzbischof in seiner Ehre verkränkt, und er quittierte deshalb in einem aufgeregten Disput den Dienst. Kein Zurück gab es für ihn schließlich nach der Behandlung, die er durch den Hofbeamten Graf Arco erfuhr. Mozart berichtet darüber in einem Brief an seinen Vater vom 13. Juni:

[...] anstatt daß graf Arco meine bittschrift angenommen, oder mir audienz verschafet, oder gerathen hätte selbe nachzuschicken, oder mir zugeredet hätte die sache noch so zu lassen, und besser zu überlegen, afin, – was er gewollt hätte – Nein – da schmeist er mich zur thüre hinaus, und giebt mir einen tritt im hintern. – Nun, das heisst auf teutsch, daß Salzburg nicht mehr für mich ist; ausgenommen mit guter gelegenheit dem H. grafen wieder ingleichen einen tritt im arsch zu geben, und sollte es auf öfentlicher gasse geschehen.

Mozart blieb in Wien und zog 1784, zwei Jahre nach der Trauung mit Konstanze Weber, in das unweit von hier gelegene Haus in der Domgasse 5. Dort, im sogenannten »Figarohaus«, der bekanntesten Wiener Mozart-Gedenkstätte, komponierte er seine berühmtesten Werke.

Vom größeren Hof des Deutschordenshauses führt eine fast immer geöffnete Tür auf den Stephansplatz, womit wir wieder beim Ausgangspunkt unseres Rundgangs angelangt sind. An der Nordseite des Doms befindet sich die Totenkapelle, wo Mozart am 6. Dezember 1791 eingesegnet wurde.

→ »Unübersehbar warn mir«

Durch die Hofburg und über den Ring

Dritter Spaziergang: Michaelerplatz – Hofburg – Heldenplatz – Maria-Theresien-Platz – Justizpalast – Parlament – Volksgarten – Rathaus – Burgtheater – Mölkerbastei – Herrengasse – Minoritenkirche – Ballhausplatz

wann s du
zum michaelerplatz
gehn willst
so kommt s ganz drauf an
wo du grad bist
du kannst durch d herrngassn
oder über n kohlmarkt
durch d reitschulgassn
d schauflergassn
oder durch die burg
auch von der habsburggassn her
is a kleiner durchgang
es is ganz egal
du kommst aus
jeder richtung
bis zum michaelerplatz
wann du s willst

Dank der sachkundigen Auskunft von H. C. Artmann steht man also ganz sicher irgendwann mitten auf dem rondellförmigen Michaelerplatz, von dem die genannten Gassen sternförmig wegführen, und kann sich in Ruhe der Betrachtung der umliegenden Gebäude und der archäologischen Ausgrabungen im Zentrum des Platzes hingeben.

→ 15. März 1938: Begeisterte Hitler-Anhänger haben das Prinz-Eugen-Denkmal auf dem Heldenplatz erklommen

Jahrhundertelang war dieser Platz ein Schwellenraum zwischen der feudalen Welt der Habsburger und der bürgerlichen Wiener Innenstadt. Dieser Gegensatz ist noch heute an den Bauten, die ihn begrenzen, deutlich abzulesen. Dem platzbeherrschenden Michaelertrakt der Hofburg mit seiner mächtigen, reichverzierten Kuppel, dem schmiedeeisernen Gitter und den monumentalen Herkulesfiguren steht die ornamentlose, glatte Fassade des Looshauses gegenüber, imperialem Prunk der auf Zweckmäßigkeit ausgerichtete Klassiker der modernen Architektur. Das für das Herrenmodehaus Goldman und Salatsch errichtete Gebäude wurde 1911 fertiggestellt, der Michaelertrakt nur achtzehn Jahre früher, er basiert jedoch auf einem Entwurf des Barockarchitekten Joseph Emanuel Fischer von Erlach. Seinem Schwellencharakter entsprechend war dieser Platz auch ein Zentrum der Revolution von 1848, auf dem die Bürger und Studenten Wiens eine riesige Barrikade errichteten, etwa an der Stelle, wo sich heute die archäologischen Ausgrabungen befinden. Diese weisen weit in die Vergangenheit des Platzes zurück.

Hier kreuzte sich in römischer Zeit die südlich am Legionslager vorbeilaufende Limesstraße mit dem aus dem Lager in den Süden führenden Handelsweg. An dieser Kreuzung soll sich das Vergnügungsviertel des Militärlagers Vindobona befunden haben. Später lag hier der »Paradeisgartl« genannte kaiserliche Lustgarten, ein Platz entstand erst im 18. Jahrhundert mit der Errichtung des Michaelertrakt-Torsos der Hofburg 1723-30. Seit dem 16. Jahrhundert stand da auch ein Ballhaus, das unter Kaiserin Maria Theresia 1741 zu einem Theater ausgebaut wurde. Seine heutige Gestalt erhielt der Platz nach dem Abbruch des alten Hofburgtheaters und der dadurch ermöglichten Fertigstellung des Michaelertrakts 1889-93.

Eine unscheinbare Gedenktafel im linken Bereich der konkaven Michaelertraktfassade markiert den Ort, wo das alte Hofburgtheater stand. Dieses wurde 1776 von Kaiser Joseph II. zum »Teutschen Nationaltheater« erklärt, in dem vor allem deutsche Sprechstücke gespielt werden sollten. Hier wurden aber auch die meisten Opern Mozarts uraufgeführt. Im 19. Jahrhundert entwickelte sich das ab

1821 offiziell »Hofburgtheater« genannte Haus unter den Direktionen von Joseph Schreyvogel (1814-32) und Heinrich Laube (1849-67) zu einer der führenden Bühnen im deutschsprachigen Raum. 1888 wurde das mittlerweile viel zu kleine Haus abgerissen und das neue Burgtheater am Ring eröffnet.

Die zweite literarhistorisch bedeutsame Stätte am Michaelerplatz war das Café Griensteidl im Palais Dietrichstein an der Ecke Schauflergasse/Herrengasse. Heute steht hier das Palais Herberstein, in dem sich wieder ein Kaffeehaus befindet, das mit dem alten jedoch nur den Namen gemeinsam hat. Das 1847 von dem ehemaligen Apotheker und Kaffeesieder Heinrich Griensteidl eröffnete Lokal wurde rasch zu einem Treffpunkt von Politikern, Dichtern und, wegen des nahegelegenen Theaters, vor allem auch von Schauspielern. In die Literaturgeschichte ging es aber erst in den neunziger Jahren ein, als sich hier die Generation der zwanzig- bis dreißigjährigen Literaten und Intellektuellen traf, zu deren Wortführer sich Hermann Bahr machte. »Er regte alle auf und alle an durch die Verwegenheit seines Geistes«, erinnert sich Felix Salten später. In Paris hatte Bahr den französischen Impressionismus und Symbolismus kennengelernt und wurde nun in Wien zum eifrigsten Propagandisten der literarischen Avantgarde. Im Café Griensteidl traf er auf offene Ohren.

Die meisten Literaten, die im Griensteidl verkehrten, sind heute fast vergessen, drei allerdings zählen zu den großen österreichischen Autoren des Jahrhunderts: Arthur Schnitzler, Hugo von Hofmannsthal und Karl Kraus. »Die Erscheinung des jungen Hofmannsthal ist und bleibt denkwürdig als eines der großen Wunder früher Vollendung«, schrieb Stefan Zweig. Weniger schmeichelhaft schildert Kraus den Eintritt des Sechzehnjährigen in die literarische Szene seiner Zeit. In seiner anläßlich der Schließung des Café Griensteidl 1897 geschriebenen Satire *Die demolirte Literatur* heißt es über Hofmannsthal, er sei es »seiner Abgeklärtheit schuldig« gewesen, »seine Manuscripte für den Nachlass vorzubereiten«. Und über Arthur Schnitzler spottete Kraus, wobei er zuletzt mit einem *Wilhelm-Tell*-Zitat auf dessen erste Erzählung *Sterben* anspielt:

Der am tiefsten in diese Seichtigkeit taucht und am vollsten in dieser Leere aufgeht, der Dichter, der das Vorstadtmädel burgtheaterfähig machte, hat sich in überlauter Umgebung eine ruhige Bescheidenheit des Grössenwahns zu bewahren gewusst. Zu gutmüthig, um einem Problem nahetreten zu können, hat er sich ein- für allemal eine kleine Welt von Lebemännern und Grisetten zurechtgezimmert, um nur zuweilen aus diesen Niederungen zu falscher Tragik emporzusteigen. Wenn dann so etwas wie Tod vorkommt, – bitte nicht zu erschrecken, die Pistolen sind mit Temperamentlosigkeit geladen: *Sterben* ist nichts, aber leben und nicht sehen! ...

Schnitzler rächte sich auf seine Weise. In dem Roman *Der Weg ins Freie* (1908) verlieh er dem Kritiker Rapp Züge von Karl Kraus.

Vom Turm der Michaelerkirche schlug es neun, als Georg vor dem Kaffeehaus stand. An einem Fenster, das der Vorhang nicht verhüllte, sah er den Kritiker Rapp sitzen, einen Stoß von Zeitungen vor sich auf dem Tisch. Eben hatte er den Zwicker von der Nase genommen, putzte ihn, und so sah das blasse, sonst so hämisch-kluge Gesicht, mit den stumpfen Augen wie tot aus. Ihm gegenüber, mit ins Leere gehenden Gesten, saß der Dichter Gleißner, im Glanze seiner falschen Eleganz, mit einer ungeheuern, schwarzen Krawatte, darin ein roter Stein funkelte. Als Georg, ohne ihre Stimmen zu hören, nur die Lippen der beiden sich bewegen und ihre Blicke hin- und hergehen sah, faßte er es kaum, wie sie es ertragen konnten in dieser Wolke von Haß sich eine Viertelstunde lang gegenüber zu sitzen. Er fühlte mit einemmal, daß dies die Atmosphäre war, in der das Leben dieses ganzen Kreises sich abspielte, und durch die nur manchmal erlösende Blitze von Geist und von Selbsterkenntnis zuckten. Was hatte er mit diesen Leuten zu tun? Eine Art von Grauen erfaßte ihn, er wandte sich ab und entschloß sich, statt ins Kaffeehaus zu gehen, endlich wieder einmal den Klub aufzusuchen, dessen Räume er seit Monaten nicht betreten hatte.

Der Bruch zwischen Karl Kraus und der Gruppe um Hermann Bahr, den der Satiriker ebenfalls aufs Korn nahm, war unvermeidlich. Als Felix Salten Karl Kraus einmal im Kaffeehaus ohrfeigte, wurde das »allseits freudig begrüßt«, wie Schnitzler am 15. Dezember 1896 im Tagebuch vermerkt. Noch vor der Schließung des Griensteidl übersiedelte Kraus ins nahegelegene Café Central.

Die Michaelerkirche ist eine der ältesten Wiener Kirchen, deren noch romanisches Mauerwerk mit Rundbogenfriesen am besten vom Hof des Hauses Kohlmarkt 11 zu sehen ist. Die beherrschende Figurengruppe »Engelssturz« mit dem Erzengel Michael über dem Portal entstand aber erst im Barock. Wer etwas über den Hang des Wieners zur Nekrophilie erfahren will, sollte unbedingt auch die Krypta der Kirche besuchen. Hier wurden vor allem Adelige und hohe kaiserliche Beamte bestattet. Gerhard Roth hat in seinem Text *Eine Reise in das Innere von Wien* (1991) seine eigenen Eindrücke und die Ausführungen des Gruftführers festgehalten:

Die Holzsärge sind grün, gelb, rot oder braun, mit Blumen bemalt und zum Teil geöffnet. Innen wurden sie mit Hobelscharten ausgefüllt. An den Toten findet man Schuhe, den kurzen barocken Gehrock, auf dem Kopf des einen oder anderen das Netz einer Perücke. In einem Sarg ist das Tuch aufgeschnitten, die Tote liegt wie in einem Hochzeitskleid da, um den Kopf ein kleines Gewölk von Holzscharten wie ein vertrockneter Blumenkranz.
Luftzug und klimatische Verhältnisse haben die Leichen mumifiziert. Die Gesichter der Toten ähneln Masken. Mit weit aufgerissenen Mündern liegen sie da. »Das sind ein Strauß Rosen«, sagte der Gruftführer auf die Brust einer Toten deutend, »und die Reste eines Wachskreuzes. Hier eine ältere Dame, bei der das Kleid erhalten geblieben ist. Sie hat noch Nägel an den Fingern, aber es fehlt ein Schuh. Wo er hingekommen ist, weiß niemand.« Die bekannteste Tote in der Gruft ist eine Frau, die während der Schwangerschaft gestorben ist. Ihr Gewand ist rückstandslos zerfallen, aber das Kind blieb unter der Bauchdecke als Abdruck sichtbar.

Wem Gerhard Roths Bericht über seinen Besuch der Michaelergruft zu trocken klingt, sollte Adalbert Stifters hundertfünfzig Jahre vorher geschriebene Erzählung *Ein Gang durch die Katakomben* (1844) lesen, in dem er über seine Erlebnisse in der (heute nicht mehr so eindrucksvollen) Krypta von St. Stephan berichtet. Er sinniert darüber nach, wie es wohl wäre, allein und nur mit einer Fackel in das riesige Labyrinth der Gruft hinunterzusteigen – und plötzlich verlischt das Licht...

Durch das Michaelertor betritt man die Hofburg, die jahrhundertelange Hauptresidenz der Habsburger war und damit das Zentrum ihrer Macht in Mitteleuropa. Rechts unter der Kuppel ist der Eingang in die ehemaligen Kaiserappartements und in die Silberkammer. Im Durchgang befindet sich eine Gedenktafel für den Schriftsteller Alexander Lernet-Holenia, der von 1952 bis zu zu seinem Tod im Jahr 1976 im Michaelertrakt gewohnt hat.

Geradeaus kommt man zum Platz In der Burg, dessen Zentrum das Denkmal von Kaiser Franz I. bildet. Hierher läßt sich Ulrich, die Hauptfigur von Robert Musils Roman *Der Mann ohne Eigenschaften* (1930), bringen, um sich beim Grafen Stallburg über die geplante »Parallelaktion« zu informieren.

Er stellte fest, daß er durch ein großes Gehäuse mit wenig Inhalt gehe; die Säle waren fast unmöbliert, aber dieser leere Geschmack hatte nicht die Bitterkeit eines großen Stils; er kam an einer lockeren Folge einzelner Gardisten und Diener vorbei, die einen mehr unbeholfenen als prunkvollen Schutz bildeten, den ein halbes Dutzend gut bezahlter und ausgebildeter Detektive wirkungsvoller besorgt hätte; und vollends die wie Bankboten grau bekleidete und bekappte Dienerart, die sich zwischen den Lakaien und den Garden umtrieb, ließ ihn an einen Rechtsanwalt oder Zahnarzt denken, der Büro und Privatwohnung nicht genügend trennt. »Man fühlt deutlich hindurch«, dachte er »wie das als Pracht dereinst biedermeierische Menschen eingeschüchtert haben mag, aber heute hält es nicht einmal den Vergleich mit der Schönheit und Annehmlichkeit eines Hotels aus und gibt sich darum recht schlau als vornehme Zurückhaltung und Steifheit.«

In dem »großen Gehäuse« sind heute unter anderem die Amtsräume des österreichischen Bundespräsidenten untergebracht.

Durch das aus der Renaissance stammende Schweizertor gelangt man in den ältesten Teil der Hofburg, den Schweizerhof, vor dem noch ein Teil des ehemaligen Burggrabens erhalten geblieben ist. Hier entstand ab 1275 eine Feste mit vier Türmen um einen fast quadratischen Innenhof, der als Turnierplatz genutzt wurde und von dem aus man heute in die Burgkapelle und in die Schatzkammer kommt. Quer durch den Schweizerhof führt der Weg auf den Josefsplatz. Im Süden befindet sich das Gebäude der früheren Hof- und heutigen Nationalbibliothek, das 1723 von Johann Bernhard Fischer von Erlach begonnen und 1726 von seinem Sohn fertiggestellt wurde. In dem berühmten holzgetäfelten Prunksaal mit dem großartigen Deckengemälde von Daniel Gran – ein Pflichtbesuch für jeden Bücherfreund – sind zirka zweihunderttausend Bücher untergebracht.

Die Nationalbibliothek besitzt heute über 2,8 Millionen Bücher, die großteils in riesigen Tiefspeichern aufbewahrt sind. Dem gewöhnlichen Bibliotheksbenutzer sind diese Orte nicht zugänglich, wohl aber Konrad Feldt, dem Protagonisten von Gerhard Roths Roman *Der Plan* (1998), denn er arbeitet hier.

Einmal hatte sich Feldt während seiner zweijährigen Ausbildung zum Bibliothekar im Magazin so verlaufen, daß er die Nacht »auf dem Gitterrost« verbrachte. Der »Gitterrost« – erfuhr er später – war schon beim Bau der Nationalbibliothek im Speicher anstelle des Fußbodens eingezogen worden, um möglicher Brände schneller Herr zu werden. Erstaunt sah er beim ersten Betreten zwischen den Eisenstäben hindurch alle fünf Stockwerke bis hinunter zur tiefsten Etage. Als er feststellte, daß er sich verirrt hatte, empfand er weder Angst noch Panik – im Gegenteil, wenn ihm nicht die kalte Luft der Klimaanlage und der modrige Geruch von altem Papier den Atem genommen hätten, wäre er vermutlich sogar glücklich gewesen.

Feldt findet beim Stöbern ein falsch eingereihtes, wertvolles Buch, das der Oberaufseher aus der Bibliothek schmuggeln wollte. Mit der Meldung dieses Fundes beginnt das große Abenteuer des Konrad Feldt, der mit dem Verkauf eines gestohlenen Mozart-Autographen an einen Japaner reich werden will und dabei sein Leben verliert.

Nach einem Besuch der Augustinerkirche, in der der wortgewaltige Abraham a Sancta Clara seine Mahnreden auf die Gläubigen niederdonnern ließ und wo sich auch das »Herzgrüftel« der Habsburger befindet, gehen wir über den Josefsplatz und zurück durch den Schweizerhof. Wieder In der Burg wenden wir uns nach links und stehen nach wenigen Schritten auf dem Heldenplatz.

Der Heldenplatz wird im Osten von der sogenannten Neuen Burg begrenzt. Diesem mächtigen Bau mit seiner konkaven Fassade sollte ursprünglich an der Stelle, wo sich jetzt der Volksgarten befindet, ein ihm genau entsprechender gegenüberstehen. Doch das geplante »Kaiserforum« wurde nie realisiert: weder reichte das Geld, noch brauchte man so viele Repräsentationsräume. In dem im wesentlichen 1913 fertiggestellten Gebäude befinden sich heute Teile des Kunsthistorischen Museums, das Völkerkundemuseum sowie der große Lesesaal der Nationalbibliothek.

Von den Stufen vor dem Portal der Neuen Burg überblickt man den ganzen Heldenplatz, den der Wiener Schriftsteller und Kulturpolitiker Jörg Mauthe den schönsten Platz der Welt nannte: »Nach allen Seiten sind die Grenzen fließend, wird der große Raum durch Denkmäler in kleinere aufgeteilt, durch Alleen da und dort gegliedert, läßt er den Blick an anderen Prunkbauten vorbei in neue Perspektiven gleiten, durch Durchblicke auf andere Durchblicke. Gegen Westen schaffen die Gitter und das Baumwerk des Volksgartens einen ersten, die bizarren Silhouetten der Ringstraße einen zweiten, die dahinterliegenden Häuserfronten einen dritten Horizont. Aber dahinter tauchen die Hügelkuppen des Wienerwaldes auf und scheinen immer noch zum Heldenplatz zu gehören.«

Aus der meditativen Betrachtung dieses weiten Raumes wird man schlagartig herausgerissen, wenn man an den Mann denkt, der am 15. März 1938 auf dem Balkon über dem Eingang zur Neuen Burg stand und sich keinen Betrachtungen über die Schönheit des Platzes hingab. »Als Führer und Kanzler der deutschen Nation und des Reiches melde ich vor der deutschen Geschichte nunmehr den Eintritt meiner Heimat in das Deutsche Reich«, verkündete er vor einer riesigen Menschenmenge. Mittendrin war ein gewisser Herr Karl, der sich später – 1961 – ganz genau an diesen Tag zurückerinnert.

Und dann is eh der Hitler kommen …
Naja – des war eine Begeisterung … ein Jubel, wie man sie sich überhaupt nicht vorstellen kann – nach diesen furchtbaren Jahren … die traurigen Jahre … Endlich amal hat der Wiener a Freid g'habt … a Hetz … ma hat was g'segn, net? Des kennen S' Ihna gar net vurstelln.
Wann san Se geborn? Achtadreißig? Naja, also mir san alle … i waaß no … am Ring und am Heldenplatz g'standen … unübersehbar warn mir … man hat gefühlt, ma ist unter sich … es war wia bein Heirigen … es war wia a riesiger Heiriger …! Aber feierlich. Ein Taumel. *Er lacht.* Na, drum san Se ja achtadreißig geborn … Wann? Im Dezember, naja …
Die Deitschn san einmarschiert – mit klingendem Spiel sans kummen, mit'n Bayerischen Hilfszug … Die haben so Gulaschkanonen gehabt, wie man sagt … Gulasch war kans drin … Erdäpfeln, Kartoffeln … Uns is ja schlecht gangen … aber sowas hab'n mir nie gessen. Na … die haben uns g'holfen … wie die Heischrecken haben s' uns g'holfen … Auf amal war nixmehr da … in die G'schäfter und so …
Aber Schwamm drüber – es waren deitsche Brüder … im süddeitschen Raum … Altreich …Neureich … Na, unsere Polizisten

san aa scho da g'standen, mit die Hakenkreizbinden … es war furchtbar … das Verbrechen, wie man diese gutgläubigen Menschen in die Irre geführt hat … Der Führer hat geführt.
Aber a Persönlichkeit war er … vielleicht ein Dämon … aber man hat die Größe gespürt …

Wie den von Carl Merz und Helmut erfundenen Herrn Karl hat damals alle auf dem Heldenplatz Versammelten »ein Taumel« ergriffen. Die brodelnde Erregung der dichtgedrängten Menge hat Ernst Jandl zu einem einzigartigen lyrischen Kunstwerk verdichtet.

wien: heldenplatz (1963)

der glanze heldenplatz zirka
versaggerte in maschenhaftem männchenmeere
drunter auch frauen die ans maskelknie
zu heften heftig sich versuchten, hoffensdick.
und brüllzten wesentlich.

verwogener stirnscheitelunterschwang
nach nöten nördlich, kechelte
mit zu-nummernder aufs bluten feilzer stimme
hinsensend sämmertliche eigenwäscher.

pirsch!
döppelte der gottelbock von Sa-Atz zu Sa-Atz
mit hünig sprenkem stimmstummel.
balzerig würmelte es im männechensee
und den weibern ward so pfingstig ums heil
zumahn: wenn ein knie-ender sie hirschelte.

Das »tausendjährige« Reich des »gottelbock« ging 1945 zu Ende. Seine Opfer aber litten noch lange – Jahre, Jahrzehnte, manche bis an ihr Lebensende – unter dem »Jubel« vom 15. März 1938. In

Thomas Bernhards Schauspiel *Heldenplatz* (UA 1988) ist Hedwig, die Frau von Professor Josef Schuster, der von den Nationalsozialisten nach Oxford vertrieben wurde und sich nach der Rückkehr nach Wien das Leben nahm, eines dieser Opfer. In ihrer nahe dem Heldenplatz gelegenen Wohnung hört sie noch immer zu Mittag das Geschrei der Menge. Frau Zittel, die Wirtschafterin des Verstorbenen, schildert, wie diese Schreie die Nerven der »Frau Professor« zerrüttet haben. Nur eine Rückkehr nach England könne ihr helfen, denn in Oxford gäbe es keinen Heldenplatz. Doch dazu kommt es nicht mehr. Das Stück endet mit dem totalen Zusammenbruch Hedwigs während eines Familientreffens in der alten Wohnung, fünfzig Jahre nach Hitlers Rede.

Der Heldenplatz war und ist auch in der Zweiten Republik immer wieder ein Ort für Massenveranstaltungen und -demonstrationen. 1972 bereitete eine riesige Menschenmenge dem Schifahrer Karl Schranz einen begeisterten Empfang, der nach Aberkennung des Amateurstatus von der Teilnahme an den Olympischen Spielen ausgeschlossen worden war. Zweimal sprach hier Papst Johannes Paul II. zu den Gläubigen. Und 1993 fand auf dem Platz das sogenannte »Lichtermeer« statt, die größte österreichische Demonstration seit 1945, bei dem eine Viertelmillion Menschen gegen Ausländerfeindlichkeit auftrat.

Im Entwurf des 1870 von den Architekten Gottfried Semper und Karl von Hasenauer geplanten »Kaiserforums« waren auch zwei Museumsbauten südlich der Ringstraße vorgesehen, die durch Triumphbögen mit den Gebäuden der Neuen Hofburg verbunden werden sollten. Die Museen wurden 1881 vollendet, die Bögen, die den Ring überspannen sollten, wurden allerdings nie gebaut.

Durch das Burgtor gelangt man auf den Burgring und weiter auf den Maria-Theresien-Platz. Westlich davon steht das Naturhistorische und östlich das Kunsthistorische Museum.

Den Grundstock der Sammlungen des Kunsthistorischen Museums bilden die Kunstwerke, die von den Habsburgern viele Jahrhunderte hindurch zusammengetragen wurden. Der Schwerpunkt der weltberühmten Gemäldegalerie liegt auf Bildern alter Meister aus dem 15. bis 18. Jahrhundert. Einer von ihnen ist Tintoretto, dessen »Bildnis eines weißbärtigen Mannes«, gemalt um 1570, das Leitmotiv von Thomas Bernhards Roman *Alte Meister* (1985) bildet. Das Bild hängt heute an einer anderen Stelle als zur Zeit der Entstehung der Erzählung, nämlich gleich rechts neben dem Eingang in Saal III der Gemäldegalerie im ersten Stock. Die Hauptfigur des Romans ist der bereits erwähnte zweiundachtzigjährige Musikkritiker Reger, der seit über dreißig Jahren jeden zweiten Tag ins Kunsthistorische Museum kommt und dort stundenlang vor Tintorettos Bild sitzt, dem einzigen des Malers, das er liebt. Einmal ist seine Bank bereits von einem Engländer besetzt, der den »weißbärtigen Mann« studiert. Reger hält ihn für einen Kunsthistoriker, bis sich herausstellt, daß er nur deshalb in Wien sei, weil er zu Hause über seinem Bett das gleiche Tintorettogemälde hängen habe. Eines der beiden Bilder müsse eine Fälschung sein, sinniert der Engländer, oder aber Tintoretto sei ein solches Genie gewesen, daß er nicht nur zweimal das gleiche, sondern dasselbe Bild gemalt habe.

Dem Kunsthistorischen steht wie ein Spiegelbild das Naturhistorische Museum gegenüber. Im Süden des Platzes befinden sich die ehemaligen Hofstallungen, die derzeit zum sogenannten »Museumsquartier« um- und ausgebaut werden, das nach seiner Fertigstellung vor allem Kunst des 20. Jahrhunderts beherbergen wird.

Hinter dem Naturhistorischen Museum steht ringseitig das von Theophil Hansen erbaute Palais Epstein. Zwischen diesem Palais und dem benachbarten Parlamentsgebäude befindet sich ein Park, durch dessen Bäume die der Ringstraße zugewandte Fassade des monumentalen Justizpalastes zu sehen ist. Zwei Löwen aus Stein bewachen die Freitreppe des 1875-81 im Stil der deutschen Renaissance erbauten Palastes, der am 15. Juli 1927 im Zuge politischer Unruhen in Flammen auf- und damit in die österreichische Geschichte einging.

Die tieferen Gründe für die sogenannte Julirevolte von 1927 lagen in der zunehmenden Radikalisierung der politischen Gegensätze zwischen dem konservativen und sozialistischen Lager nach dem Ersten Weltkrieg. Den unmittelbaren Anlaß für den Brand bildete ein Prozeßurteil, bei dem drei Mitglieder der faschistischen Frontkämpfervereinigung, die am 30. Januar 1927 im burgenländischen Schattendorf in eine Demonstration des sozialdemokratischen Republikanischen Schutzbundes geschossen und dabei einen Invaliden und ein Kind getötet hatten, von einem Geschworenengericht freigesprochen wurden. Durch das skandalöse Fehlurteil der Geschworenen fühlten sich die Sozialdemokraten provoziert; ein Artikel in der »Arbeiter-Zeitung« heizte die Stimmung weiter an. Tausende zogen in die Innenstadt, um vor dem Parlament, in dem der Nationalrat tagte, zu demonstrieren. Einigen Demonstranten gelang es, in den Justizpalast einzudringen und dort Akten in Brand zu setzen, um sich für das Urteil zu rächen. Die kopflos agierende Polizei schoß in die Menge, 89 Menschen wurden getötet, mehr als tausend verwundet.

Ein Augenzeuge der Ereignisse war der damals 22jährige Student Manès Sperber, ein anderer der fast gleichaltrige Elias Canetti, dem die Ereignisse des 15. Juli und seine Erlebnisse in der Menschenmenge zur Keimzelle seines Lebenswerks *Masse und Macht* (1960) wurden. »Dieser Tag«, schrieb Canetti 53 Jahre später, »der von einem einheitlichen Gefühl getragen war, – eine einzige, ungeheuerliche Woge, die über die Stadt schlug und sie in sich aufnahm: als sie verebbte, war es kaum glaublich, daß die Stadt noch da war –, dieser Tag bestand aus unzähligen Details, deren jedes sich eingrub, deren keines einem entschwand.«

Das literarisch bedeutendste Werk, in dessen Mittelpunkt der 15. Juli 1927 steht, stammt von einem Mann, der – obwohl an diesem Tag in Wien – weder ein Augenzeuge des Brandes war noch besonderes Interesse an den Ereignissen zeigte, dem damals dreißigjährigen Heimito von Doderer. Seinen umfangreichen Roman *Die Dämonen* begann er 1931; er erschien 1956. Er ist so konstruiert, daß alle wesentlichen Handlungsstränge an diesem Tag vor oder um den Justizpalast zusammenführen. Von einem Fenster im obersten Stock des Hauses Schmerlingplatz 2 beobachtet Baron Geyrenhoff einen Vorfall, der ihm zum Symbol für den Untergang der Ersten Republik wird.

Als die Hofrätin uns verlassen hatte [...] trat ich an's Fenster und blickte wieder auf die Frau mit den Milchflaschen hinab. Sie lag regungslos mit dem Gesicht nach unten am Gehsteig bei der Parkanlage. Es war eine ältere Frau, wahrscheinlich sogar eine alte, dafür sprach auch ihr Eigensinn, mit welchem sie unbedingt gerade jetzt ihre Milchflaschen nach Hause hatte bringen wollen. Sie war offensichtlich tot. [...] Sie lag in einer weithin auf dem Pflaster zerronnenen weißen Lache, die glänzte, der Inhalt jener beiden großen Milchflaschen, welche sie in einem Netz getragen hatte: dieses, mit den Scherben, hielt sie noch in der Hand. Ihre Arme waren nach vorne geworfen. Gleich nachdem sie gefallen war (ich hatte es gesehen) – ob nun von einer Pistolen-Kugel der Polizei getroffen oder einem Geschosse ihrer Gegner blieb unerfindlich – liefen jene zwei Liter Milch schnell und strahlenförmig auf dem Pflaster auseinander. Danach aber quoll eine große Menge Blut unter ihr hervor und bald begannen die beiden Materien ineinander zu verfließen. Erst erschienen sie scharf abgesetzt: Rot -Weiß, Milch und Blut. Die Metapher blühenden Lebens und gesunder Jugend war durch einen einzigen Schuß in ihre grob-stoffliche Grundbedeutung zurückgestürzt worden (und jetzt troff die Milch schon in den Rinnstein, zusammen mit dem Blut). Aber jede vom Leben zerschlagene und bis auf den platten Sockel ihrer direkten Grundbedeutung abgeräumte Metapher bedeutet jedesmal in der Tiefe einen Verlust an menschlicher Freiheit – die ja nur dadurch bestehen kann, daß die Fiktionen und Metaphern stärker sind als das nackte Direkte, und so unsere Würde bewahren – ja, es ist jede zusammengebrochene Metapher nichts anderes als die in den Staub getretene Fahne jener Freiheit, diesfalls Rot-Weiß.

Als »Cannae der österreichischen Freiheit« bezeichnet Geyrenhoff den 15. Juli, in Übereinstimmung mit der Beurteilung heutiger

Historiker, die in den Ereignissen um den Justizpalastbrand ebenfalls die erste entscheidende Schwächung der jungen Republik sehen. Von hier sind es nur noch wenige Jahre bis zu ihrem endgültigen Zusammenbruch und der Errichtung des austrofaschistischen Ständestaats.

Zurück zur Ringstraße und ihren historistischen Gebäuden, deren jeweiliger Baustil auf die Funktion des Hauses hinweisen soll. So möchte etwa das neugotische Rathaus an die Autonomie des Bürgertums im Mittelalter und das Universitätsgebäude an die Blütezeit der Hochschulen in der Renaissance erinnern. Obwohl die ganze Ringstraße heute längst als Gesamtkunstwerk angesehen wird, hat sie bis in die Gegenwart oft heftige Kritik hervorgerufen. Einer ihrer größten Gegner war Adolf Loos: »Wenn ich am Ring entlang schlendere«, schrieb er 1898, »so ist es mir immer, als hätte ein moderner Potemkin die Aufgabe erfüllen wollen, jemandem den Glauben beizubringen, als würde er in eine Stadt von lauter Nobili versetzt.« Friedrich Heer hat siebzig Jahre später seine Ablehnung viel schlichter, persönlicher formuliert. Als Kind habe er die großen Quadersteine des Neuen Trakts der Hofburg betastet: sie waren ihm »viel zu groß, um ihm Eindruck zu machen«. Und so ging es noch dem Erwachsenen: »Diese großen Häuser gehen mich nichts an. Auch heute nicht.«

Einer der auffallendsten Bauten der Ringstraße, das Parlamentsgebäude, ein Hauptwerk von Theophil Hansen, wurde in den Jahren 1873-83 errichtet. Sein hellenistischen Formen verpflichteter Stil soll den Betrachter an das alte Athen als Vorläuferin der modernen Demokratie denken lassen. Der von Karl Kundmann geschaffene Brunnen davor stellt Athene dar, die Göttin der Weisheit, die auf ihrer rechten Hand die Siegesgöttin Nike trägt. Von seiner Eröffnung 1883 bis zum Zusammenbruch der Monarchie 1918 tagte in diesem Gebäude der Reichsrat, seither ist es der Versammlungsort des National- und Bundesrats.

Am 12. November 1918 wurde von der Rampe vor dem Haupteingang die Republik Deutschösterreich ausgerufen, womit die Habsburgermonarchie endgültig der Vergangenheit angehörte. In seinem Roman *Barbara oder Die Frömmigkeit* (1929) schildert Franz Werfel die Ereignisse dieses Tages. Wie Elias Canetti ist auch er fasziniert vom Erlebnis der Masse, von der »Flut der Hunderttausende, die langsam wie ein Lavaarm weiterrückte«. Die Ausrufung der Republik ging zwar nicht gewaltfrei über die Bühne – die kommunistische »Rote Garde«, in Werfels Roman heißt sie »Rote Wehr«, machte einen Putschversuch, bei dem zwei Menschen getötet wurden –, im wesentlichen erfolgte der Übergang von der Monarchie zur Republik aber ohne große Krawalle und Ausschreitungen. In seinem Tagebuch faßt Arthur Schnitzler die Ereignisse des 12. November lakonisch zusammen: »Ein welthistorischer Tag ist vorbei. In der Nähe sieht er nicht sehr großartig aus.–«

Von der Rampe des Parlaments hat man einen schönen Blick auf den Volksgarten, eine der ältesten Parkanlagen im Bereich der Ringstraße. Zweimal, 1805 und 1809, war Wien von napoleonischen Truppen erobert worden. Bei ihrem zweiten Abzug sprengten die Truppen, gleichsam als »Abschiedsgeschenk«, die Burgbastei. Anstatt diese wieder aufzubauen, entschloß man sich zu einer kleinen Stadterweiterung und legte, als Pendant zum Burggarten, den Volksgarten an, der 1823 eröffnet wurde. Inmitten der Gartenanlage steht der in Nachahmung des Theseions in Athen von Peter von Nobile errichtete Theseustempel, der für die monumentale Theseusgruppe von Antonio Canova gebaut worden war. Diese steht aber seit 1890 im Treppenhaus des Kunsthistorischen Museums. Der Tempel wird heute manchmal für kleinere Ausstellungen genützt, ist jedoch vor allem ein beliebter Treffpunkt der Jugend, die es sich an warmen und sonnigen Tagen zwischen seinen Säulen gemütlich macht.

Schon 1894 läßt der zwanzigjährige Hugo von Hofmannsthal einen jungen Herrn, der mit einem Freund »unter den blühenden Kastanien des Volksgartens auf und ab« geht, schwärmen:

Wie schön ist das alles! Weiße Kastanienblüten und blaßrote liegen auf unsrem Weg, und daneben leuchtet das smaragdgrüne, dichte, kühle Gras. Auf den Wiesen schaukeln sich die runden blütenüberquellenden Fliedersträuche; ringsum laufen Wände von dunklem Laub und aus dem Dunkel leuchten weiße Blütentrauben der Akazien und funkeln die vergoldeten Lanzenspitzen des Eisengitters. Über den schwarzen Baumwipfeln aber silhouettieren sich auf dem glutroten Abendhimmel die wundervollen Linien phantastischer Steinfirste, bronzener Viergespanne, marmorner Götter und vergoldeter Bekrönungen. Und weithin leuchten goldgrün und kupferrot Kuppeln und Turmknäufe in der fernen Dämmerung verschwimmend. Die Luft ist eigentümlich leuchtend und bringt in den gigantischen Raum einen rätselhaft intimen Zauber. [...] Ein leiser lauer Wind raschelt in den Wipfeln und wirft sich manchmal kopfüber herab, stößt über die Wiese hin und regt einen flüchtigen Duft von Jasmin und Flieder und Akazien auf. Dann ist wieder alles still. Wie schön ist das alles! wie lebendig, erfaßbar, wie wirklich! Wie schön ist Schönheit!

Die »vergoldeten Lanzenspitzen des Eisengitters« gibt es nur noch im Bereich des Burgtors zu sehen, die »bronzenen Viergespanne« auf dem Dach des Parlaments werden von den hohen Bäumen der Ringstraße verdeckt, und leider ist in unseren Tagen nie »wieder alles still« wie vor hundert Jahren, denn die Autos jagen Tag und Nacht um die Ringstraße. Und dennoch hat der Volksgarten einiges von dem Zauber bewahrt, den Hofmannsthal mit seiner impressionistischen Skizze heraufbeschwört.

Im südwestlichen Bereich des Volksgartens befindet sich eine 1889 von Carl Kundmann geschaffene Marmorsitzfigur von Franz Grillparzer vor einer halbkreisförmigen Wand mit sechs Reliefs, die Szenen aus seinen bekanntesten Dramen darstellen. Nördlich des Theseustempels wurde 1907 ein Denkmal zur Erinnerung an die 1898 ermordete Kaiserin Elisabeth errichtet, über das Peter Altenberg, der sie sehr verehrte, auf einer Ansichtskarte notierte:

Ich hätte dich umringt mit dunklen Legföhren, Rhododendronbüschen, Edelweiß, Speik, und allen Blüten der Bergalmen!

Ich hätte die Tiere der freien Berglüfte in silbernen Käfigen um dich herum gestellt – – –. Bergdohle und Murmeltier.
Aber man stellte dich in einen Garten, gepflegt und gehegt, und *wider die freie heilige Natur!!!*

Schräg gegenüber dem Volksgarten befindet sich der Rathauspark. Mit seinen vielen exotischen Bäumen ist der Park eine Art großer botanischer Garten. Der Platz vor dem »schmidtisch-gotischen Angsttraum«, wie Heimito von Doderer das neugotische, 1872-83 erbaute Rathaus in Anspielung auf seinen Schöpfer Friedrich Schmidt nannte, wird heute für die vielfältigsten Veranstaltungen genutzt. Im Sommer werden auf einer Großbildleinwand Aufzeichnungen von Opern und Konzerten gezeigt, im Winter befindet sich hier der größte Christkindlmarkt der Stadt und nach Weihnachten eine Kunsteislaufbahn.

Das Burgtheater, genau gegenüber dem Rathaus, ist eine Gemeinschaftsarbeit der Architekten Gottfried Semper und Carl von Hasenauer. Es wurde 1888 mit *Esther*, einem heute vergessenen Dramenfragment von Franz Grillparzer, eröffnet. Auch dieser Ringstraßenbau wurde oft kritisiert, so etwa von Hans Weigel, der es als mißlungen und fehlproportioniert bezeichnete, da »dessen beide Flügel das eigentliche Haus erdrücken«. Ungeachtet seiner architektonischen Qualität gilt das Burgtheater von seinen Anfängen bis heute als eine der führenden Bühnen des deutschsprachigen Raums. Die Theaterleidenschaft der Wiener ist sprichwörtlich. Theaterskandale erregen die Gemüter mehr als politische oder wirtschaftliche Krisen. Für die größte Aufregung seit der 1955 erfolgten Wiedereröffnung des Theaters, das Ende des Krieges durch Brandbomben schwer beschädigt worden war, sorgte 1988 das Spektakel um die Uraufführung von Thomas Bernhards Stück *Heldenplatz*, innerhalb und außerhalb des Theaters kongenial inszeniert von seinem damaligen Direktor Claus Peymann. Die Behauptung einer Dramenfigur, daß die Österreicher immer noch ein Volk von Antisemiten und Nationalsozialisten seien, empörte vor allem konservative Politiker und Medien.

Nördlich des Burgtheaters befindet sich das traditionsreiche Café Landtmann, wegen des nahen Theaters und der SPÖ-Zentrale ein beliebter Treffpunkt von Schauspielern und Politikern und ein vielgenutzter Ort für Pressekonferenzen. Beliebt ist das Landtmann aber auch bei Schriftstellern, die darin ihre literarischen Figuren Kaffee trinken, Zeitung lesen und Verabredungen treffen lassen. Die Ich-Erzählerin von Ingeborg Bachmanns Roman *Malina* (1971) trifft da einen Bulgaren mit der rätselhaften Krankheit Morbus Buerger, in Robert Menasses Roman *Selige Zeiten, brüchige Welt* (1991) sitzen hier Leo und Judith, bevor sie auf der Ringstraße in eine Schlägerei zwischen Neonazis und Antifaschisten geraten. Und auch Helene, die Protagonistin des Romans *Verführungen* (1996) von Marlene Streeruwitz kommt gern hierher.

Helene setzte sich auf die Terrasse des Landtmann. Es waren wenige Tische besetzt. Helene bestellte bei dem Kellner, der im Fernsehen in der Sendung Café Central als Kellner auftrat. Sie kannte ihn seit ihrer Studienzeit. Er begrüßte sie, als wäre sie bekannt. Helene bestellte ein großes Frühstück und holte sich Zeitungen. Helene fühlte sich zu Hause. Sie fand nur den Standard und die Kronen Zeitung. Das war der einzige Nachteil am Landtmann. Es gab nicht alle Zeitungen. Und die wenigen wurden immer gerade von jemandem gelesen. [...] Helene schaute auf die Bäume im Rathauspark. Sie strotzten in allen Grüntönen. Das Rathaus stand dahinter. Ragte. Schmutzig. Das Burgtheater hockte dem Rathaus gegenüber. Helene saß da. Schaute. Den Kaffee vor sich.

In demselben Haus, mit dem Eingang Oppolzergasse 6, führte Berta Zuckerkandl von 1917 bis 1938 einen Salon, in dem viele Künstler und Schriftsteller wie Gustav Klimt, Arthur Schnitzler, Stefan Zweig und Egon Friedell regelmäßig zu Gast waren. Als Schwägerin des französischen Ministerpräsidenten Georges Clemenceau versuchte sie während des Ersten Weltkriegs ihre persönlichen Beziehungen zu Friedensvermittlungen zwischen Österreich und Frankreich zu nutzen. Nach dem Zusammenbruch der Habsburgermonarchie führte sie ihren Salon noch einige Jahre weiter, doch schien diese Art von geselligem Beisammensein von Politikern, Wissenschaftlern und Künstlern bald nicht mehr so recht in die »neue« Zeit zu passen. 1938 mußte die letzte Salondame Wiens ihre Heimatstadt verlassen, sie starb 1945 in Paris. 1970 erschienen unter dem Titel *Österreich intim* ihre Memoiren.

Die kurze Oppolzergasse endet gegenüber der ansteigenden Schreyvogelgasse, die auf die Mölkerbastei, eines der wenigen Relikte der alten Stadtmauer, hinaufführt. Der Weg geht vorbei an dem berühmten, 1803 erbauten »Dreimäderlhaus«, einem späten Beispiel für den josefinischen Klassizismus, dessen Beziehung zu Franz Schubert – eine angebliche Romanze des Komponisten mit drei Schwestern – jedoch eine reine Legende ist. Den stimmungsvollen Ort nutzte aber Carol Reed: Im Schatten des Eingangs steht der »Dritte Mann«, um dessen Beine eine Katze streicht.

Der Blick von der Mölkerbastei auf die Ringstraße vermag nur mehr eine Ahnung davon zu vermitteln, daß die Stadtmauer im Biedermeier der Wiener liebster Spazierweg mit einem grandiosen Fernblick war. Heute ist die Aussicht durch das Universitätsgebäude verstellt, das 1873-83 als »Renaissanceorgie«, so noch einmal Hans Weigel, von Heinrich Ferstel errichtet wurde. Im Haus Mölkerbastei Nr. 8 hatte zwischen 1804 und 1815 wiederholt Ludwig van Beethoven gewohnt. Seine ehemalige Wohnung im vierten Stock ist als Gedenkraum eingerichtet, der einen schönen Ausblick auf den Wienerwald bietet. Im Nebenhaus, Nr. 10, lebte seit 1839 Goethes Schwiegertochter Ottilie, die Weimar wegen Erwartung eines unehelichen Kindes hatte verlassen müssen. Hier starb 1844 ihre Tochter Alma.

Über eine schmale Stiege gelangt man hinunter in die Schottengasse, in deren Verlängerung stadteinwärts die Herrengasse beginnt. Diese schmale Gasse, die am Michaelerplatz endet, war in der Römerzeit ein Teil der Limesstraße und ist somit eine der ältesten Straßen Wiens. Vom 16. bis ins 18. Jahrhundert ließen sich prominente Adelsfamilien, wie etwa die Liechtensteins und Trauttsmansdorffs, hier, nahe der Hofburg, Stadtpalais errichten. Durch den Bau der Niederösterreichischen Statthalterei (Nr. 11) und des Niederösterreichischen Landhauses (Nr. 13) im Vormärz wurde die Herrengasse auch eine politisch bedeutsamer Ort. Vor dem Niederösterreichischen Landhaus begann die Revolution von 1848.

Für literarisch Interessierte ist die Herrengasse aber vor allem die Wiener Kaffeehausmeile. Alles, was in Wien vom Ende des 19. Jahrhunderts bis zum Zweiten Weltkrieg auf literarischem Gebiet Rang und Namen hatte, hat regelmäßig in einem der drei Kaffeehäuser – Griensteidl, Central oder Herrenhof – verkehrt, manche sogar in allen dreien. Und kaum einer konnte darauf verzichten, über sein Stammcafé zu schreiben oder über das Wiener Kaffeehaus im allgemeinen zu philosophieren. Anton Kuh hat es auf den Punkt gebracht: »Was ist ein Kaffeehausliterat? Ein Mensch, der Zeit hat, im Kaffeehaus darüber nachzudenken, was die anderen draußen nicht erleben.« Von Karl Kraus' Griensteidl-Satire und Peter Altenbergs impressionistischen Skizzen bis hin zu Alfred Polgars *Theorie des Café Central* und Friedrich Torbergs *Tante Jolesch* – alle haben sie versucht, die Atmosphäre der Literatencafés einzufangen. Alle drei Herrengassen-Lokale existieren heute noch bzw. wieder, das Herrenhof nur als Espresso, das Central und das Griensteidl wurden als Touristenattraktionen »wiederbelebt«, Literaten verirren sich aber kaum mehr hinein.

Das Café Central befindet sich im 1860 fertiggestellten, nach seinem Erbauer benannten Palais Ferstel. In Franz Werfels Roman *Barbara oder Die Frömmigkeit* ist es ein Ort der Konspiration von Anarchisten und Revolutionären. Tatsächlich war es vor dem Ersten Weltkrieg das bevorzugte Kaffeehaus von Leo Trotzki. Als 1917 in Rußland die Revolution ausbrach, soll ein hoher österreichischer Beamter ungläubig ausgerufen haben: »Ja, wer soll denn diese Revolution machen? Vielleicht der Herr Trotzki aus dem Café Central?« Werfels Erzähler schildert das Lokal sehr abfällig. Besonders mißfällt ihm die »menschenfeindliche Amts-Renaissance« des dunklen und verrauchten »Säulensaals«. Heute präsentiert sich das restaurierte, 1986 wiedereröffnete Café wesentlich freundlicher. Gleich beim Eingang sitzt – als lebensgroße Gipsfigur – ein ehemaliger Stammgast, Peter Altenberg, der das Café Central jahrelang als offizielle Wohnadresse angegeben hatte.

In Werfels Roman folgt der Protagonist einem Offizier namens Ronald Weiß ins Kaffeehaus. Das Urbild dieser Figur ist der »rasende Reporter« Egon Erwin Kisch, der als Führer der »Roten Garde« am mißglückten Putschversuch vom 12. November 1918 maßgeblich beteiligt war. Als Journalist hatte sich Kisch durch die Aufdeckung der Hintergründe des Selbstmords des Generalstabsoffiziers Oberst Alfred Redl vor dem Ersten Weltkrieg einen Namen gemacht. Dieser Selbstmord fand ganz in der Nähe des Café Central, im Hotel Klomser, statt, das sich an der Ecke Herrengasse/Bankgasse befand. Dort schoß sich der Offizier am 25. Mai 1913 eine Kugel in den Kopf. Kisch deckte auf, daß Redl vom Generalstabschef Conrad von Hötzendorf zum Selbstmord gezwungen worden war, nachdem er als Spion, der Festungs- und Aufmarschpläne an Rußland verkauft hatte, entlarvt worden war. Durch Kischs Enthüllungen war es nicht mehr möglich, den Selbstmord als Verzweiflungstat des homosexuellen Offiziers hinzustellen und die Spionageaffäre zu vertuschen.

Über die Bankgasse und Petrarcagasse kommt man zu einer der interessantesten Kirchen von Wien, der Minoritenkirche »Maria Schnee«, die besonders durch ihr um 1350 entstandenes gotisches Hauptportal und den eigenartigen Turm auffällt. Im Arkadengang an der Südseite der Kirche sind Grabsteine vom ehemaligen Friedhof eingelassen, denen Jörg Mauthe in seinem Schelmenroman *Die große Hitze* (1974) seine Reverenz erweist.

Durch die kurze Bruno-Kreisky-Gasse kommt man auf den Ballhausplatz, wo sich das Bundeskanzleramt befindet. Das Gebäude wurde 1717-19 nach Plänen von Johann Lukas von Hildebrand errichtet und später von Nikolaus Pacassi verändert und erweitert. In seinen Räumen fand 1814/15 der Wiener Kongreß statt, und hier war auch das Zentrum des Metternichschen Polizeistaats, der mit der Revolution von 1848 und der Verabschiedung Metternichs endete. Das Bundeskanzleramt ist seit 1922 hier untergebracht.

Am 25. Juli 1934 wurde Bundeskanzler Engelbert Dollfuß bei einem nationalsozialistischen Putschversuch in seinem Amt erschossen. Alfred Polgar schildert in seinem Essay *Wien I., Stallburggasse 2* (1944) die Stimmung in Wien vom Februar 1934, als Dollfuß »mit Kanonen, Kerkern und Galgen den Widerstand der österreichischen Arbeiter« brach und damit »das wirksamste Antitoxin gegen das Nazi-Gift« beseitigte, bis zu Dollfuß' Ermordung:

Zwischen Februar und Juli 1934 kamen die Hitler-Ratten in Wien ziemlich ungeniert an die Oberfläche. An den Hausmauern erschienen immer häufiger Spuren geistigen Nazi-Exkrements (mit österreichischem flavor). In Amtsgebäuden und Bahnhöfen explodierten Sprengkörper, in jüdischen Geschäften der Vorstadt splitterten die Schaufenster, zuweilen auch die Schädeldecken der Besitzer, und in unheimlichen Geschichten aus dem Wienerwald hörte man von nächtlichen Exerzitien dort zur Erlernung des neuen deutschen Mord-Reglements. Ein schöner Frühling kam, aber seine Gerüche deckten nicht den Blutgestank, der, aus dem Reich herübergeweht, in der Wiener Luft hängenblieb.

Dollfuß' »unbegreiflicher, ›christlich-deutscher Bundesstaat auf kooperativer Basis‹« hatte dem Nationalsozialismus in Österreich den Weg geebnet, und trotzdem, so Polgar weiter, »ließ Hitler, undankbar wie er war, den kleinen Mann totschießen«.

Wir sind fast am Ausgangspunkt unseres letzten Innenstadt-Spaziergangs angelangt. Vom Ballhausplatz hat man noch einmal einen schönen Blick auf den Heldenplatz und kann dann durch die Schauflergasse zum Michaelerplatz zurückspazieren, wenn man will.

→ »Mühsal, Schweiß und Not«

IN DER LEOPOLDSTADT UND IM WURSTELPRATER

Vierter Spaziergang: Schwedenbrücke – Taborstraße – Karmelitermarkt – Im Werd – Praterstraße – Nestroyplatz – Tempelgasse – Ferdinandstraße

Ein Rundblick von der Schwedenbrücke, die im Bereich Schwedenplatz den ersten Bezirk mit dem zweiten verbindet, läßt die Zerstörungen erahnen, die im Zweiten Weltkrieg beiderseits des Donaukanals angerichtet wurden. Es steht kaum ein Haus, das aus der Vorkriegszeit stammt. Und auch die wenigen erhaltenen, wie etwa im Osten das Volksbildungshaus »Urania« mit der Sternwartekuppel, waren im Endkampf, der im April 1945 am Donaukanal tobte, schwer beschädigt und erst in den fünfziger Jahren wiederhergestellt worden.

Am 10. April 1945 hatte die Rote Armee die Wiener Innenstadt besetzt, nachdem sich Reste von deutschen Wehrmachtstruppen und SS-Einheiten in die Leopoldstadt zurückgezogen und hinter sich fast alle Donaukanalbrücken gesprengt hatten. Im Prater kam es noch einmal zu heftigen Kämpfen um einzelne Häuserblocks, bis der Widerstand am 11. April endgültig zusammenbrach. Am 13. verließ der letzte Soldat der Wehrmacht die Stadt, der Kampf um Wien war zu Ende. Zurück blieb, vor allem in diesen Stadtteilen, ein gigantisches Trümmerfeld.

Wie es nach dem Krieg hier aussah, schildert Graham Greene in seiner Erzählung *Der dritte Mann* (1951; engl. 1950). Jenseits des Donaukanals lag »das halbzerstörte Dianabad«, während in der Ferne »der gewaltige schwarze Reifen des Riesenrades unbewegt über Häuserruinen« stand. Und über den Dächern der Innenstadt konnte man den »mächtigen kriegswunden Turm« des Stephansdoms in den Himmel ragen sehen.

← Orthodoxe Juden auf dem Mathildenplatz (heute Gaußplatz) in der Leopoldstadt, um 1915

Das Dianabad befand sich an der Stelle des heutigen IBM-Hauses, in der Oberen Donaustraße 93-95. Das Gebäude, das im Krieg schwer beschädigt wurde, stammte aus den Jahren 1913-17. Sein Vorgängerbau war 1810 eröffnet worden und enthielt die erste gedeckte Schwimmhalle Europas, die im Winter als Ballsaal verwendet wurde. Darin erklang 1867 zum erstenmal der Walzer »An der schönen blauen Donau« von Johann Strauß, vorgetragen von einem Männergesangsverein.

Nach der Eroberung Wiens durch die Sowjetarmee im April 1945 wurde die Stadt in vier Zonen aufgeteilt, wobei den Russen unter anderem die gesamte Donauinsel, das heißt die Bezirke Leopoldstadt und Brigittenau, unterstellt wurde. Der erste Bezirk wurde von allen Besatzungsmächten gemeinsam verwaltet. Die als »die Vier im Jeep« bekannte alliierte Militärpatrouille wurde zum Symbol für die bis 1955 dauernde Besatzungszeit.

Seit dem Mittelalter verbindet die Schwedenbrücke, die damals Schlagbrücke und dann bis 1920 Ferdinandsbrücke hieß, die Innere Stadt mit der Leopoldstadt. Bis 1782 war sie die einzige Brücke über den Donaukanal. Nördlich der Brücke beginnt die Taborstraße, eine der ältesten Straßen des Bezirks, die am Anfang von zwei modernen Versicherungsgebäuden – das linke stammt von Hans Hollein – flankiert wird. Wie durch die Kulissen eines Potemkinschen Dorfes betritt man hier den zweiten Bezirk, denn gleich hinter den neuen Bürobauten beginnt die alte Leopoldstadt.

In der Taborstraße 10 steht ein monumentales Gebäude, die »Börse für landwirtschaftliche Produkte«. Die 1887-90 im Stil der französischen Renaissance errichtete »Produktenbörse« mit der Figurengruppe »Kybele mit Löwengespann« als krönendem Dachschmuck war bis zum Ersten Weltkrieg das pulsierende Zentrum des Wiener Kornhandels. Sie enthält einen großen, basilikalen Festsaal mit korinthischen Säulen und reichem plastischem Schmuck. 1988 eröffnete die Avantgarde-Theatergruppe »Serapions Theater« in diesem Saal das »Odeon«, das jetzt auch von anderen Gruppen als Spielort genutzt wird.

Ein jüdischer Witz, den Ruth Beckermann in ihrem Buch *Die Mazzesinsel* (1984) überliefert, gibt eine Ahnung von dem einstigen Glanz des Gebäudes, in dessen Parterre sich das Börsevestibül und das Börsecafé befanden.

Ehe einer nach Wien fährt, erkundigt er sich in seinem Schtetl, wie es dort aussieht, wo der Kaiser wohnt. Man erzählt ihm, daß es dort viel Licht, Riesenfenster und Kristalluster gibt.
Er kommt nach Wien, sieht das Café Produktenbörse auf der Taborstraße, wo es Riesenfenster und Kristalluster gibt, geht hinein und sagt: »Is' der Kaiser schon da?«

Es ist kein Zufall, daß ausgerechnet die »Produktenbörse« im Mittelpunkt eines jüdischen Witzes steht, war doch die Leopoldstadt das bevorzugte Wohngebiet der Juden, die seit der Mitte des 19. Jahrhunderts in immer größeren Wellen aus den östlichen Ländern der Habsburgermonarchie in die Haupt- und Residenzstadt zogen, um hier ihr Glück zu versuchen. Joseph Roth, der selbst in einem ostgalizischen »Schtetl« geboren worden war, 1913 als Neunzehnjähriger nach Wien kam und bis 1916 in der Leopoldstadt wohnte, schreibt über die ärmlichen Zuwanderer aus dem Osten:

Die Ostjuden, die nach Wien kommen, siedeln sich in der Leopoldstadt an, dem zweiten der zwanzig Bezirke. Sie sind dort in der Nähe des Praters und des Nordbahnhofs. Im Prater können Hausierer leben – von Ansichtskarten für die Fremden und vom Mitleid, das den Frohsinn überall zu begleiten pflegt. Am Nordbahnhof sind sie alle angekommen, durch seine Hallen weht noch das Aroma der Heimat, und es ist das offene Tor zum Rückweg. Die Leopoldstadt ist ein freiwilliges Getto. Viele Brücken verbinden sie mit den andern Bezirken der Stadt. Über diese Brücken gehen tagsüber die Händler, Hausierer, Börsenmakler, Geschäftsmacher, also alle unproduktiven Elemente des eingewanderten Ostjudentums. Aber über dieselben Brücken gehen in den Morgenstunden auch die Nachkommen derselben unpro-

duktiven Elemente, die Söhne und Töchter der Händler, die in den Fabriken, Büros, Banken, Redaktionen und Werkstätten arbeiten.
Die Söhne und Töchter der Ostjuden sind produktiv. Mögen die Eltern schachern und hausieren. Die Jungen sind die begabtesten Anwälte, Mediziner, Bankbeamten, Journalisten, Schauspieler.

Die Basis für den sozialen und wirtschaftlichen Aufstieg der »Söhne und Töchter« bildete die seit der Revolution von 1848 zunehmende Emanzipation der Juden. 1852 wurden sie als Religionsgemeinschaft offiziell anerkannt. Um die Jahrhundertwende standen ihnen fast alle beruflichen Möglichkeiten offen. Parallel zur Emanzipation der Juden nahm aber auch der Antisemitismus zu, den sich Politiker wie der Deutschnationale Georg von Schönerer und der christlichsoziale Bürgermeister Karl Lueger zunutze zu machen wußten. In einer autobiographischen Notiz, vermutlich aus dem Jahr 1912, vermerkt Arthur Schnitzler, daß es später einmal kaum mehr verständlich sein werde, wie wichtig die sogenannte Judenfrage damals war, »seelisch fast noch mehr als politisch und sozial«. Ein in der Öffentlichkeit stehender Jude wurde ständig auf seine Herkunft hingewiesen, sowohl von den Christen als auch von den Juden selbst.

Wie sehr schon die jüdischen Kinder mit dem in Wien allgemein verbreiteten Antisemitismus konfrontiert wurden, zeigt ein Erlebnis des damals zehnjährigen Manès Sperber, das sich dem Gedächtnis des späteren Schriftstellers im wahrsten Sinne des Wortes »eingebrannt« hatte. Im ersten Band seiner Autobiographie *Die Wasserträger Gottes* (1974) hielt er fest, was ihm am 21. Oktober 1916 in der Taborstraße, ganz in der Nähe der »Produktenbörse«, widerfuhr.

Aus einem besondern, zusätzlichen Grunde erinnere ich mich genau an jenen trüben, regnerischen Nachmittag, an dem die Ausrufer der Extra-Ausgaben mit ohrenbetäubenden Schreien mitteilten, daß der Ministerpräsident Graf Stürgkh von Dr. Friedrich Adler im Restaurant Meißl & Schaden beim Mittagsmahl erschossen worden war. Ich stand genau an der Ecke der Schmelzgasse und der Taborstraße, der längsten des zweiten Bezirks, in dem die Mehrheit der ärmeren jüdischen Bevölkerung wohnte. Die kaum verständlichen Schreie der Ausrufer bewirkten, daß Leute stehenblieben, um die Zeitung zu kaufen und sofort zu lesen, und das verursachte eine Stockung auf dem Trottoir. Im Augenblick, da ich versuchte, den Bericht über das Ereignis zu entziffern, fühlte ich einen brennenden Schmerz auf dem Nacken, links über dem Knochen. Ich griff an die Stelle, jemand hatte da einen brennenden Zigarettenstummel ausgedrückt. Als ich mich umdrehte, erblickte ich einen großgewachsenen Mann, der mich spöttisch ansah, sich dann durch die Masse durchdrängte und verschwand. Ich versuchte, ihm zu folgen, aber es war besonders schwer, und bald verlor ich ihn aus den Augen; er war wohl durch das Tor des Spitals der Barmherzigen Brüder entschlüpft. Der scharfe Schmerz hielt an, jedoch war die Empfindung, von einem Fremden grundlos gedemütigt worden zu sein, fast noch unerträglicher. Ich sah mich um, niemand schien den Vorfall bemerkt zu haben. Warum, wozu hatte der Mann das getan? Er konnte dessen fast sicher sein, daß der Bub in diesem Judenbezirk ein jüdisches Kind war. Diese Erklärung stimmte wohl, dachte ich, doch sie reichte nicht aus.

Das Kind fand damals niemanden, bei dem es sich wegen dieser Demütigung hätte ausweinen können. Auch deshalb dürfte sie für Sperbers Menschenbild besonders prägend geworden sein.

Das schmerzliche Erlebnis des kleinen Manès Sperber an der Ecke Taborstraße/Schmelzgasse mag recht unbedeutend erscheinen angesichts späterer Katastrophen, die die Wiener Juden 1916 noch nicht erahnen konnten. Und doch führt ein gerader Weg vom erstarkenden Antisemitismus gegen Ende des 19. Jahrhunderts bis zur Vertreibung und Ermordung der österreichischen Juden im sogenannten Dritten Reich.

Der katholische Orden der Barmherzigen Brüder wurde 1614 im Zuge der gegenreformatorischen Bestrebungen von Kardinal Khlesl nach Wien berufen und erhielt an der Taborstraße den Grund zum Bau von Kirche, Kloster und Krankenhaus. Dank seiner Spitalstätigkeit fiel der Orden nicht den josefinischen Klosteraufhebungen der 1780er Jahre zum Opfer und ist noch heute aktiv. Auch das zweite, seit dem 17. Jahrhundert an der Taborstraße gelegene Kloster verdankt seine Ansiedlung der »Klosteroffensive«. Doch ist von dem 1623 gegründeten Karmeliterkloster nur noch die Kirche erhalten; das Klostergartenareal des unter Joseph II. aufgehobenen Bettelordens wurde parzelliert und verbaut. Das alte Klostergebäude wurde Anfang des 20. Jahrhunderts abgerissen, wobei die bis heute gültigen Straßenzüge rund um die Kirche entstanden.

Mit diesen Klostergründungen erlebte das bis dahin eher dünn besiedelte Untere Werd, wie die Gegend nördlich des Donaukanals damals hieß, einen großen Aufschwung. Zu diesem trug auch die Entstehung des Gettos bei, der ersten Judenansiedlung in der späteren Leopoldstadt. 1625 wurde den Juden von Kaiser Ferdinand II. ein Areal westlich der Klöster als Wohnstätte zugewiesen. Damit entstand nach der Judenvertreibung und -vernichtung von 1421 zum zweitenmal eine Judenstadt in Wien, diesmal außerhalb der Stadtmauern. Aber auch diese rasch aufblühende Gemeinde fand ein gewaltsames Ende. Nach einem Brand der Hofburg, an dem man den Juden die Schuld gab, und aufgrund eines Gelübdes von Margarita Teresa, der bigotten Gemahlin Leopolds I., wurde das Getto 1670 geräumt; die Juden wurden aus Wien vertrieben. Das war das Ende der zweiten jüdischen Gemeinde, nach deren Spuren man heute vergeblich sucht. Die Synagoge, die in der heutigen Großen Pfarrgasse 15 stand, wurde abgerissen und an ihrer Stelle die Leopoldskirche errichtet, das Untere Werd mit dem ehemaligen Getto zusammengelegt und Leopoldstadt genannt. So trägt der Bezirk noch heute den Namen des Kaisers, der für die Vernichtung der Judenstadt verantwortlich war.

Das Kerngebiet des Gettos lag um den jetzigen Karmelitermarkt, der auch im 19. Jahrhundert wieder zu einem Zentrum des

Judenviertels wurde. In seinem Essay über die Wiener Juden beschreibt Joseph Roth beispielhaft für die Gassen dieser Gegend die Atmosphäre einer Straße, in der es viele kleine Handwerker gab. Es ist die Kleine Schiffgasse, die seit 1919 nach einem Lokalpolitiker Franz Hochedlingergasse heißt und ganz nahe am Karmelitermarkt vorbeiführt.

Die Juden sind begabte Schneider. Aber es ist ein Unterschied, ob man ein Lokal, einen »Modesalon« im ersten Bezirk, in der Herrengasse hat oder eine Werkstatt in der Küche eines Hauses in der Kleinen Schiffgasse.
Wer kommt in die Kleine Schiffgasse? Wer nicht gezwungen ist hinzugehen, der geht lieber an ihr vorbei. In der Kleinen Schiffgasse riecht es nach Zwiebeln und Petroleum, nach Hering und Seife, nach Spülwasser und Hausrat, nach Benzin und Kochtöpfen, nach Schimmel und Delikatessen. Schmutzige Kinder spielen in der Kleinen Schiffgasse. Man staubt Teppiche an offenen Fenstern und lüftet Betten. Flaumfedern schwimmen in der Luft.
In so einer Gasse wohnt der jüdische kleine Schneider. Aber wäre es nur die Gasse! Seine Wohnung besteht aus einem Zimmer und einer Küche. Und nach den rätselhaften Gesetzen, nach denen Gott die Juden regiert, hat ein armer ostjüdischer Schneider sechs und mehr Kinder, aber nur selten einen Gehilfen. Die Nähmaschine rasselt, das Bügeleisen steht auf dem Nudelbrett, auf dem Ehebett nimmt er Maß. Wer sucht einen solchen Schneider auf?
Er »zehrt« nicht »am Mark der Eingeborenen«, der ostjüdische Schneider. Er lockt keinen Kunden dem christlichen Schneider weg. Er kann zuschneiden, seine Arbeit ist vorzüglich. Vielleicht wird er nach zwanzig Jahren einen Modesalon im ersten Bezirk, in der Herrengasse haben. Aber dann wird er ihn auch redlich verdient haben. Auch Ostjuden sind keine Zauberer. Was sie erreichen, kostet Mühsal, Schweiß und Not.

Nur mit schlechtem Gewissen lockt man heute Touristen in die ehemalige Kleine Schiffgasse, denn es gibt hier keinerlei Sehenswürdigkeiten, auch keine »Atmosphäre« einer vergangenen Zeit. Es ist eine ganz gewöhnliche Wohnstraße mit Neubauten und renovierten Gründerzeithäusern. Vor einigen Jahrzehnten war diese Gegend noch ein billiges, hauptsächlich von türkischen und jugoslawischen Gastarbeitern bewohntes Viertel. Doch durch die Nähe zur Innenstadt ist sie in den letzten Jahren stark aufgewertet worden. Immer weniger erinnert an die Jahre, in denen die Leopoldstadt ein heruntergekommener, gemiedener Bezirk war.

Zurück zum Karmelitermarkt, der offiziell »Markt Im Werd« heißt, nach der Gasse, die westlich an ihm vorbeiführt. »Werd« bedeutete im Mittelalter und in der frühen Neuzeit soviel wie Insel oder Uferland. Vor der Regulierung der Donau bildeten Flußarme nördlich von Wien zwei große Inseln, den »Oberen Werd« im Bereich des heutigen neunten Bezirks, und den »Unteren Werd«, die jetzige Leopoldstadt. Der Karmelitermarkt ist heute ein Markt wie andere Wiener Märkte auch, durch die Größe des Platzes und den vielen freien Raum vielleicht etwas luftiger, der Himmel darüber etwas weiter. Aber natürlich müßte man hier Stunden verbringen und vor allem immer wiederkommen, um »die Originalität des Ortes« zu erfassen. Die Schriftstellerin Elfriede Gerstl scheint sich hier wohlzufühlen. Sie kennt die Standler und ihre Sorgen:

Neben der Fischhalle, ihr zugehörig, befindet sich eines der billigsten Beiseln des Bezirks (Suppe 12,-, kl. Brauner 9,-, das Achtel aus dem Doppler 9,-), wo die Rentner, Arbeitslosen und andere Vormittagstrankler zuhause sind.
Gleich gegenüber die lichtlose, einem Tandelladen nicht unähnliche Bude, die noch einige original 70er Jahre Bellbottom-Jeans feilbietet, sowie Schuhe mit Bleistiftabsätzen aus den frühen 60ern.
Die junge Frau des Besitzers, eine Tschechin, die sogenannte realistische Kurzgeschichten hauptsächlich über den Karmeliter-

markt und seine ihr gutbekannten Typen schreibt, macht sich Sorgen und sieht ihre weitere Existenz an diesem Platz sowie die Originalität des Ortes gefährdet, wenn der Bau einer Tiefgarage den Abriß der alten Buden nötig macht. Die neue Miete soll 8000,- Schilling betragen, was jedoch bei ihren billigen Preisen ihr Geschäft nicht trägt. »Standeln wie an jedem Eck werden kommen, Poesie ist dann im Arsch.«

Das war 1993. Inzwischen wurde die Tiefgarage gebaut. Viele »Standeln« sind verschwunden, auch das der Tschechin.

Verläßt man den Karmelitermarkt über die Haidgasse, kommt man in die Große Sperlgasse, wo sich auf Nr. 24 im 1685 erbauten ehemaligen Seifensiederhaus das Wiener Kriminalmuseum befindet. Sein Besuch sei vor allem Literaturfreunden empfohlen, die Vergnügen an reißerischen Reportagen über Mordfälle und andere Verbrechen haben. Doch über die Judenvernichtung wird man hier nichts finden, denn, so der Kulturjournalist Rüdiger Wischenbart in einem GEO-Artikel lakonisch, »das Verbrechen an den Juden paßt nicht ins Ausstellungskonzept«.

In der Gegend um das Kriminalmuseum stehen einige pittoreske alte Häuser. Eines der schönsten ist das Haus »Zum goldenen Hasel« in der Großen Pfarrgasse 19. Dieses barocke Giebelhaus besitzt noch das Originaltor mit schmiedeeisernen Beschlägen und ein sogenanntes »G'wölb«, in dem ein Kohlenhändler sein Geschäft hat. Nach einem Rundgang in diesem unspektakulär interessanten Viertel gehen wir zurück zur Taborstraße und durch die Rotensterngasse bis zur Praterstraße. Von hier könnte man gleich in den Prater weitergehen oder diesem Vergnügungspark erst später einen eigenen Besuch abstatten.

Mit der Öffnung des Praters für die Allgemeinheit 1766 entwickelte sich die Praterstraße, die im unteren Abschnitt bis 1862 Jägerzeile hieß, zu einer der vornehmsten Vorstadtstraßen Wiens. Ein lebendiges Bild von dem regen Treiben in der Straße zeichnet Adalbert Stifter in seiner Erzählung *Der Prater* (1844). »Die ganze schöne, ungemein breite Straße ist bedeckt mit einem schwarzen

Strome von Menschen«, heißt es darin. Von »meist prachtvollen Häusern« ist die Rede und unzähligen Zuschauern, die »den glänzenden Strom unter ihren Augen vorüberfluten« sehen.

Vom einstigen Glanz der alten Praterstraße ist fast nichts geblieben. Sie ist heute eine laute Durchfahrtsstraße, die weder zum Verweilen noch zum Flanieren einlädt. Die Straße weist zwar noch einige Biedermeierhäuser auf, viele wurden aber später umgebaut und wirken etwas heruntergekommen. Einer der auffälligsten Bauten ist der nach dem Vorbild des venezianischen Cà d'Oro 1896-98 errichtete Dogenhof auf Nr. 70. Im Haus Nr. 54, »Zum grünen Tor«, lebte von 1863 bis 1870 Johann Strauß. In der ehemaligen Wohnung des »Walzerkönigs« kann man Originalmöbel und -musikinstrumente, Bilder und Autographen besichtigen.

Der Nestroyplatz und die gleichnamige U-Bahnstation, der Nestroyhof und das Nestroydenkmal, all das erinnert hier an den bedeutendsten österreichischen Satiriker des 19. Jahrhunderts. Der Grund für die vielen Nestroy-Bezüge in der unteren Praterstraße ist das Leopoldstädter bzw. Carltheater, daß jedoch seit Jahrzehnten nicht mehr existiert. An seiner Stelle steht heute das Bürohochhaus »Galaxie«.

Seit seiner Gründung im Jahr 1781 gehörte das Leopoldstädter Theater zu den bedeutendsten Wiener Vorstadtbühnen. In seiner frühen Zeit wurde es auch Kasperltheater genannt, da die lustigen Figuren des Kasperl und Thaddädl die Bühne beherrschten. Erst später wurde der Kasperl zu einer Figur des Puppentheaters für Kinder, als die er heute bekannt ist. 1817 wurde Ferdinand Raimund als Schauspieler ans Leopoldstädter Theater engagiert, später auch als Regisseur. 1828-30 war er dort Direktor. Sechs seiner acht Zauberspiele wurden hier uraufgeführt. 1838 kaufte der Pächter und Direktor des Theaters an der Wien, Carl Carl, das Theater. Kurz vor der Übernahme durch Carl wurde das erste Erfolgsstück Johann Nestroys, *Lumpazivagabundus,* hier aufgeführt. Damit begann die Blütezeit der Bühne, die eng mit dem Namen Nestroy verbunden ist. 1847 wurde das alte Gebäude abgerissen und ein neues, größeres errichtet, das nach seinem Eigentümer Carltheater genannt wurde. Von 1854 bis 1860 leitete Johann Nestroy das Theater, in dem viele seiner Stücke uraufgeführt wurden. Fast immer spielte er selbst darin eine der Hauptrollen. So zeigt ihn das Denkmal von Oskar Thiede aus dem Jahr 1929, das vor dem Haus Praterstraße 17 steht, als Hauptdarsteller in einer heute kaum mehr gespielten Posse. Ebenfalls 1929 wurde das Carltheater geschlossen und nach Bombentreffern im Zweiten Weltkrieg 1951 abgetragen.

Die Großeltern von Arthur Schnitzler, der ganz in der Nähe geboren wurde, wohnten in den sechziger Jahren des 19. Jahrhunderts im Carltheatergebäude. Bei seinen Besuchen hatte der Enkel seine ersten »theatralischen Erlebnisse«. Von einem Hoffenster der großelterlichen Wohnung sah er durch das Glasdach des Theaters und erblickte einen Schauspieler in Altwiener Tracht mit einer Tragbutte auf dem Rücken, ein Bild, das an die bekannte Darstellung von Ferdinand Raimund als »Aschenmann« denken läßt. Wie Stifter erlebte der junge Schnitzler die Leopoldstadt noch als »vornehmes und angesehenes Viertel« und die Praterstraße als Prachtstraße, durch die »in Equipagen und Fiakern die große, die elegante, die leichtlebige Welt« von Vergnügungen im Prater »zurückgesaust« kam.

Vornehm und angesehen war allerdings, wie wir am gegenteiligen Beispiel der Kleinen Schiffgasse gesehen haben, nur diese Gegend der Leopoldstadt. Schnitzlers Vater gehörte, im Verständnis Joseph Roths, bereits zur Generation der »produktiven« Juden. Er hatte Medizin studiert, wurde Universitätsassistent und später ein angesehener Professor für Laryngologie. Die erfolgreichen, assimilierten Juden blieben nicht in der Leopoldstadt. Sie übersiedelten, wie Johann Schnitzler, in die Innere Stadt oder in den neunten Bezirk, in die Nähe der Universität und des Allgemeinen Krankenhauses, später auch in die Villenviertel am Stadtrand. Der soziale Aufstieg war verbunden mit einer auch räumlichen Entfernung von den ärmlichen Glaubensgenossen jenseits des Donaukanals.

Schnitzlers Geburtshaus befindet sich zwar in jenem Anfangsstück der Praterstraße, auf Nr. 16, das vom Durchzugsverkehr verschont bleibt, das mehrfach umgebaute Gebäude hat aber jeden Charme verloren. Stimmungsvoll hingegen ist der kleine dreieckige Platz davor, auf dem das Nestroydenkmal steht, und der von schönen alten Häusern flankierte, enge Beginn der Zirkusgasse.

In der Zirkusgasse 22 stand eine der prachtvollsten Synagogen Wiens, der sogenannte »Türkische Tempel« der sephardischen Juden. Er besaß eine reich geschmückte und vergoldete Fassade und eine zwölf Meter hohe achteckige Kuppel. Elias Canetti erwähnt ihn in seiner Autobiographie *Die gerettete Zunge* (1977) in Zusammenhang mit der Geschichte seines Großvaters, der in einem heute nicht mehr existenten Hotel in der Praterstraße wohnte. Jetzt steht ein Gemeindebau an der Stelle der 1938 zerstörten Synagoge, an die eine Gedenktafel erinnert.

Kehren wir zum Nestroyplatz zurück. Rechts vom Nestroyhof führt die Tempelgasse hinein, die nach dem »Großen Tempel« benannt ist, der hier stand und wie alle Wiener Synagogen und Bethäuser dem Pogrom vom 10./11. November 1938 zum Opfer fiel. Wie groß der Tempel, der zweitausend Personen faßte, tatsächlich war, veranschaulichen die vier Säulen, die den Pilastern entsprechen, die die Fassade der Synagoge beherrschten. Und wie er aussah, zeigt ein Mosaik an der Wand des benachbarten Hauses. Nur ein Seitenflügel des 1853-58 von Ludwig Förster erbauten Synagogen-Komplexes konnte nach den Verwüstungen durch die Nationalsozialisten wiederhergestellt werden. Insgesamt wurden in der »Reichskristallnacht« in Wien zweiundvierzig Synagogen und Bethäuser in Brand gesteckt.

Der oberösterreichische Schriftsteller Heimrad Bäcker hat auf die systematischen Zerstörungen mit einer lakonischen Aufzählung der niedergebrannten Kultstätten geantwortet, die einer zeitgenössischen Tageszeitung entnommen sein könnte:

und zwar die tempel in der schiffamtsgasse, in der neuen-weltgasse, in der tempel- und in der stumpergasse, die synagogen in der unteren viadukt-gasse, in der schmalzhofgasse, in der hubergasse, in der siebenbrunnengasse, in der großen schiffgasse, kluckygasse sowie neudeggergasse, in der malzgasse und in der schopenhauerstraße, in der zirkusgasse, steingasse und müllnergasse, in der pazmanitengasse, am humboldtplatz und in der turnergasse in flammen aufgegangen.

Das Novemberpogrom von 1938, bei dem nicht nur die Synagogen brannten, sondern vor allem auch 27 jüdische Bürger getötet und 88 schwer verletzt wurden, bildete den Auftakt für die systematische Vernichtung der jüdischen Bevölkerung Wiens. 65000 Menschen wurden vertrieben und ermordet. Nach der Wiener Geserah von 1421 und der Zerstörung des Gettos 1670 wurde das Wiener Judentum im Dritten Reich zum drittenmal fast vollständig ausgelöscht.

Nur langsam und zaghaft entwickelte sich nach dem Krieg erneut eine jüdische Gemeinde in Wien. Doch die auch heute wieder vorwiegend in der Leopoldstadt lebenden Juden sind größtenteils keine gebürtigen Wiener. Der 1961 in Tel Aviv geborene österreichische Schriftsteller Doron Rabinovici, der mit dem Roman *Suche nach M.* (1997) über das Schicksal von Söhnen jüdischer Überlebender aus Krakau bekannt wurde, schreibt in einem Artikel anläßlich des 150jährigen Bestehens der Israelitischen Kultusgemeinde:

Die Juden, die heute in Wien leben, sind keine Nachfahren der früheren Gemeinde. Sie stammen zumeist aus ganz anderen Ländern. Dennoch suchen sie Kontakt zur einstigen großen Judenstadt Wiens. Sie kehren in jene Viertel, in jene Lokale und Lokalitäten, in jene Nischen und Ecken zurück, die einst schon den Juden Raum boten. Es ist wie in einer englischen Gespenstergeschichte; ohne von der Vergangenheit zu wissen, suchen Juden Orte auf, aus denen andere jüdische Gemeinden bereits einmal vertrieben wurden. Es ist, als wiese diese Stadt den Juden ganz bestimmte Plätze zu.

Wo früher der »Große Tempel« stand, wurde 1985 wieder ein Sakralraum eingerichtet. Und in der Tempelgasse 7 befindet sich eine weitere Synagoge mit zwei Gebetsräumen. Die heutige jüdische Gemeinde in Wien ist nicht groß. Doch sie hat in den letzten Jahrzehnten, so Rabinovici, »an Kraft und Stolz« gewonnen.

Die Tempelgasse wird gekreuzt von der Ferdinandstraße, die durch Veza Canettis Roman *Die Gelbe Straße* (1990) literarisch bekannt wurde. Im Vorwort berichtet ihr Mann Elias Canetti, daß die Ferdinandstraße die Straße der Lederhändler gewesen sei, in der ein Grossist neben dem anderen sein Lager gehabt habe. Die Straße, so Canetti, habe »nicht im Aussehen, wohl aber im Wesen etwas Orientalisches« gehabt. Gelb wirkte die Straße durch die vielen Lederballen und Lederwaren, die vor den Geschäften standen. Sie ist Zentrum und Zusammenhalt des Romans, der Anfang der dreißiger Jahre spielt und dessen einzelne Kapitel zuerst in der *Arbeiterzeitung* erschienen. »Es ist eine merkwürdige Straße, die Gelbe Straße«, heißt es in dem Kapitel »Der Oger«. »Es wohnen da Krüppel, Mondsüchtige, Verrückte, Verzweifelte und Satte.« Geschult an Karl Kraus, schildert Veza Canetti die großen und kleinen Katastrophen der Bewohner, worunter sich so markante Figuren wie die verkrüppelte Runkel, der Hausbesitzer Pilatus Vlk und der tyrannische Herr Iger befinden. Die Tabak-Trafik, Runkels Seifengeschäft, das Café Planet, der Laden des Greißlers, das sind einige der Orte, an denen sich das Geschehen verdichtet.

Nichts davon wird man heute finden, wenn man durch die Ferdinandstraße geht, keine Trafik, kein Seifengeschäft, kein Kaffeehaus, nur einen jüdischen Greißler gibt es, an der Ecke zur Tempelgasse, »Koscher Lebensmittel« steht über der Tür. Auch die vielen Lederwarengeschäfte von einst sind verschwunden. Nur von einem gibt es noch Spuren, die Hälfte der Buchstaben der Aufschrift LEDERGROSSHANDLUNG am Haus Nr. 14 ist bereits abgefallen.

Fast alle an der Südseite der Straße gelegenen Häuser sind Neubauten, eine Folge der Zerstörungen im Zweiten Weltkrieg. Eines der wenigen erhaltenen alten Häuser ist Nr. 29, wo Veza

Taubner-Calderon bis 1933 lebte. 1934 heiratete sie Elias Canetti, dem sie 1924 bei einer Vorlesung von Karl Kraus zum erstenmal begegnet war. Im zweiten Teil seiner Autobiographie, *Die Fackel im Ohr. Lebensgeschichte 1921-1931* (1980), geht Canetti ausführlich auf den Beginn und die Entwicklung seiner Beziehung zu Veza ein. 1935 zog das Ehepaar nach Grinzing in ein Haus in der Himmelstraße, 1938 floh es vor den Nationalsozialisten über Paris nach London, wo Veza am 1. Mai 1963 starb. Ihre literarischen Werke wurden erst mit der Veröffentlichung des Romans *Die Gelbe Straße* einer größeren Leserschaft bekannt. Zuletzt erschien der Roman *Die Schildkröten* (1999), der atmosphärisch eindringlich die letzten Wochen vor dem Einmarsch der Hitlertruppen in Wien schildert.

Von Veza Canettis ehemaligem Wohnhaus gehen wir durch die heute langweilige Ferdinandstraße Richtung Schwedenbrücke zurück, wo unser Spaziergang durch die Leopoldstadt begonnen hat. Allzu vieles, was früher ganz wesentlich Bild und Charakter dieses Bezirks und damit der ganzen Stadt prägte, wie die alte Praterstraße und die vielen jüdischen Geschäfte und Kaffeehäuser, ist unwiederbringlich verloren. Man braucht viel Zeit und Geduld, um die wenigen Relikte einer vergangenen Zeit aufzustöbern. Man wird dafür aber auch mit einem Wien belohnt, wie es eilige Städtetouristen normalerweise nicht zu sehen bekommen.

Im Wurstelprater

Am Ende der Praterstraße steht ein seltsames Denkmal. Auf einer Marmorsäule, die mit bronzenen Schiffsschnäbeln bestückt ist, steht die Statue des Admirals Wilhelm von Tegetthoff, eines Seehelden der Habsburgermonarchie, mitten im Verkehrslärm. Er ist der Sieger der Schlacht von Lissa, die 1866 zwischen Österreich und Italien ausgetragen wurde und von der heute niemand mehr weiß, worum es eigentlich ging. Wer in den Prater will, dem bleibt der Praterstern nicht erspart. Und wer dort aus der

U-Bahn oder Straßenbahn aussteigt, blickt auf den Rücken des Admirals. Er ist der ruhende Mittelpunkt dieses häßlichen Verkehrsknotenpunktes, der heute nicht weniger grauslich ist als vor fünfunddreißig Jahren, als Gerhard Fritsch folgendes Gedicht schrieb:

Praterstern

Regen auf Tegetthoff
an der Stehweinhalle vorbei
die Strähnen Hurenhaar im Takt
der Trippelschuh Geplätscher
in den Spiegeln
geht ein fetter Hintern auf
der Mond über Lissa hängt tief
in verschüttetes Bier
schreibt eine Fliege umständlich
ihr Sterben.

Möglichst rasch verlassen wir diesen unwirtlichen Ort in Richtung Riesenrad, das sich ganz nahe über Baumwipfeln dreht. Das Riesenrad, neben dem Stephansdom wohl das bekannteste Wahrzeichen Wiens, ist ein Werk des Konstrukteurs Walter Basset. Es wurde 1897 eröffnet und hatte ursprünglich doppelt so viele Waggons wie heute. Nachdem 1945 alle abgebrannt waren, hat man danach nur jeden zweiten durch einen neuen ersetzt. So war das Rad auch 1949, als Graham Greenes Erzählung *Der dritte Mann* verfilmt wurde, nur noch mit fünfzehn Waggons bestückt,.

Harry Lime gibt der Frau an der Kasse ein Trinkgeld, um mit seinem Jugendfreund Rollo – im Film heißt er Holly – Martins allein und ungestört eine Runde drehen zu können. Im hochschwebenden Waggon erläutert Lime, der durch den Schmuggel mit verdünntem Penicillin das Leben zahlloser Kinder aufs Spiel setzte, seine zynische, menschenverachtende Lebenseinstellung.

Nun fragte Martins: »Hast du jemals das Kinderspital besucht? Hast du je eines deiner Opfer gesehen?«
Harry warf einen Blick auf die Spielzeuglandschaft unter ihnen und entfernte sich von der Tür. »Ich fühle mich in diesen Dingen nie recht sicher«, bemerkte er und betastete mit der Hand die Außenseite der Tür, als fürchtete er, sie könne plötzlich aufspringen und ihn in den von eisernen Rippen durchzogenen Luftraum hinausschleudern. »Opfer?« fragte er. »Nur nicht so theatralisch, mein lieber Rollo. Schau doch da hinunter«, forderte er Martins auf und deutete durch das Fenster auf die Menschen, die tief unten am Fuß des Riesenrads gleich Fliegen umherkrochen. »Würdest du es dir wirklich zu Herzen nehmen, wenn einer dieser schwarzen Punkte aufhören sollte, sich zu bewegen – für immer? Wenn ich dir sagte, alter Freund, du könntest zwanzigtausend Pfund verdienen für jeden Punkt dort unten, der krepiert, würdest du mir allen Ernstes und ohne Zögern antworten, ich soll mir mein Geld behalten?«

Der Vergnügungspark, auf den man heute vom Riesenrad hinunterschaut, hat fast nichts mehr mit dem Wurstelprater zu tun, wie man ihn aus vielen literarischen Werken kennt, von Adalbert Stifter über Felix Salten und Arthur Schnitzler bis hin zu Stefan Zweig. Ihren Spuren ist bereits Dietmar Grieser in seinem nostalgisch gestalteten Buch *Gustl, Liliom und der dritte Mann* (1992) gefolgt, weshalb es hier nicht noch einmal geschehen soll. Ringelspiele und »Hutschen« sind längst modernen Schleuder- und Rüttelmaschinen gewichen, die sich »Imperator«, »Superman« und »Spaceshot« nennen. Mit dem »Ejection Seat« könnte man vielleicht wirklich ins Weltall gelangen, sollten die Seile einmal reißen. Wie Relikte aus einer längst vergangenen Zeit muten in diesem reißerischen Ambiente eine alte hölzerne Rutschbahn und vor allem die »Neue Wiener Hochschaubahn« an, deren Wagen an einem Wasserfall und dem Panorama von Heiligenblut vorbeiführen und die nichts mit einer modernen Achterbahn gemein hat. Wer heute etwas von der Atmosphäre spüren will, die früher im alten Wurstelprater geherrscht hat, sollte in den sogenannten »Böhmischen Prater« auf den Laaer Berg hinausfahren. In diesem viel kleineren Vergnügungspark geht es wesentlich gemütlicher zu.

Der Wurstelprater ist nach wie vor ein beliebtes Ausflugsziel von Familien mit Kindern. Wie es dabei zugeht, schildert Elfriede Jelinek in ihrem Roman *Die Klavierspielerin* (1983).

Im Wiener Wurstelprater unterhält sich das kleine, in den Praterauen das geile Volk, jedes auf seine Weise. Im Wurstelprater pflanzen bis an den Rand mit Schweinsbraten, Knödeln, Bier und Wein vollgefüllte Eltern ihre ebenso aufgefüllte Brut in die Töpfe oder auf die buntlackierten (Plastik-)Pferdchen, Elefanten, Autos, bösen Drachen hinein oder hinauf, und das in Drehung versetzte Kind speit das ihm vorher mühsam Eingeschaufelte wieder heraus. Es bekommt dafür eine Ohrfeige, weil das Essen im Gasthaus etwas gekostet hat und man es sich nicht jeden Tag gönnt. Die Eltern behalten ihre Mahlzeit bei sich, denn ihre Magen sind kräftig und ihre Hände schnell wie der Blitz, wenn sie auf den Nachwuchs niederfahren. So wird der Nachwuchs beschleunigt.

Die kerzengerade Prater Hauptallee, im 19. Jahrhundert eine Prachtstraße mit vielen Kaffeehäusern und Schauplatz glänzender Frühlingsfeste, gehört heute den Läufern, Rad- und Rollschuhfahrern. Wir besuchen daher lieber das Pratermuseum beim Riesenrad. Neben vielen Kuriositäten aus dem alten Wurstelprater findet man dort Bilder vom »großen Chineser«, von dem auf dem Calafatiplatz eine Nachbildung steht. Die Figur bildete den Mittelpunkt des 1854 errichteten und im Zweiten Weltkrieg zerstörten Ringelspiels von Basilio Calafati. Sie steht auch im Zentrum des folgenden, 1956 geschriebenen Gedichts von Gerhard Fritsch, mit dem wir unseren Kurzbesuch im Prater beschließen.

Prater

Gespenster, ledern, auf knatterndem Blech,
jagen Autokaskaden, jagen sie
tiefer hinein in den Metallherbst.
Eisenbahn schüttert, rumpelt die Tramway,
zwinkert grün und rot drüber hin
die Kursmaschine nach London.

Scheppernd drehn
sich alle Ringelspiele der Flucht,
der Flucht im Kreise,
im Kreis um die Mitte,
wo im Dunkel
Kalafati steht
der große Chinese.

Dunkel ist's dort.
Man sieht ihn schlecht.
Er trägt, geht das Gerücht, nun eine Sanduhr,
hält eine Schaufel
und grinst.

Alles, was wir bezahlen,
ist Geld für die Reise
zu ihm.

→ »Ungargassenland«

ZWISCHEN STADTPARK, DONAUKANAL UND BELVEDERE – UND EIN BESUCH AUF DEM ST. MARXER FRIEDHOF

Fünfter Spaziergang: Stadtpark – Beatrixgasse – Ungargasse – Landstraßer Hauptstraße – Salmgasse – Rasumofskygasse – Rotundenbrücke – Rochusmarkt – Arenbergpark – Reisnerstraße – Belvedere – Schwarzenbergplatz

Im Park steht ein Männlein ganz still und stumm, das hat von lauter Golde ein Röcklein um.
Nicht nur das Röcklein ist von Gold. Auch die Stiefel sind golden und die Hosen, das Gesicht, der Schnurrbart, das gekräuselte Haar, die Augen, die Ohren und die Hände. Der ganze Mann rundherum ist goldfarben. Er hält eine goldene Geige unters goldene Kinn geklemmt und einen goldenen Fiedelbogen zwischen goldenen Fingern. Es ist gut, daß er den Mund nicht offen hat, sonst würde er ein goldenes Gebiß zeigen und des Beschauers Gedanken vom Werk des Unsterblichen, dem das Denkmal gilt, ablenken, hin zu den Werken der mächtig fortgeschrittenen Zahntechnik.
Der goldene Mann ist Johann Strauß, der aus der sogenannten Wiener Luft das feinste und duftigste musikalische Destillat hergestellt hat.

Doch zu diesem Destillat will das Monument so gar nicht passen. Alfred Polgar, der obige Zeilen anläßlich der Einweihung des Denkmals im Wiener Stadtpark 1921 geschrieben hat, fährt fort: »Wenn man das Denkmal sieht, muß man an mancherlei denken, nur nicht an Strauß-Musik. Wenn man aber jetzt Strauß-Musik hört, muß man an das Denkmal denken. Das ist eine böse Konsequenz der bronzegewordenen Liebe.«

→ Das Wienflußportal, eine 1903-06 errichtete Jugendstilanlage im Stadtpark

Robert Musil, ein anderer Zeuge der Denkmalsenthüllung, vergleicht den Walzer mit einem »Niggertanz«, meint das aber keineswegs abwertend. Beide seien Kunstwerke für alle, die eine »unglaublich große seelische Bedeutung« hätten, denn sie »entriegeln die Seele« und »machen gedankenlos glücklich«. Musil protestiert aber gegen die Versuche der damaligen Presse, Johann Strauß in eine Reihe mit Mozart, Schubert und Beethoven zu stellen und damit auch gegen dieses Denkmal von Edmund Hellmer, dem man sich »in argloser Jausenausflugsstimmung« nähert und sich »plötzlich auf den Weg nach Emaus geraten« glaubt – eine Anspielung auf die biblische Szene, in der den Jüngern der auferstandene Christus erscheint.

Die vergoldete Statue ist heute das wahrscheinlich meistfotografierte Denkmal Wiens und der touristische Mittelpunkt des Stadtparks, den sich die Innere Stadt und der dritte Bezirk teilen. Der Park wurde auf den Gründen des ehemaligen Wasserglacis im Stil eines englischen Landschaftsgartens angelegt und 1862 eröffnet. Ein Rundgang durch den ringseitigen Parkteil führt um einen Teich herum und an vielen Denkmälern vorbei, die vor allem Musikern und Malern gewidmet sind.

Kaum ein anderer Wiener Park ist in so vielen literarischen Werken gegenwärtig wie dieser. In Arthur Schnitzlers Roman *Der Weg ins Freie* (1908) wohnt Georg von Wergenthin in einem Palais am Heumarkt, mit Blick auf Park und Stephansturm. Für die Ich-Erzählerin von Ingeborg Bachmanns *Malina* (1971) hat über ihm »ein kalkweißer Pierrot mit überschnappender Stimme« die Melodie »O alter Duft aus Märchenzeit« »angetönt«. In Barbara Frischmuths Roman *Kai und die Liebe zu den Modellen* (1979) ist der Stadtpark Revier der Außenseiter und Spielplatz der Kinder, wohingegen Elfriede Jelineks Erzählung *Die Ausgesperrten* (1980) hier mit einem brutalen Raubüberfall beginnt.

Über eine einfache moderne Eisenbrücke, den Stadtparksteg, der etwa in der Mitte des Parks über den Wienfluß führt, gelangt man in den Bereich der Anlage, die bereits zum Bezirk Landstraße gehört. Von der Brücke hat man den schönsten Blick auf das anläßlich der Regulierung des Flusses 1903-06 errichtete »Wienfluß-portal« mit Freitreppe und seitlichen Pavillons, hinter dem das Hotel Intercontinental aufragt. Besonders stimmungsvoll ist der Anblick dieser Jugendstilanlage im Herbst, wenn rotgoldene Weinbätter die Steinmauern bedecken. Wir gehen nicht über die Brücke, sondern rechtsseitig am Fluß entlang, vorbei an riesigen hellblauen Amphoren und über die Freitreppe hinaus aus dem Park und vor den Eingang der U-Bahnstation Stadtpark.

Früher kamen gegenüber der damaligen Stadtbahnstation die Straßenbahnen der sogenannten Zweierlinie an die Erdoberfläche und bogen hinunter zum Heumarkt. Mit dem Bau der U-Bahn wurden diese Linien – E2, G2, H2 – aufgelassen. In Ingeborg Bachmanns Roman *Malina* existieren sie noch.

Jenseits der Heumarkt-Kreuzung beginnt die in einer leichten Linkskurve bergan führende Beatrixgasse. Nach wenigen Metern steht man vor dem Haus Nr. 26, in dem Ingeborg Bachmann von 1946 bis 1949 gelebt hat. In ihrem Roman verwischt sie die Grenzen zwischen Fiktion und Realität, denn auch die Ich-Erzählerin gibt an, hier gewohnt und dann in die Ungargasse 6 übersiedelt zu sein, wo die Dichterin selbst aber nie eine Wohnung hatte.

Über ein Jahrhundert vor Ingeborg Bachmann hat Adalbert Stifter zweimal in der Beatrixgasse gewohnt, in zwei verschiedenen Häusern, zuerst als Jurastudent 1828/29 in dem kleinen Vorstadthäuschen Nr. 4b, und nach seiner Heirat 1837, die in der nahegelegenen Rochuskirche stattfand, im Haus Nr. 18. In der Österreichischen Galerie im Oberen Belvedere und im Stifter-Museum im Schubert-Geburtshaus hängen Ölbilder Stifters, die die Beatrixgasse vor über hundertfünfzig Jahren zeigen. Sie ist eine der ältesten Gassen der ehemaligen Vorstadt Landstraße, die 1850 mit den Vorstädten Erdberg und Weißgerber zum dritten Wiener Gemeindebezirk zusammengelegt wurde. Zur Zeit Stifters war diese Gegend noch recht locker verbaut, große Flächen wurden landwirtschaftlich genutzt. Dazwischen aber lagen zahlreiche aristokratische Sommersitze, von denen das Belvedere sowie die Palais Schwarzenberg, Rasumofsky und Metternich besonders bedeutsam waren. In seiner Erzählung *Leben und Haushalt dreier Wiener Studenten* (1844) quartiert Stifter seine »Helden« in so einem ehemaligen »Fürstenpalais« ein, wodurch die verstaubten Räumlichkeiten zu neuem Leben erwachen. Er selbst war von 1843 bis 1846 als Hauslehrer beim Fürsten Metternich in dessen Palais am Rennweg tätig.

Über eine Brücke, unter der die Schnellbahn zum Bahnhof Wien Mitte fährt, gelangt man an die Kreuzung Beatrixgasse/ Ungargasse und befindet sich damit im Zentrum von Ingeborg Bachmanns »Ungargassenland«. Hier wohnen die Hauptfiguren des Romans *Malina*.

Man könnte sagen, sie sei eine besondere Gasse, weil sie an einer fast stillen, freundlichen Stelle am Heumarkt beginnt und man von hier aus, wo ich wohne, den Stadtpark sehen kann, aber auch die bedrohliche Großmarkthalle und das Hauptzollamt. Noch sind wir zwischen würdigen, verschlossenen Häusern, und erst kurz vor Ivans Haus, mit der Nummer 9 und den beiden Löwen aus Bronze am Tor, wird sie unruhiger, ungeordneter und planloser, obwohl sie sich dem Diplomatenviertel nähert, es aber rechts liegen läßt und wenig Verwandtschaft mit diesem ›Nobelviertel‹ – wie es vertraulich heißt – von Wien zeigt. Mit kleinen Kaffeehäusern und vielen alten Gasthäusern macht sie sich nützlich, wir gehen zum Alten Heller, dazwischen gibt es eine brauchbare Garage, Automag, die auch sehr brauchbare Neue Apotheke, eine Tabaktrafik auf der Höhe der Neulinggasse, nicht zu vergessen die gute Bäckerei an der Ecke Beatrixgasse und zum Glück die Münzgasse, in der wir unsre Autos parken können, auch wenn sonst nirgends mehr Platz ist. Streckenweise, etwa auf der Höhe des Consolato Italiano, mit dem Istituto Italiano di Cultura kann man ihr ein gewisses Air nicht absprechen, und doch hat sie nicht zuviel davon, denn spätestens beim Heranrollen des O-Wagens oder bei einem Blick auf die ominöse Garage für Postautos, an der zwei Tafeln sich nicht aussprechen und kurz sagen, ›Kaiser Franz Joseph I. 1850‹

und ›Kanzlei und Werkstätte‹, vergißt man ihre Anstrengungen, sich zu nobilitieren, und sie erinnert an ihre ferne Jugend, an die alte Hungargasse, in der die aus Ungarn einreisenden Kaufleute, Pferde-, Ochsen- und Heuhändler hier ihre Herbergen hatten, ihre Einkehrwirtshäuser, und so verläuft sie nur, wie es amtlich heißt, ›in großem Bogen Richtung Stadt‹.

Die Ich-Erzählerin und die eng mit ihr verklammerte Titelfigur wohnen im Haus Nr. 6, ihr Geliebter Ivan auf Nr. 9, dem Haus mit »den beiden Löwen aus Bronze am Tor«, beide typisch historistische Zinshäuser aus der zweiten Hälfte des 19. Jahrhunderts. Vieles hat sich verändert seit der Entstehung des Romans: Die Großmarkthalle gibt es nicht mehr, auch »die gute Bäckerei« ist verschwunden und die Postautobus-Garage aufgelassen. Doch das Gasthaus »Zum Alten Heller« mit seinem schönen Garten existiert noch, und auch der O-Wagen rollt alle paar Minuten heran.

Gegenüber dem Gasthaus »Zum Alten Heller«, im Haus Sechskrügelgasse 11, befindet sich das Bezirksmuseum Landstraße, in dem eine Gedenkstätte für Josef Weinheber eingerichtet ist. Der 1892 geborene Schriftsteller arbeitete bis 1932 als Postbeamter im dritten Bezirk. Weinheber war in den dreißiger Jahren ein gefeierter Lyriker, der sich später vom Nationalsozialismus vereinnahmen ließ und 1945 Selbstmord beging. Vor allem seine teilweise im Dialekt geschriebenen Gedichte *Wien wörtlich* (1935) erfreuen sich noch heute einiger Beliebtheit.

Im Haus Ungargasse 13 befindet sich der Eingang in den sogenannten Sünnhof, ein langgezogenes, schmales Durchhaus aus der Biedermeierzeit, das die Ungargasse mit der Landstraßer Hauptstraße verbindet. Der ganze Gebäudekomplex wurde 1986 adaptiert und restauriert. Seither sind in dem stimmungsvollen Durchgang Boutiquen und Restaurants untergebracht.

Die Landstraßer Hauptstraße, die im Mittelalter beim Stubentor begann, ist seit der Römerzeit eine der wichtigsten Ausfallstraßen Wiens in Richtung Osten. Von dem dichten Bestand vorstädtischer Häuser aus dem 18. und beginnenden 19. Jahrhundert ist heute nur noch wenig vorhanden. Der Spitzhacke fiel Anfang der dreißiger Jahre auch der ehemals berühmte Gasthof »Zur goldenen Birne« auf Nr. 31 zum Opfer. An einen der Schriftsteller, die dort verkehrten, erinnert eine kleine, kaum mehr zu entziffernde Gedenktafel, die es aber verdient, zitiert zu werden: »Hier wohnte 1835 / Honoré de Balzac / der Dämonie der Liebe / und des Geldes Dichter«. 1839 kehrten August Heinrich Hoffmann von Fallersleben und Nikolaus Lenau im Gasthof ein, und einige Zeit wohnte Adalbert Stifter in einem der Hinterhöfe. Robert Musil diente er als Schauplatz der beklemmenden kurzen Erzählung *Der Vorstadtgasthof* (1924), der Geschichte eines fatal endenden Seitensprungs.

Ein paar Schritte weiter, gegenüber dem Hotel »Roter Hahn«, in dem schon Stifters angehende Studenten ihren Einzug in Wien feierten, mündet die Salmgasse in die Landstraßer Hauptstraße. Barbara Frischmuth hat mit ihrer Erzählung *Mein und Musils Nachbar* (1983) eine Art Liebeserklärung an diese Gasse geschrieben.

Ich würde gern in der Salmgasse wohnen. Die Salmgasse ist eine verwunschene Gasse, J-förmig und im dritten Wiener Gemeindebezirk. Besonders im unteren Drittel, im J-Bogen, gibt es ein paar schönbrunnergelbe Häuser, massiv gebaut und mit ganz schlichten Fassaden. Aber dahinter ...
Neulich stand eines der Tore offen – die Maurer, die den Verputz erneuerten, gingen aus und ein – und ich trat in den Innenhof. Glasveranden, Bäume, ein Garten, schmiedeeiserne Balkons, mit einem Wort: fast alles, was man mitten in der Stadt nicht vermutet.
Seither wohne ich im Geist in der Salmgasse, und wenn es sich irgendwie einrichten läßt, mache ich den Umweg durch das J bis zur nächsten Straßenbahnhaltestelle. Um die Ecke, in der Rasumofskygasse, hat übrigens Musil viele Jahre lang gewohnt, und der Garten, in dem Agathe und Ulrich ... aber so genau will ich es gar nicht wissen.

Bevor wir zu Musil kommen, noch ein paar Worte zu der »verwunschenen« Gasse. Wer nicht das Glück hat, ein offenes Tor vorzufinden, kann versuchen, von dem Park, der hinter den Häusern liegt, einige Winkel der Gärten zu erspähen, von denen Frischmuth schwärmt. Links von Haus Nr. 8 befindet sich ein ganz schmaler Durchgang in diese Parkanlage. Ihren Namen hat die Salmgasse von dem ehemaligen Palais, das sich an der Ecke zur Rasumofskygasse befindet. Die Hauptfassade ist aber gegen den Garten gerichtet. In dem Palais, das 1828-32 errichtet wurde und 1856 in den Besitz des Fürsten Salm-Reifferscheid überging, befand sich nach dem Zweiten Weltkrieg das britische Pressequartier, in dem 1946 eine Zeitlang auch die als britische Kriegskorrespondentin heimgekehrte Hilde Spiel wohnte.

Robert Musil hatte von 1921 bis 1938 eine Wohnung im zweiten Stock des Hauses Rasumofskygasse 20. Einen Stock tiefer, genau darunter, befindet sich heute das Büro der Grazer Autorenversammlung, das gleichzeitig eine Musil-Gedenkstätte ist. Vom Fenster seines Arbeitszimmers in der linken Ecke des Hauses konnte Musil auf das Palais Salm und dessen damals noch viel größeren Garten hinunterblicken. Aber hatte er wirklich, wie angenommen wurde, dieses Palais vor Augen, als er in seinem Roman *Der Mann ohne Eigenschaften* (1930) Ulrichs »Jagd- und Liebesschlößchen« beschrieb?

Das war ein teilweise noch erhalten gebliebener Garten aus dem achtzehnten oder gar aus dem siebzehnten Jahrhundert, und wenn man an seinem schmiedeeisernen Gitter vorbeikam, so erblickte man zwischen Bäumen, auf sorgfältig geschorenem Rasen etwas wie ein kurzflügeliges Schlößchen, ein Jagd- oder Liebesschlößchen vergangener Zeiten. Genau gesagt, seine Traggewölbe waren aus dem siebzehnten Jahrhundert, der Park und der Oberstock trugen das Ansehen des achtzehnten Jahrhunderts, die Fassade war im neunzehnten Jahrhundert erneuert und etwas verdorben worden, das Ganze hatte also einen etwas verwackelten Sinn, so wie übereinander photographierte Bilder;

aber es war so, daß man unfehlbar stehen blieb und »Ah!« sagte. Und wenn das Weiße, Niedliche, Schöne seine Fenster geöffnet hatte, blickte man in die vornehme Stille der Bücherwände einer Gelehrtenwohnung.

Gegenüber von Musils Haus steht das ehemalige Palais Rasumofsky, »ein altes Palais, mit Fruchtgewinden am Kapitäl der Steinpfeiler und schöner Gliederung nach der Höhe und Breite«, heißt es in seiner Erzählung *Triëdere!* (1936). Das Palais wurde 1806/07 von Louis Montoyer im Auftrag von Andreas Kirillowitsch Fürst Rasumofsky, dem Gesandten des russischen Zaren, in klassizistischem Stil erbaut. Rasumofsky war ein Mäzen Beethovens, weshalb ihm dieser seine 6. Sinfonie widmete und zwei Quartette nach dem Fürsten benannte. Seit 1849 befindet sich darin die Geologische Reichs-, heute Bundesanstalt.

Im Eckhaus Rasumofskygasse Nr. 7, von dessen Schmalseite ein gemalter Löwenkopf herunterblickt, befindet sich seit über hundert Jahren das Café Zartl, eines der bekanntesten Literatencafés außerhalb der Innenstadt. Zu seinen Stammgästen zählten Alfred Polgar, Heimito von Doderer, Albert Paris Gütersloh und natürlich Robert Musil. Aber auch heute wird das Kaffeehaus gern von Schriftstellern besucht. So verriet Robert Schindel in einem Interview, daß er seinen Roman *Gebürtig* (1992) hier geschrieben habe, regelmäßig »wie ein Beamter«. In die Literatur ist das Café durch Heimito von Doderer eingegangen, von dem eine Fotografie mit einem Zitat aus seinem Roman *Die Wasserfälle von Sluny* (1963) an einer Wand hängt. Die Erzählung spielt großteils in dieser Gegend des dritten Bezirks und jenseits des Donaukanals, im Prater. Das Café Zartl nimmt darin eine wichtige Rolle als Treffpunkt und »Bildungsstätte« ein. Denn wie in allen großen Kaffeehäusern gab es um die Jahrhundertwende auch hier ein vielbändiges Konversationslexikon. Für Josef Chwostik, eine der Hauptpersonen des Romans, beginnt hier sein »Bildungsweg«.

Über die Gasse in's Café: durchaus fettfreie Luft, Kaffeeduft und Cigarettenrauch, Fallen der Tarock-Karten rückwärts im Spielzimmer, Stille, leises Klicksen und Klacksen der Billardbälle. Die Spieler verständigten sich nur murmelnd. [...]
Im Café ließ Chwostik die Zeitung liegen.
Er ging grüßend an der Sitzkasse vorbei, wo die Frau Chefin, von Spiegeln umrahmt, thronte, und rechter Hand zu einem kleinen verglasten Bücherschrank, der einige Nachschlagewerke zum Gebrauch für die Gäste enthielt [...]. Chwostik entnahm aus Meyers Konversationslexikon den 11. Band (Lan-M), trug ihn zu dem Marmortischchen, wo sein ›Schwarzer‹ stand, fand bald und las: »Leda, in der griech. Mythologie Tochter des Thestios [...]«

An der ruhigen und gemütlichen Atmosphäre im Lokal hat sich bis heute nichts geändert, leider gibt es aber schon lange keine »Sitzkasse« und kein Lexikon mehr.

Vom Café Zartl wäre es nicht weit bis zu dem in der Löwengasse gelegenen, sattsam bekannten Hundertwasserhaus. Wir aber gehen weiter bis zum Anfang der Rasumofskygasse, überqueren die immer stark befahrene Weißgerberlände und bleiben mitten auf der Rotundenbrücke, die früher Sophienbrücke hieß, stehen. Der Donaukanal, der bekanntlich kein Kanal, sondern ein Seitenarm der Donau ist, trennt in dem hier sichtbaren Bereich den dritten vom zweiten Bezirk. Blickt man flußaufwärts, so liegt rechterhand die »Schüttel« genannte Wohngegend mit zum Teil noch gründerzeitlichen Häusern. Nicht weit von der Brücke, in der Josef-Gall-Gasse 5, gleich neben dem Prater, verbrachte Elias Canetti die Jahre 1913 bis 1916, wovon er im ersten Teil seiner Autobiographie, *Die gerettete Zunge* (1977), ausführlich berichtet. Auf der linken Seite des Kanals verlebten zwei andere Schriftsteller ihre Kindheit, Heimito von Doderer, dessen Elternhaus in der Stammgasse 12 steht, und Anton Wildgans, der seine Lebenserinnerungen *Musik der Kindheit* (1928) mit den Worten »Ich bin geboren, wo damals noch viel Himmel war« beginnt und meint damit diese Gegend, »Unter den Weißgerbern«. Die fünf- bis sechsstöckigen

Mietshäuser an der Weißgerberlände stammen noch größtenteils aus den Jahren vor dem Ersten Weltkrieg und bilden eine optisch geschlossene Front zum Donaukanal hin.

Ginge man über die Brücke geradeaus weiter, käme man bald tief in das Grüngebiet des Praters hinein. Wir aber kehren dem Donaukanal den Rücken und gehen wieder zurück ins Innere des Bezirks Landstraße. Nach der Brücke spazieren wir halblinks die Kundmanngasse bis zum Haus Nr. 20-22 hinauf. Hier steht, genau hinter dem Palais Rasumofsky, dessen Garten sich einst bis zum Donaukanal ausdehnte, ein typischer, kasernenartiger Schulbau der Monarchie, in dem noch heute ein Gymnasium untergebracht ist. Die Schriftsteller Theodor Csokor, Max Mell und Heimito von Doderer gingen hier zur Schule. Letzterer berichtet darüber in seinem Roman *Ein Mord den jeder begeht* (1938).

Früher war in dem Gebäude auch eine Lehrerbildungsanstalt untergebracht. Einer ihrer Absolventen war Ludwig Wittgenstein. Der Sohn einer reichen Industriellenfamilie, der sein gesamtes Vermögen verschenkt hatte, entschloß sich als Dreißigjähriger, Volksschullehrer zu werden. In einem Brief vom 25. September 1919 gesteht er seinem Freund Paul Engelmann, daß es ihm »ungemein schwer« falle, wieder die Schulbank zu drücken. Er könne die damit verbundene »Demütigung« oft kaum ertragen. 1918 hatte Wittgenstein seinen *Tractatus logico-philosophicus* abgeschlossen, eine der bedeutendsten philosophischen Abhandlungen des Jahrhunderts. Nach Erhalt der Lehrbefugnis lebte er dann als Volksschullehrer in Niederösterreich. 1926 kehrte er nach Wien zurück, um gemeinsam mit Engelmann ein Haus für seine Schwester Margarethe Stonborough zu planen und zu bauen. Das Grundstück für dieses Haus befindet sich zufällig genau gegenüber der Lehrerbildungsanstalt. Der Eingang ins »Wittgenstein-Haus« ist allerdings in der Parkgasse 18. Der streng funktionalistische, schmucklose Bau, der heute dem Bulgarischen Kulturinstitut gehört und in dem laufend Veranstaltungen und Ausstellungen stattfinden, kann werktags besichtigt werden.

Von der Parkgasse führt unser Weg vor bis zur Erdbergstraße und dann nach rechts bis zu dem dreieckigen Platz vor der Rochuskirche. Hier befindet sich der Markt, den Barbara Frischmuth am Beginn ihres Romans *Kai und die Liebe zu den Modellen* (1979) beschreibt.

Der Marktplatz, überschwemmt von Früchten, zur Stunde der Fülle, die noch alles bereithält für das essende Auge. Die Düfte sind frisch, und der Geruch nach Schweiß wird überlagert von dem Duft der Nektarinen, der Melonen und der Eierschwämme, des jungen Lauchs und der Paradeispaprika.
Mehr und mehr verstopfen sich die Gänge zwischen den Marktständen, verkeilen sich Einkaufstaschen ineinander. Ware, die der Hitze nicht standhält, wird Blatt für Blatt entfernt werden, in Kisten landen als Kleintierfutter zur freien Entnahme. So geht es Salat- und Kohlrübendeckblättern, Radieschengrün und Porreehülle. [...] Nur die Kresse bleibt frisch, in der kleinen Wasserbox, daneben liegt Schnittlauch, von Gummiringen in kleinen Büscheln zusammengehalten, für jene, die ihn noch nicht in einem Topf auf dem Fensterbrett ziehen.

Auf dem Markt treiben sich jugoslawische und türkische Kinder herum, deren Selbständigkeit der Ich-Erzählerin imponiert, die mit ihrem kleinen Sohn Kai allein in einer Wohnung lebt. Von diesem Zusammenleben mit dem Kind und ihrer Beziehung zu seinem meist abwesenden Vater handelt der lebensfrohe Roman, der die Utopie eines liebevolleren Miteinanders der Menschen entwirft.

Der Platz vor der Rochuskirche bildete jahrhundertelang das Zentrum der Vorstadt, von dem die Hauptstraße in das Dorf Erdberg abzweigte. Leider steht heute an der Südostseite des Platzes ein häßlicher Bau aus den fünfziger Jahren, der dem ehemaligen Dorfplatz den letzten Charme genommen hat. Ein Überbleibsel aus einer architektonisch »anmutigeren« Zeit befindet sich hingegen in der Landstraßer Hauptstraße 74. Das sogenannte Fernolendt-

Haus stammt aus dem 18. Jahrhundert und wurde 1849 mit einer eleganten, palaisartigen Fassade versehen. Es besitzt einen schönen Innenhof mit Wandbrunnen und einen »verwunschenen« kleinen Garten. In diesem Haus lebte ab 1863 Marie von Ebner-Eschenbach. Wer von diesem Haus so in die Vergangenheit eingestimmt worden ist, daß er mehr davon haben will, sollte von hier den Bus Nr. 74A nehmen und bis zur Endstation fahren. Dort liegt der romantische St. Marxer Friedhof, der einzige erhaltene Biedermeier-Friedhof der Stadt. Dorthin kann man aber auch später vom Schwarzenbergplatz, dem Endpunkt unseres Spaziergangs, mit der Straßenbahnlinie 71 gelangen.

Wir gehen nahe dem Fernolendt-Haus die Hintzerstraße hinein und über den Ziehrerplatz zum Arenbergpark, der leider durch die beiden Stahlbetonmonster aus dem Zweiten Weltkrieg jegliche Atmosphäre verloren hat. Und doch gibt es im Park einen Ort, den es sich zu besuchen lohnt. Es ist ein kleiner Gartenpavillon mit Chinoiseriereliefs aus dem Jahr 1785, der letzte Rest von dem Palais und der Parkanlage des Fürsten Nikolaus Esterházy. Wenn es die Jahreszeit und das Wetter erlauben, sollte man hier bei einer Melange eine kleine Pause einlegen, bevor es weitergeht, die gerade Neulinggasse entlang.

Wieder queren wir die Ungargasse, deren Form Ilse Aichinger 1955 zu einem kleinen Prosagedicht angeregt hat.

Ungargasse

Ein Sarazenensäbel, der liegenblieb. An seinen Rändern wuchsen: Gras, dann feiner Leute Kinder, die zur Kirche nur über die Schneide gingen, Alleen lichter Bäume seitab.
Wer ihn wollte, könnte ihn aufheben; zu einer freien Stunde am späten Nachmittag. Zurückblieben die grauen Schienen, Schulaufgaben und das Geschrei der Spatzen von frühen Taten.

Ilse Aichinger ist eng mit diesem Teil des dritten Bezirks verbunden. Nahe der Kreuzung, wo die Ungargasse in den Rennweg mündet, hat sie während ihrer Volks- und Mittelschulzeit in der Wohnung ihrer Großmutter, dicht an der Bahnlinie, gelebt. Ihrem Roman *Die größere Hoffnung* (1948), einem der bedeutendsten Werke der österreichischen Nachkriegsliteratur, liegen zwar die Erlebnisse der Autorin im Wien der Hitler-Zeit zugrunde, sie vermeidet darin aber bewußt konkrete Zeit- und Ortsangaben, um das Symbolhafte des Geschehens zu betonen. In der Textsammlung *Kleist, Moos, Fasane* (1987) hingegen – der Titel spielt auf die Straßennamen Kleistgasse, Mohsgasse [!] und Fasangasse an – schildert sie explizit ihre Kindheitseindrücke und Jugenderlebnisse vor und während des Krieges.

Mit der neuerlichen Überquerung der Bahnlinie gelangt man nach wenigen Metern in die Reisnerstraße und befindet sich damit im Zentrum des sogenannten Botschafterviertels, dem »Nobelviertel« des dritten Bezirks. In dieser Straße steht in Doderers Roman *Die Dämonen* (1956) das »sehr große und massige Palais« des Prinzen Alfons Croix, bei dem der frühere Arbeiter Leonhard Kakabsa seinen Dienst als Bibliothekar antritt. Außer der 1893-99 erbauten russisch-orthodoxen Kirche in der Jaurèsgasse 2-4 gibt es kaum bemerkenswerte Bauten in dieser Gegend, weshalb wir sie rasch durchschreiten, vielleicht mit einem kurzen Abstecher zum Geburtshaus Hugo von Hofmannsthals in der Salesianergasse 12. Von dort ist es nicht weit zu dem neben Schloß Schönbrunn bedeutendsten Palastbau Wiens, dem Belvedere.

Der Eingang zum Unteren Belvedere befindet sich am Rennweg, einer uralten Ausfallstraße nach Osten, an der in römischer Zeit die zum Militärlager Vindobona gehörende Zivilstadt lag. Seinen Namen hat die Straße von einem mittelalterlichen Wettlauf, dem sogenannten Scharlachrennen, bei dem ein kostbares rotes Tuch zu gewinnen war. Betritt man den Schloßpark, fühlt man sich sogleich in eine längst vergangene Zeit versetzt. Man erinnert sich der ersten Verse von Hofmannsthals Einleitung zu Arthur Schnitzlers Einakterzyklus *Anatol* (1892):

Hohe Gitter, Taxushecken,
Wappen nimmermehr vergoldet,
Sphinxe, durch das Dickicht schimmernd ...
... Knarrend öffnen sich die Tore. –
Mit verschlafenen Kaskaden
Und verschlafenen Tritonen,
Rokoko, verstaubt und lieblich
Seht ... das Wien des Canaletto,
Wien von siebzehnhundertsechzig ...

Rund achtzig Jahre und zwei Weltkriege später hat die Wiener Lyrikerin Heidi Pataki Hofmannsthals Faden aufgenommen. Ihre Wahrnehmung vom gleichen Standort hat zwar weniger lieblichen Schmelz, verrät aber ein scharfes, unbestechliches Auge:

belvedere (1978)

auf den stufen stockbesoffen
ebenholz & helfenbein
das kaputte schloss vor augen
den gespreizten tretern
enten flattern überm teich
trüb & drunter
jahreszeiten früchtereigen
händeschütteln sich verneigen
schönes leben! nichts zu hoffen
steingemeißelt fickt der knabe
seinen ziegenbock von hinten
schlacke aus den alten schläuchen
durch dies müde lebenszeichen
aufgewiegelt tritt der wächter
(alter nazi) in den rasen:
schöne aussicht! nie begründet
eltern zischeln kinder flitzen
rentner knattern puppen schwitzen

trauf & drüber
auf dem sims hackt eine krähe
der kollegin s auge aus was erneut
in die dunkeln gründe mündet:
schöne zeit!
tauben kreischen spatzen trillern
puttputt über die rabatten
leise tröpfelts
einer brunzt im laubengang
hinterm wandrer schlägt das gras zusammen
gottseid ––

Prinz Eugen von Savoyen, der mit seinen militärischen Erfolgen die habsburgische Vormachtstellung in Europa sicherte und ausbaute, ließ sich die beiden Schlösser von Johann Lukas von Hildebrandt erbauen, den Garten gestaltete Dominique Girard. Das Untere Belvedere, das eigentliche Wohnschloß, wurde 1716 fertiggestellt, das Obere diente hauptsächlich zu Repräsentionszwecken und wurde 1723 vollendet. Die gesamte Anlage wurde 1752 von den Habsburgern gekauft, die darin die kaiserliche Gemäldegalerie unterbrachten. Ab 1897 wohnte der Thronfolger Erzherzog Franz Ferdinand im Oberen Belvedere. Am 15. Mai 1955 unterzeichneten dort die Außenminister der vier Besatzungsmächte den Österreichischen Staatsvertrag. Das Foto, auf dem der österreichische Außenminister Leopold Figl vom Balkon des Schlosses den Vertrag präsentiert, kennt in Österreich jedes Kind. Heute sind in beiden Gebäuden wieder Museen untergebracht, unten das Mittelalter- und Barockmuseum, oben die österreichische Galerie des 19. und 20. Jahrhunderts mit ihren berühmten Klimt- und Schiele-Sammlungen.

Nach einem Rundgang durch den Garten verlassen wir den Park wieder durch den unteren Ausgang und gehen nach links, Richtung Schwarzenbergplatz, der nach dem Palais benannt ist, das gleich neben dem Belvedere liegt. Es wurde 1711 von Lukas von Hildebrandt begonnen und zehn Jahre später von den beiden Fischer von Erlachs fertiggebaut. Heute ist darin ein Luxushotel und ein Restaurant untergebracht. Der große Garten hinter dem Palais ist nicht öffentlich zugänglich, dafür aber ein idyllischer Winkel in einem Nebentrakt des Palais, gleich oberhalb des Rennwegs, eine kurze Sackgasse mit ganz niedrigen Häusern. Eine Katze läuft über das Kopfsteinpflaster, Geranienblüten leuchten in der Sonne. Hier möchte man länger bleiben, vielleicht ein Zimmer haben. Kaum zu glauben, daß man sich fast im Zentrum einer Großstadt befindet. Wenige Minuten später, vor dem russischen Heldendenkmal und dem Hochstrahlbrunnen auf dem Schwarzenbergplatz, umtost vom Verkehrslärm, weiß man sich wieder mitten in Wien.

Auf dem St. Marxer Friedhof

Man schreibt das Jahr 1912. Es ist Mitte September. Langsam fährt eine Pferdekutsche aus der Gegend um das alte Römerlager Carnuntum nach Wien hinein. Auf dem Rückweg vom Schloß ihres Verlobten in ihr Elternhaus läßt Fanny von Czechrod den Diener Wasik bei einem alten, am Stadtrand gelegenen Friedhof halten.

Es war ein längst aufgelassener Friedhof; also achtzig Jahre war es bestimmt her, seitdem hier niemand mehr beerdigt worden war. Die Büsche waren ausgewachsen und bogen sich über den Wegen. Du mußt dich ducken, fast mußt du hindurchkriechen. Unter den Wölbungen der Büsche war das Gras verschwunden, und nur brauner Boden streckte sich. Auf einem Stein stand ›Freiherr von Odelga‹. Eine Grabplatte war moosig und hatte zwei rostige Ringe. Dann kam Fanny hinter einem Busch hervor und sagte: »Ziehen Sie doch einmal an den Ringen, Wasik, vielleicht bringen Sie die Platte hoch.« – »Ich habe keine Lust, hinabzusteigen«, sagte er. – »Ich schon…«

Fanny liebt den reichen Grafen Engelsleben nicht, aber sie wird ihn trotzdem heiraten. Und Wasik, der sich ein wenig in Fanny verliebt hat, wird den beiden lange treu dienen, auch dann noch, wenn die

Habsburgermonarchie längst untergegangen und der Beruf »Diener« ein Anachronismus geworden ist. Wasik ist der Protagonist des Romans *Die Augen eines Dieners* (1964) von Hermann Lenz, eine typische Lenz-Figur, »einer, der abseits steht und nicht mitzumachen braucht«.

Der Friedhof, in dem Wasik und Fanny herumspazieren, ist der St. Marxer Friedhof und befindet sich im Südosten von Wien, an der Leberstraße 6-8 im dritten Bezirk. Sein ungewöhnlicher Name geht auf den Evangelisten Markus zurück. Er wurde 1784, gleichzeitig mit vier weiteren, angelegt, nachdem auf Anordnung Kaiser Josephs II. alle innerhalb des damaligen Linienwalls, der heutigen Gürtelstraße, gelegenen Friedhöfe aufgelassen worden waren. Der St. Marxer Friedhof ist als einziger von den damals angelegten »communalen Leichenhöfen« erhalten geblieben. Bestattungen fanden hier bis zur Gründung des Zentralfriedhofs 1874 statt. Hermann Lenz verschätzte sich also etwa um das Doppelte. Doch an der Atmosphäre auf dem alten Biedermeier-Friedhof hat sich wenig geändert. Auch heute biegen sich die Büsche über den überwachsenen Wegen, und der Grabstein des Freiherrn von Odelga steht immer noch da, ganz nahe am Hauptweg.

Für die Menschen jener Zeit war es eine Selbstverständlichkeit, nicht nur ihre Namen und Lebensdaten, sondern auch ihre gesellschaftliche Stellung verewigt zu wissen. Die Eingravierungen auf den Grabsteinen legen davon ein beredtes Zeugnis ab. Mehrere »bürgl. Lust- und Ziergärtner« sind hier begraben, eine »bürgl. Rauchfangkehrermeisters-Gattin«, eine »k.k. Beamtens, Bürgers u. Hausinhabersgattin«, die auch »Assistentin des adeligen Damenvereins u. Realitätenbesitzerin« war, ein »bürgl. Kanalräumer« und ein »Magiestratischer Markt-Ober-Comissär und Miethauseigenthümer«. Einer bringt auf seinem Grabstein gar nicht alle seine Titel und Funktionen unter: »Comandeur des öst. kais. Leopold-Ordens, wirklicher geheimer Rath und Vice Kanzler der k.k. vereinigten Hofkanzlei etc. etc. etc.«

Das berühmteste Grabmal des Friedhofs liegt etwa in der Mitte des Areals und ist Wolfgang Amadeus Mozart gewidmet. In Hermann Lenz' Roman fährt Wasik 1938 – er ist jetzt Beamter, hat Frau und Tochter – »mit der Trambahn« zum alten Friedhof, »er wollte ihn wiedersehen, und wußte nicht, warum«. Dabei entdeckt er auch das Grabmal Mozarts.

Im Friedhof saß ein Mädchen auf einer Bank und strickte; es lächelte Wasik an, es war ein Kind, etwa elfjährig. Sonst war der Friedhof leer, schwarz und braun; die Zweige hatten Knospen; beim Gehen stäubte es im vorjährigen Laub, und Mücken flogen. Er fand den Weg, den er vor sechsundzwanzig Jahren mit der Frau gegangen war, und dieser Weg zeigte sich unverändert; nur daß er damals grün gewesen war, obwohl in anderthalb Monaten hier auch wieder alles so wie damals war.
Eine gebrochene Säule tauchte auf, und davor hielt ein Genius die Fackel nieder. Die Säule war so hoch wie Wasik, und der Genius ein Kind. Ein Denkstein für einen berühmten Mann; niemand wußte, wo er hier beerdigt worden war, denn damals hatten sie ihn in ein Massengrab gelegt; aber der Stein schien hell, während das Zwielicht sich zusammenfaltete und floß.
›Du bist froh, daß noch Festes da ist‹, dachte er, ging wieder und suchte das Mädchen. Jetzt sah es um die Ecke des Backsteinhauses neben dem Tor und hielt sein Strickzeug mit blauem Gewebe in die Höhe. Vielleicht wurde in den Schal oder in den Sweater, den das Mädchen strickte, auch von ihm etwas hineingewoben.

Es stimmt nicht, daß der Leichnam Mozarts in einem Massengrab beerdigt wurde. Wie damals üblich, wurde er, vermutlich am Vormittag des 7. Dezember 1791, in ein »allgemeines einfaches Grab« gelegt, das nach zehn Jahren neu belegt wurde. Wo genau die Grabstelle war, wußte man allerdings schon bald nicht mehr.

Leider führt heute eine der meistbefahrenen Straßen Österreichs, die sogenannte Südost-Tangente, am Friedhof vorbei. Das erschwert natürlich das Abtauchen in eine längst vergangene Zeit. Das Gezwitscher der Vögel ist permanent untermalt vom Dröhnen der Automotoren. Das spiegelt sich auch in dem 1995 erschienenen Gedicht von Lisa Fritsch, mit dem wir unseren Rundgang beenden.

Friedhof St. Marx

Die Autobahn
entlang der alten
Ziegelmauer

Die Grabsteine
verwittert –
Findlinge
unter Laub

→ »In einer Symphonie von Düften«

Von der Oper über den Naschmarkt auf den Spittelberg

Sechster Spaziergang: Oper – Kärntnerring – Karlsplatz – Schwindgasse – Naschmarkt – Stiegengasse – Mariahilfer Straße – Spittelberg – Volkstheater

Ich saß damals im Regieraum des großen Sendewagens. Vor mir eine Wand von Bildschirmen. Auf Sendung war gerade die an der Bühnendecke angebrachte Kamera. Plötzlich ging ein merkwürdiges Zittern und Rütteln durch die Reihen der Tanzenden. Die Musik wurde kakophonisch, die Instrumente verstummten innerhalb von Sekunden. Ich schaltete auf die Großaufnahme einer Logenkamera und überflog die Monitore. Die Bilder glichen einander. Menschen schwanken, stolpern, taumeln, erbrechen. Reißen sich noch einmal hoch, können das Gleichgewicht nicht halten. Stoßen ein letztes Krächzen aus. Fallen hin wie Mehlsäcke. Einige schreien kurz, andere länger. Ihre Augen sind weit aufgerissen. Sie sehen, sie spüren, daß sie ermordet werden. Sie wissen nicht, von wem, sie wissen nicht, warum. Sie können nicht entkommen.

»Millionen von Menschen aus ganz Europa«, heißt es wenig später, »schauten den Besuchern des Wiener Opernballs beim Sterben zu.« Gleich nach dem Erscheinen des Romans *Opernball* von Josef Haslinger im Jahr 1995 beeilten sich die für die Sicherheit der Gäste des berühmtesten Balls der Welt Verantwortlichen festzustellen, daß so ein Giftgasanschlag in der Wirklichkeit nicht möglich sei. Im Roman läßt eine obskure, religiös verbrämte, rechtsradikale Terroristenbande durch die Belüftungsgänge des Hauses Blausäuregas in die Wiener Staatsoper einströmen, wodurch fast

← Die Marc-Anton-Gruppe neben dem Ausstellungsgebäude der »Secession«

viertausend Menschen getötet werden. Haslingers Roman wurde ein Bestseller und bald auch als zweiteiliges Fernsehspiel verfilmt. Damit war der Opernball auch einmal ein Thema der Kulturseiten der Zeitungen und nicht nur ihrer Klatschspalten.

Das Haus, in dem Haslinger seine Horrorvisionen spielen läßt, ist eines der traditionsreichsten Opernhäuser der Welt. Es wurde 1861-69 nach Plänen von August Sicard von Sicardsburg und Eduard van der Nüll als Nachfolgebau des Kärntnertortheaters errichtet. Dieses stand unmittelbar hinter dem neuen Haus, etwa da, wo sich heute das Hotel Sacher befindet, und wurde 1870 abgerissen. Die Oper war der erste staatliche Repräsentationsbau an der neuen Ringstraße – und für seine Architekten der letzte. Das Haus mit stilistischen Anklängen an die venezianische Renaissance sowie die französische Romanik und Gotik wurde vom Baubeginn an von allen Seiten unter Beschuß genommen. »Der Sicardsburg und Van der Nüll, / die hab'n ja beide keinen Styl, / Romanik, Gotik, Renaissance, / das ist denen alles ans«, spotteten die Wiener. Dieses Straßensängercouplet war nur die Spitze einer permanenten, teils gehässigen Kritik seitens der Zeitungen, in denen sich Feuilletonisten, Kunsthistoriker und Architekturkollegen an mehr oder minder originellen Abkanzelungen des Baus gegenseitig überboten. Van der Nüll stand das nervlich nicht durch, am 3. April 1868 erhängte er sich. Einige Wochen später starb auch sein Freund Sicardsburg, an gebrochenem Herzen, wie es heißt. Das Opernhaus wurde von anderen fertiggebaut und am 25. Mai 1869 mit Mozarts *Don Giovanni* feierlich eröffnet.

Die Staatsoper präsentiert sich heute äußerlich fast genauso wie bei ihrer Eröffnung als »k. k. Hof-Operntheater«, obwohl sie während des Zweiten Weltkriegs bis auf die Hauptmauern und das ringseitige große Stiegenhaus zerstört wurde. Mit den Wiener Philharmonikern besitzt die Wiener Oper eines der besten Opernorchester der Welt. Und auch die Liste der Direktoren und Dirigenten kann sich sehen lassen. Nur drei Namen seien genannt: Gustav Mahler, Wilhelm Furtwängler und Herbert von Karajan, nach dem der Platz östlich der Oper benannt ist.

Östlich der Oper, an der Ecke zum Kärntnerring, steht das Hotel Bristol, das in seiner heutigen Gestalt aus dem Jahr 1913 stammt. Der Name des hoteleigenen Café-Restaurants Sirk erinnert an Wiens beliebtesten Rendezvousplatz vor dem Ersten Weltkrieg, der im Volksmund Sirk-Ecke genannt wurde, nach dem noblen Lederwarengeschäft von August Sirk, das sich früher dort befand. Heute ist da ein Abgang zur U-Bahn und eine »Ankerbrot«-Verkaufsstelle. In die Literatur ist die Sirk-Ecke durch Karl Kraus eingegangen, der jeden Akt seiner Tragödie *Die letzten Tage der Menschheit* (1919) hier beginnen läßt, so auch gleich die 1. Szene des Vorspiels.

Wien. Ringstraßenkorso. Sirk-Ecke. Ein Sommerfeiertagabend. Leben und Treiben. Es bilden sich Gruppen.
EIN ZEITUNGSAUSRUFER: Extraausgabee –! Ermordung des Thronfolgers! Da Täta vahaftet!
EIN KORSOBESUCHER (zu seiner Frau): Gottlob kein Jud.
SEINE FRAU: Komm nach Haus. (Sie zieht ihn weg.)
ZWEITER ZEITUNGSAUSRUFER: Extraausgabee –! Neue Freie Presse! Die Pluttat von Serajevo! Da Täta ein Serbee!
EIN OFFIZIER: Grüß dich Powolny! Also was sagst? Gehst in die Gartenbau?
ZWEITER OFFIZIER (mit Spazierstock): Woher denn? G'schlossen!
DER ERSTE (betroffen): G'schlossen?
EIN DRITTER: Ausg'schlossen!
DER ZWEITE: Wenn ich dir sag!
DER ERSTE Also was sagst?
DER ZWEITE: Na gehn mr halt zum Hopfner.
DER ERSTE Selbstverständlich – aber ich mein, was sagst politisch, du bist doch gscheit –
DER ZWEITE: Weißt, no wer' mr halt (fuchtelt mit dem Spazierstock) – a bisserl a Aufmischung – gar nicht schlecht – kann gar nicht schaden – höxte Zeit –

Mit dem Beginn der »Aufmischung«, dem Ersten Weltkrieg, endete die Blütezeit des »Ringstraßenkorsos«. Das war jene sonntägliche Promenade der sogenannten besseren Gesellschaft zwischen Sirk-Ecke und Schwarzenbergplatz, der normalerweise mit einem Konditorei- oder Kaffeehausbesuch abgeschlossen wurde. Wenn man heute am Ring ein paar Schritte Richtung Schwarzenbergplatz geht, am Eingang des Hotels Bristol vorbei, fällt es gar nicht so schwer, sich vorzustellen, wie die herausgeputzte feine Gesellschaft der Jahrhundertwende »in sonntäglicher Lässigkeit«, so Schnitzler in seinem Roman *Der Weg ins Freie* (1908), hier auf- und abspazierte.

Eines der prunkvollsten Palais der Ringstraße ist das Luxushotel Imperial am Kärntnerring 16. Das Gebäude war 1862-65 für den Herzog Philipp von Württemberg errichtet worden, wurde aber bereits 1872/3 anläßlich der Wiener Weltausstellung in ein Hotel umgewidmet. Sein vornehm ausgestattetes Café wurde gern von Schriftstellern wie Hofmannsthal und Schnitzler besucht. Eine Gedenktafel erinnert an Richard Wagner, der 1875 hier gewohnt hat, eine andere an Rainer Maria Rilke, der 1916, als er im Kriegsarchiv arbeitete, »fast täglich«, so die Inschrift, das Café besuchte und hier Oskar Kokoschka, Karl Kraus und Adolf Loos traf. Heute ist das Nobelhotel vor allem ein Prominentenquartier, in der neben Staatsoberhäuptern auch Popgrößen wie Michael Jackson und die Rolling Stones residieren.

Hinter dem Hotel Imperial befindet sich ein noch prominenterer Bau, das 1867-69 von Theophil Hansen errichtete Musikvereinsgebäude mit seinem weltberühmten »Goldenen Saal«, von dem aus alljährlich das Neujahrskonzert der Wiener Philharmoniker in alle Welt übertragen wird. Am Beginn des Jahrhunderts sitzt ein junger Mann in einem Konzert, der kein Ohr für die großartige Akustik des Raumes hat und das Ende der Aufführung kaum erwarten kann.

Wie lange wird denn das noch dauern? Ich muß auf die Uhr schauen … schickt sich wahrscheinlich nicht in einem so ernsten

Konzert. Aber wer sieht's denn? Wenn's einer sieht, so paßt er gerade so wenig auf, wie ich, und vor dem brauch' ich mich nicht zu genieren ... Erst viertel auf zehn? ... Mir kommt vor, ich sitz' schon drei Stunden in dem Konzert. Ich bin's halt nicht gewohnt ... Was ist es denn eigentlich? Ich muß das Programm anschauen ... Ja, richtig: Oratorium? Ich hab' gemeint: Messe. Solche Sachen gehören doch nur in die Kirche. Die Kirche hat auch das Gute, daß man jeden Augenblick fortgehen kann. – Wenn ich wenigstens einen Ecksitz hätt'! – Also Geduld, Geduld! Auch Oratorien nehmen ein End'! Vielleicht ist es sehr schön, und ich bin nur nicht in der Laune. Woher sollt' mir auch die Laune kommen? Wenn ich denke, daß ich hergekommen bin, um mich zu zerstreuen ...

Gustl heißt der »Musikliebhaber« und ist Leutnant in der Armee des Kaisers. Seine Ungeduld wird ihm noch viel Kummer bereiten – und eine schlaflose Nacht im Prater. *Leutnant Gustl*, erstmals erschienen am 25. Dezember 1900, ist eine von Arthur Schnitzlers bekanntesten Erzählungen, die ihm wegen Verletzung der Standesehre die Aberkennung seines Offiziersrangs eintrug.

Bis zur Jahrhundertwende trennte der Wienfluß den Musikvereinssaal vom Karlsplatz. Wollte man dorthin, mußte man über die Elisabethbrücke, die etwas weiter westlich die Kärntnerstraße mit der Wiedner Hauptstraße verband. Die Brücke wurde 1897 gesperrt und 1902 endgültig abgerissen, da sie wegen der Wienflußüberbauung überflüssig geworden war. Die Statuen, die sich auf der Brücke befanden, stehen heute auf dem Rathausplatz. Wir überqueren die Lothringerstraße links vom Musikvereinsgebäude und stehen nun auf dem Karlsplatz. Ganz in der Nähe, im Haus Lothringerstraße 6, wohnte, worauf eine unscheinbare, lächerlich kleine Gedenktafel hinweist, Karl Kraus von 1912 bis zu seinem Tod 1934. Hier arbeitete er Nacht für Nacht an seinen Artikeln für die Zeitschrift *Die Fackel*, deren alleiniger Autor er seit 1912 war.

Wir beginnen unseren Karlsplatz-Rundgang bei den beiden Pavillons der Stadtbahnstation von Otto Wagner, die ihre Funktion zwar längst verloren haben, nach dem Umbau der Stadtbahn in U-Bahn 1976 aber sorgfältig restauriert und wiederaufgestellt wurden. Von der Plattform zwischen den Pavillons hat man einen schönen Blick auf die Karlskirche, spürt aber auch die Problematik dieses riesigen Platzes, der in viele kleine Einheiten zerfällt. Seit der Überwölbung des Wienflusses ist es nicht gelungen, ein städtebauliches Gesamtkonzept für den Karlsplatz zu verwirklichen. Aber manche können auch dem etwas abgewinnen. 1967, also noch vor dem Bau der U-Bahn, bezeichnete ihn Hans Weigel als »freien Raum von fröhlicher Unregelmäßigkeit«, der hier und dort von Gebäuden begrenzt und unterbrochen werde. Daran hat sich bis heute nichts geändert.

Im Osten wird der Karlsplatz vom Historischen Museum der Stadt Wien begrenzt, das die Entwicklung der Stadt seit ihren Anfängen dokumentiert. Besonders interessant sind die beiden Modelle von Wien vor und nach Errichtung der Ringstraße. Im Museum befinden sich auch zwei kulturhistorisch interessante Wohnungsrekonstruktionen, das Wohnzimmer von Adolf Loos aus seiner Wohnung in der Bösendorferstraße 3 und der Arbeits- und Wohnraum Franz Grillparzers aus der Spiegelgasse 21. Die rekonstruierte Grillparzer-Wohnung spielt in John Irvings Roman *Garp und wie er die Welt sah* (1979, amerik. 1978) eine wichtige Rolle, denn sie gibt dem Titelhelden und späteren Romanautor den Anstoß zum Schreiben. Garp erfährt durch seine Mutter Jenny von der Existenz des Zimmers.

Sie erwähnte, im Museum befinde sich das Zimmer eines Schriftstellers; den Namen des Schriftstellers hatte sie vergessen. Sie fand es eine interessante Idee, das Zimmer eines Schriftstellers in einem Museum auszustellen.
»Das *Zimmer* eines Schriftstellers, Mom?« fragte Garp.
»Ja, es ist ein komplettes Zimmer«, sagte Jenny. »Sie haben alle Möbel des Schriftstellers genommen und vielleicht auch die Wände und den Fußboden. Ich weiß nicht, wie sie es gemacht haben.«

»Ich weiß nicht, *warum* sie es gemacht haben«, sagte Garp. »Das ganze Zimmer ist in dem Museum?«
»Ja, ich glaube, es war ein Schlafzimmer«, sagte Jenny, »aber es war auch das Zimmer, wo der Schriftsteller wirklich *schrieb*.«
Garp verdrehte die Augen. Er fand es obszön. Ob auch die Zahnbürste des Schriftstellers dort sein würde? Und der Nachttopf? Es war ein ganz gewöhnliches Zimmer, aber das Bett wirkte zu klein – wie ein Kinderbett. Der Schreibtisch wirkte auch klein. Nicht das Bett oder der Tisch eines expansiven Schriftstellers, dachte Garp. Das Holz war dunkel; alles sah sehr zerbrechlich aus. Garp fand, daß seine Mutter ein besseres Zimmer zum Schreiben hatte. Der Schriftsteller, dessen Zimmer in dem Museum der Stadt Wien ausgestellt war, hieß Franz Grillparzer; Garp hatte nie etwas von ihm gehört.

Zahnbürste und Nachttopf sind zwar nicht ausgestellt, wohl aber andere Alltagsutensilien Grillparzers, wie zum Beispiel ein Eßlöffel und ein Etui mit Rasiermesser, ein Stiefelzieher und ein Spazierstock. Garp beginnt sich für den Mann zu interessieren, der in diesem Raum lebte. Er liest die Erzählung *Der arme Spielmann* und kommt zu dem Schluß, daß Grillparzer »ein außerordentlich schlechter Schriftsteller« gewesen sei. Seiner Meinung nach »starb Franz Grillparzer 1872 für immer, und man kann ihn wie einen billigen Landwein nicht weit von Wien fortbringen, ohne daß er ungenießbar wird«. Dennoch wird die Begegnung mit Grillparzer für Garp so wichtig, daß er seine erste Erzählung »Die Pension Grillparzer« nennt.

Garp und seine Mutter Jenny wohnen in der Schwindgasse 15. Diese kurze Gasse, die nahe hinter der Karlskirche verläuft, war schon in Irvings erstem Roman *Laßt die Bären los!* (1985, amerik. 1968) das Zentrum seines Wien. Auch in *Zirkuskind* (1995; amerik. 1994) wird die Gasse erwähnt, da die indischen Brüder Daruwalla gleich um die Ecke, in der Prinz-Eugen-Straße, ein Pensionszimmer bewohnen. John Irving kennt die Gasse gut, denn während seines Studienaufenthalts 1963/64 hat er selbst hier gelebt. Deshalb sei ausgesprochenen Fans des Romanciers ein Abstecher in diese Gasse empfohlen.

Während der Besatzungszeit nach dem Zweiten Weltkrieg lag die Gasse in der sowjetischen Zone. Die bulgarische Botschaft auf Nr. 8 wurde ständig von russischen Soldaten bewacht. Das wurde der Großmutter von Siggi Javotnik, dem Helden des Romans *Laßt die Bären los!*, zum Verhängnis. Denn als mitten in der Nacht des 25. März 1946 in der Wohnung der Großeltern telefonisch die Nachricht von Siggis Geburt eintraf, griff die Großmutter zur Kerze »und segelte durch die Küche bis zum auf drei Zentimeter über das Fensterbrett heruntergezogenen Rollo – und mit der Kerze in der Hand ließ sie das Rollo hochschnellen und schrie ihrer Freundin, der Waschfrau, über die Straße zu: ›Drexa! Es ist ein Junge! Und er wiegt fast achteinhalb Pfund!‹« Das waren die letzten Worte der Großmutter, denn dem wachestehenden sowjetischen Soldaten jagte die Frau »mit ihrer gespenstischen Kerze und ihrem Geschrei in einer Sprache, die der Russe nicht verstand, einen Heidenschreck« ein. Er drehte sich um und schoß sie mit seinem Maschinengewehr nieder. Die Schüsse weckten die Bewohner der Gasse, und als sie erfuhren, warum Großmutter Marter getötet worden war, erging es dem Soldaten schlecht: Er wurde so lange mit Küchengeräten und Töpferwaren bombardiert, bis er in die Knie ging und sich schützend zu einem Ball zusammenrollte.

Die bulgarische Botschaft befindet sich noch immer in dieser Gasse, die wegen ihrer lückenlos erhaltenen Verbauung mit Mietspalais aus den 1870er und 1880er Jahren zu den bedeutendsten historistischen Ensembles außerhalb der Ringstraßenzone gilt und schon deshalb einen Besuch wert ist. Zufällig steht auch das Elternhaus eines Schriftstellers in der Schwindgasse (Nr. 12), der nicht minder skurrile Texte wie John Irving verfaßt hat. Es ist der 1877 geborene Fritz von Herzmanovsky-Orlando, dem wir auf unserem weiteren Spaziergang noch begegnen werden.

Die Karlskirche ist der bedeutendste barocke Sakralbau Wiens und ein Hauptwerk des Architekten Johann Bernhard Fischer von Erlach. Als habe er die ganze Ringstraßenphilosophie in einem einzigen Gebäude vorwegnehmen wollen, hat er in der Karlskirche verschiedene Stile miteinander kombiniert. Die mächtige Kuppel, der Portikus und die der römischen Trajanssäule nachempfundenen Triumphsäulen erinnern an die griechische und römische Antike. Die Karlskirche sei, so noch einmal Hans Weigel, »eigentlich nichts weiter als ein Anblick, eine Kuppel, die sich selbständig gemacht hat«. Und die beiden Säulentürme mit ihren nicht einsehbaren Reliefs hätten keinen anderen Sinn, als die Offenheit des Platzes auch nach oben anzudeuten. Die Erbauung der Kirche war 1713 von Kaiser Karl VI. anläßlich der in Wien wütenden Pest gelobt worden, worauf die Widmungsinschrift auf dem tempelartigen Vorbau hinweist: »VOTA MEA REDDAM IN CONSPECTU TIMENTIUM DEUM« (»Ich will mein Gelöbnis erfüllen vor denen, die Gott fürchten«). Die Kirche wurde 1737 von Fischers Sohn Joseph Emanuel vollendet und dem Pestheiligen Karl Borromäus geweiht. Der Platz vor der Karlskirche wird von einem ovalen Wasserbecken beherrscht, in dem seit 1978 Henry Moores Skulptur »Hill Arches« aufgestellt ist.

Eines der ältesten Gebäude auf dem Karlsplatz ist die Technische Universität, ein umfangreicher Gebäudekomplex aus dem 19. Jahrhundert, der den Platz gegen Süden abschließt. Ab 1911 arbeitete Robert Musil als Bibliothekar an der »k.k. Technischen Hochschule«. Glücklich war er dabei nicht, wie eine Tagebucheintragung unter dem Datum Ostern 1911 zeigt, in der er die Bibliotheksarbeit als »unerträglich« und »mörderisch« bezeichnet. Aber trotz der Absicht zu kündigen und »ins Ungewisse hineinzusteuern«, blieb er noch bis Februar 1914 im Bibliotheksdienst.

Vor der Technischen Universität endet der Roman *Die Klavierspielerin* (1983) von Elfriede Jelinek.

Vor der Fassade der technischen Hochschule auf Säulen die metallischen Männerköpfe berühmter Naturwissenschaftler dieses Instituts, die Bomben und Stauwerke erfanden.
Krötenartig hockt die riesige Karlskirche inmitten einer öden Wüstenei, in der ihr immerhin keine Autoabgase mehr drohen.

Wasser sprudelt selbstsicher geschwätzig herum. Man geht rein auf Stein, außer im Resselpark, der eine grüne Oase vorstellen soll. Auch mit der U-Bahn kann man fahren, wenn man nur will.

Hierher kommt Erika Kohut, mit einem Küchenmesser in der Tasche, um sich an dem Technikstudenten Walter Klemmer, mit dem sie seit einiger Zeit eine sexuelle Beziehung unterhält, zu rächen, nachdem er sie in der vergangenen Nacht geschlagen und vergewaltigt hat. Erika entdeckt den laut lachenden Klemmer inmitten einer Gruppe fröhlicher Studenten. Als er mit diesen in der Universität verschwindet, richtet Erika ihre Aggressionen gegen sich selbst und sticht sich mit dem Messer in die Schulter. Dann geht sie nach Hause. »Sie geht und beschleunigt langsam ihren Schritt.«

Bevor wir zum Naschmarkt weitergehen, machen wir noch einen Abstecher zum Café Museum, links an der gelben Kunsthalle vorbei und über den unmöglichsten Platz von Wien. Das Café an der Ecke Operngasse/Friedrichstraße ist seit seiner Eröffnung 1899 eines der beliebtesten Wiener Künstlercafés. Die ursprüngliche Inneneinrichtung des Kaffeehauses stammte von Adolf Loos und unterschied sich durch ihre kühle Sachlichkeit sowohl von der üblichen Plüschatmosphäre der Wiener Kaffeehäuser als auch von den damals aufkommenden Jugendstilcafés. Gegenüber dem Eingang befand sich, als Verklammerung der beiden Räume, die runde Sitzkassa. Diese, wie die gesamte Originaleinrichtung, gibt es heute nicht mehr.

Von den unzähligen Künstlern und Intellektuellen, die hier verkehrten, seien nur die Schriftsteller Joseph Roth, Hermann Broch, Robert Musil und Elias Canetti erwähnt. Auch der junge Jean Améry kannte das Lokal. In seinem Buch *Örtlichkeiten* (1980) erinnert er sich an die Stimmung in den Wiener Kaffeehäusern Anfang der dreißiger Jahre:

Und im Maße, wie jenseits der Passauer Grenze der finstere Narr erst wachsenden Zulauf fand und später unglaublicherweise an die Macht gelangte, wurden die monarchistischen Bürger nachdenklich-unsicher, während die deutschnationalen in stumpfem Ernst schon vom »Führer« redeten. Seltsam genug, daß all das kaum in die Cafés – Café Landtmann, Café Herrenhof, Café Museum – eindrang. Natürlich diskutierte man auch dort Österreichs prekäre Lage. Aber die Debatte wurde abstrakt im wirklichkeitsleeren Raum geführt. Wichtiger war diesen Leuten die treffende Formulierung, der eben erschienene neue Roman, die Theaterpremière.

Auf dem Weg vom Café Museum zum Naschmarkt kommt man an dem Gebäude der »Secession« vorbei, neben dem eine 1899/1900 geschaffene Bronzegruppe von Artur Strasser steht, die Konsul Marc Anton in einem von Löwen gezogenen Wagen zeigt.

Die »Secession« wurde 1897/98 nach Plänen von Joseph Olbrich errichtet und ist bis heute ein Zentrum der modernen Kunst. Im Untergeschoß des Hauses hat der berühmte Beethovenfries von Gustav Klimt eine dauerhafte Bleibe gefunden. Die durchbrochene Kuppel aus vergoldeten Lorbeerblättern wurde von den Wienern schon bald »goldenes Krauthappl« genannt – wohl auch in Anspielung auf den nahen Naschmarkt.

Der Name Naschmarkt leitet sich nicht, wie man vermuten könnte, von dem Zeitwort naschen her. Ursprünglich hieß er nämlich Aschenmarkt, und diese Bezeichnung hat wiederum nichts mit Asche zu tun, sondern kommt von dem mittelhochdeutschen Wort asch, was soviel wie Schüssel heißt. In Bezug auf den Markt war damit der Milcheimer gemeint. Auf dem heutigen Naschmarkt gibt es zwar auch Milch und Milchprodukte zu kaufen, in erster Linie ist er aber ein Obst- und Gemüsemarkt.

Bis zur Wienflußüberwölbung am Anfang der Jahrhunderts begann der Naschmarkt bei der schon erwähnten Elisabethbrücke. Vinzenz Chiavacci, einer der bekanntesten humoristischen Schilderer von »Alt-Wien«, hat 1883 den Eintritt in den Naschmarkt so beschrieben:

Bevor du dich über die monumentale Elisabethbrücke mit den steinernen Zeugen von Wiens Größe wagst, wolle freundlichst eine kurze Zweikreuzer-Cigarre anzünden nach dem Grundsatze: similia similibus curantur; denn die romantischen Ufer der Wien umsäumen eine Spielart des vielberüchtigten Mahmudieh-Kanals, und wenn just keine Pferde- und Rinder-Kadaver dortselbst zu finden sind, dieweilen solche in unseren autochthonen Frankfurter Würsteln aufgebahrt zu werden pflegen, so dient dies anmutige Flüßchen schon seit undenklichen Zeiten als Begräbnisstätte von Hunden und Katzen; falls dein Blick aber längs der Böschung des rechten Ufers schweifen sollte, so wird er auf reiche Guirlanden von Zwiebeln, faulen Eiern, Obst, Grünzeug aller Art stoßen, welche in der Symphonie von Düften einen mächtigen Akkord bilden. Hier beginnt der Naschmarkt.

Heute muß man sich keine billigen Zigarren mehr anzünden, wenn man den Naschmarkt besucht, und die Wien, von der die Stadt ihren Namen hat, ist längst kein »anmutiges Flüßchen« mehr, sondern meist ein müdes Rinnsal, das vom Wiental bis zum Stadtpark in einem unterirdischen Bett fließt.

Im ersten Abschnitt des Naschmarkts, bis zur Schleifmühlgasse, haben sich in den letzten Jahren zahlreiche Lokale und Imbißstuben angesiedelt. Hier kann man traditionell wienerisch, aber auch griechisch, italienisch, japanisch oder indisch essen. Zwischen Fisch- und Geflügelhändlern, einem Pferdefleischhauer, Obst- und Gemüseläden und einem Stand, wo frisches Sauerkraut verkauft wird, kommt man am Ende dieses Abschnitts zum einzigen alten Gasthaus des Naschmarkts, das in einem der sechseckigen Pavillons untergebracht ist. Es trägt den klingenden Namen »Zur eisernen Zeit«, der an seine Entstehungszeit erinnert – 1916 – mitten im Ersten Weltkrieg.

Im Haus Linke Wienzeile 4 befand sich bis Mitte der siebziger Jahre ein Kino. Hier beginnt Peter Handkes Geschichte von dem Monteur Josef Bloch. Nach seiner vermeintlichen Entlassung fährt der frühere Tormann zum Naschmarkt und geht hier ins Kino. Im nächsten Abend kommt er wieder, wegen der jungen Filmkassiererin.

Die Stände auf dem Naschmarkt waren schon geschlossen. Bloch schob eine Zeitlang weggeworfenes Gemüse und Obst, das ihm vor die Füße kam, beiläufig vor sich hin. Irgendwo zwischen den Ständen verrrichtete er die Notdurft. Dabei sah er, daß überall die Wände der Holzbaracken schwarz von Urin waren. Die Weintraubenhülsen, die er am Tag zuvor ausgespuckt hatte, lagen immer noch auf dem Gehsteig. Als Bloch den Geldschein auf den Kassierteller legte, verfing der Schein sich beim Drehen; Bloch hatte Anlaß, etwas zu sagen. Die Kassiererin antwortete. Er sagte wieder etwas. Weil das ungewöhnlich war, schaute die Kassiererin ihn an. Daraus ergab sich für ihn ein Anlaß weiterzureden. Wieder im Kino, erinnerte sich Bloch an das Romanheft und den Elektrokocher neben der Kassiererin; er lehnte sich zurück und fing an, auf der Leinwand Einzelheiten zu unterscheiden.

Am folgenden Abend wartet Bloch auf die Kassiererin und fährt mit ihr in ihre Wohnung. Dort schläft er mit ihr und bringt sie am Morgen um. Damit beginnt ein Prozeß der Entfremdung, in dem Bloch die Welt der Dinge und die Welt der Sprache völlig auseinanderbrechen. *Die Angst des Tormanns beim Elfmeter* (1970) ist eine der bekanntesten Erzählungen Handkes und seine einzige, die teilweise in Wien spielt.

Im Haus Linke Wienzeile 6 befindet sich das Theater an der Wien, auf einer langgestreckten Parzelle, die bis zur Lehárgasse reicht. Das ehemalige Hauptportal, das sogenannte Papagenotor, befindet sich in der Millöckergasse und ist nach der darüber angebrachten Sandsteinskulptur benannt, die den Gründer und ersten Direktor des Theaters Emanuel Schikaneder als Papageno zeigt. Eröffnet wurde das Theater 1801, seine führende Rolle unter den Wiener Volkstheatern erlangte es unter Direktor Carl Carl in den Jahren 1825-45 mit acht Uraufführungen von Stücken Johann

Nestroys. Seit 1987 gehört das Theater an der Wien zu den Vereinigten Bühnen Wiens und spielt hauptsächlich Musicals.

In seiner Novelle *Die Verhaftung des Johann Nepomuk Nestroy* (1998), die sich mit dem exzentrischen Leben des Satirikers und seinen Auseinandersetzungen mit der Zensur beschäftigt, liefert Peter Turrini ein Stimmungsbild aus der Zeit, als das Theater noch am Rand des unregulierten Flusses stand.

Auf dem großen Platz vor dem Theater an der Wien sieht er Grüppchen von obdachlosen Menschen vor Feuern sitzen. Es sind die Ärmsten der Stadt, Frauen, Männer, Kinder, Alte, die gleich unbeweglichen Schemen in der eiskalten Februarnacht verharren. Die Melodie einer Geige dringt an Nestroys Ohr. Nestroy ruft den Menschen zu, sie mögen doch ins Theater kommen, die Vorstellung beginne gleich, das Theater sei schließlich für alle da; aber seine Rufe erreichen sie nicht. Nicht wegen der großen Entfernung, diese Menschen befinden sich in einer anderen Welt, in der solche Rufe keinen Sinn ergeben.

Der Naschmarkt ist seit langem ein multinationaler Markt. Typische Wiener Marktweiber, wie sie von Alt-Wiener Humoristen gern geschildert wurden, wird man kaum mehr finden. Nur der Name des Gasthauses »Sopherl am Naschmarkt«, das nach einer Chiavacci-Figur benannt ist, erinnert noch an sie. Der Markt endet bei der U-Bahnstation Kettenbrückengasse. Dort findet jeden Samstag der größte Wiener Flohmarkt statt, auf dem sich professionelle Antiquitätenhändler und private Verkäufer die Plätze teilen.

Ebenfalls am Ende des Naschmarkts stehen an der Linken Wienzeile die beiden berühmten, 1898/99 errichteten Otto Wagner-Häuser, die zum Inbegriff des Wiener Jugendstils wurden. Das Haus Nr. 38 trägt Goldverzierungen, die größtenteils von Kolo Moser stammen. Das Nachbarhaus, Nr. 40, mit seiner zarten Pflanzenornamentik in Grün, Rosa und Blau ist das sogenannte Majolikahaus, benannt nach den glasierten Platten, die die Fassade bedecken. Nicht weit von hier, in der Wehrgasse 22, befindet sich übrigens auch das bisher einzige bekannte Haus, an dessen Planung Fritz von Herzmanovsky-Orlando als Architekt mitbeteiligt war.

In Höhe des Flohmarkts führt von der Linken Wienzeile die Stiegengasse weg. Zuletzt geht man tatsächlich über eine Stiege hinauf und steht vor einem Haus, über dessen Tür »Freiwilliger Durchgang« steht. Darunter ist als Hauszeichen ein goldener Hirsch angebracht. Der Weg führt durch fünf hintereinanderliegende Häuser und vier Innenhöfe. In diesem Gebäudekomplex, einem der bekanntesten Wiener »Durchhäuser«, wurde am 1. Juni 1790 Ferdinand Raimund geboren. In einem Durchgang erinnern zwei Schaukästen an den neben Nestroy bekanntesten Vertreter des Wiener Volkstheaters im 19. Jahrhundert.

Heute haben sich entlang des Weges Restaurants, Bars und Boutiquen eingemietet, früher, als diese Gegend Laimgrube hieß, ging es da weniger fein zu. In seiner Erzählung *Der Gaulschreck im Rosennetz* (1928), die der Autor selbst einen »grotesken Roman aus der Raimundzeit« nennt, malt sich Herzmanovsky-Orlando aus, wie es damals hier ausgesehen haben könnte. Der Erzähler schildert die Gegend rund um die Bettlerstiege, die heutige Königsklostergasse, als »verrufenes Viertel«, wo zwischen modrigen Hausmauern Lumpensammler, Goldmacher und Zeichendeuter leben, Dirnen und »Schurken, die künstlich verkrüppelte Kinder an Bettler vermieteten«.

In der heutigen Mariahilfer Straße braucht man viel Phantasie, will man sich in die Raimundzeit zurückversetzen. Aber vielleicht gelingt es doch, und dann taucht plötzlich in der Ferne ein riesiger Schmetterling auf, der rasch näher kommt.

Ein kräftiger Weststurm erfaßte den bejammernswerten Schmetterling und jagte und rollte den Stolpernden, Schwebenden, ob er wollte oder nicht, die Mariahilfer Straße hinunter. »Halts 'n auf!« und andere wirre Rufe tönten durch die Nacht. Toll gewordene Komfortabelgäule rasten hin und her, mit gleichsam flehend emporgestreckten Vorderhufen trampelten Fiakerrosse die Hauswände in die Höhe, rollenden Irrsinn in den Augen. Fluchen verzweifelter Kutscher ertönte und hilfloses Kreischen aus den rasselnden Wagen. Einen schreienden Würstelmann schleifte der surrende Falter mit sich, um ihn bald gegen einen diensthabenden Kanalräumer einzutauschen. Aber o weh, o weh, was gab's für eine fürchterliche Szene, als der steife Hofbeamte, wirre Entschuldigungen stotternd, in eine Gruppe heimkehrender Herren und Damen hineinflatterte! Jetzt bekam er wohl festen Fuß – aber um welchen Preis! Die Gesellschaft glaubte sich angerempelt, und hageldicht sausten die Schläge auf den frierenden Honignipper. Da war's Gott Boreas, der ihn gnädig befreite. Im Nu verschwand der Unselige, sich überkugelnd, in der Dunkelheit, ein Urheber neuer irrer Schreie und Patron einer sich immer weiter ausbreitenden Pferdepanik. Am Glacis sollte ihn sein Schicksal erreichen. Von dem hier herrschenden Wirbelsturm gepackt – leider gerade vor den Hofstallungen –, schlug er grausige Räder, einen klirrenden Hagel von Jettstückchen verstreuend, um schließlich strampelnd in einem wirren Gebüsch hängenzubleiben.

So endet Eynhufs erster Versuch, als Schmetterling verkleidet von der Hofopernsängerin Höllteufel einen Milchzahn zu erhalten. Leider verliebte er sich dabei unsterblich in die hübsche Sängerin, was den pflichtbewußten Beamten völlig aus der Bahn wirft und letztlich zugrunde richtet. *Der Gaulschreck im Rosennetz* ist der einzige längere Text, der zu Lebzeiten des 1954 verstorbenen Herzmanovsky-Orlando erschien.

Wir gehen die Mariahilfer Straße, die heute genauso interessant ist wie jede große Einkaufsstraße in jeder beliebigen europäischen Großstadt, ein kurzes Stück stadteinwärts und bei der Stiftskirche gleich links an der Stiftskaserne vorbei. In diesem ausgedehnten Gebäudekomplex, dessen Ursprünge bis ins 17. Jahrhundert zurückreichen, war während des Ersten Weltkriegs das Kriegsarchiv untergebracht. Viele Schriftsteller, wie Stefan Zweig und Alfred Polgar, leisteten hier ihren »Kriegsdienst« ab, einer von ihnen war auch, wie schon erwähnt, Rainer Maria Rilke. »Heldenfrisieren« nannten die Autoren ironisch ihre Tätigkeit, die darin bestand, jeden noch so kleinen militärischen Vorstoß zu einem triumphalen Sieg auszuschmücken.

Unmittelbar neben der Stiftskaserne, zwischen Siebensterngasse und Burggasse, liegt das Spittelberg-Viertel. Der Name geht auf das 18. Jahrhundert zurück, als die Liegenschaften auf dieser Anhöhe vom Bürgerspital erworben wurden. Der Spittelberg wurde in viele kleine Grundstücke parzelliert, die gartenlosen Häuserreihen waren nur durch enge Gassen voneinander getrennt. Wegen dieser dichten Bebauung war der Spittelberg eine der ungesündesten Gegenden von Wien. Ungesund war das Viertel aber auch aus anderen Gründen. Von den etwa 140 Häusern war fast die Hälfte Gast- und Kaffeehäuser, in denen es immer hoch herging. Dort erhielt man bei Musik und Unterhaltung nicht nur Speis und Trank, in »extra Zimmern« boten Dirnen ihre Dienste an, die mit den vergleichsweise vornehmen »Grabennymphen« nur ihre Profession gemein hatten. Diese Frauen trugen zur Freierwerbung vierzeilige »G'stanzeln« vor, die selbst eine Josefine Mutzenbacher zum Erröten gebracht hätten. »Die Klan san ma liaba / Als wia die Großn, / Sie san ja viel gschickta / Zum einilassn«, lautet eines der *Spittelberger Lieder*.

»Diese Vorstadt ist wegen liederlicher Weibsbilder übel berüchtigt«, schrieb der Berliner Verleger Friedrich Nicolai anläßlich seines Wien-Besuchs 1781 und nannte den Spittelberg ein »Sauf- und Raubnest«. Eines der verrufensten Gasthäuser befand sich in dem noch heute bestehenden Haus »Zum weißen Löwen«, in dem jetzt das gutbürgerliche Gasthaus »Witwe Bolte« untergebracht ist. Dessen Star war die »Sonnenfels-Waberl«, eine »Animierdame« der schlimmsten Sorte. Einer Legende zufolge war ihr Ruf bis ins Kaiserhaus gedrungen, was Joseph II. neugierig gemacht haben soll. Natürlich anonym besuchte er das Lokal und wurde prompt hinausgeworfen. Früher erinnerte ein Spruch über einem Türbogen im Gasthaus »Witwe Bolte« an diese angebliche Begebenheit aus dem Jahr 1788: »Durch dieses Thor im Bogen ist Kaiser Joseph II. geflogen«.

Nach dem Zweiten Weltkrieg drohte das Viertel zu verfallen. Erst ab Mitte der siebziger Jahre wurde der Spittelberg revitalisiert, und die noch erhaltenen kleinen Häuser aus der Barockzeit wurden renoviert. In der Folge siedelten sich hier Kunsthandwerker und Galerien an, und in einer Baulücke öffnete das Jura-Soyfer-Theater seine Pforten – die allerdings seit Jahren wieder geschlossen sind. Die Zahl der Restaurants und Bars ist in den letzten Jahren rasant gestiegen. An lauen Sommerabenden treiben sich auf dem Spittelberg vielleicht wieder so viele Menschen herum wie zu der Zeit, als er als »Sauf- und Raubnest« verschrien war.

Über die Burggasse oder Breite Gasse kommt man hinunter zum Volkstheater, das 1887-89 von den Architekten Ferdinand Fellner und Hermann Helmer errichtet worden war. Es war als Kontrast zum Burgtheater mit dem Ziel gegründet worden, einem breiten Publikum vor allem aktuelle Zeitstücke, Volksstücke und österreichische Klassiker zugänglich zu machen. Neben der Pflege von »Klassikern« wie Grillparzer, Nestroy und Raimund, Schnitzler und Horváth liegt ein Schwerpunkt des Programms auf der Förderung zeitgenössischer österreichischer Dramatik. Skandalstücke wie *Change* (UA 1969) von Wolfgang Bauer und *Rozznjogd* (UA 1971) von Peter Turrini wurden hier uraufgeführt. Seit 1988 leitet Emmy Werner die Bühne, unter deren Direktion ebenfalls vielbeachtete Ur- und Wiener Erstaufführungen österreichischer Autoren wie Elfriede Jelinek, Gerd Jonke und Felix Mitterer stattfinden.

Ganz in der Nähe des Theaters steht das 1898 enthüllte Raimunddenkmal von Franz Vogl. Es zeigt einen nachdenklichen Dichter, der von der Muse der Dichtkunst beschützt wird. Gegenüber, in Café Raimund, traf sich nach dem Zweiten Weltkrieg unter der Führung von Hans Weigel ein Zirkel von Schriftstellern, darunter Ilse Aichinger und Ingeborg Bachmann, die damals am Anfang ihrer Schriftstellerlaufbahn standen. Hier endet unsere »Vorstädtetour«, die uns durch die Bezirke vier bis sieben – Wieden, Margareten, Mariahilf, Neubau – und wieder zurück in den ersten geführt hat.

→ »In dem Bezirk sind alle Doktors«

KREUZ UND QUER DURCH DIE JOSEFSTADT

Siebenter Spaziergang: Josefstädter Straße – Lenaugasse – Piaristenkirche – Lange Gasse – Schmidgasse – Florianigasse – Kochgasse – Laudongasse – Alser Straße

Gestern habe ich mit meiner Frau eine Wohnung am Josephstädter Glacis bezogen, die so schön ist, daß ich mir für meine ganze Lebenszeit keine schönere wünsche. Es ist ein äußerst angenehmes Gefühl, in irgend einem Punkt den Gipfel der Wünsche, der bei mir immer weit über den Gipfel der Hoffnungen hinausgeht, erreicht zu haben, und das ist diesmal der Fall. Was aber diesem Gefühl noch einen ganz besonderen Reiz verleiht, ist der Umstand, daß diese Wohnung über einem Cafe liegt, in welchem ich während der ersten Zeit meines Aufenthalts in Wien zu frühstücken pflegte und von welchem ich, wie ich genau erinnere, auch an dem Morgen ausging, als ich mir für die Eisenbahn nach Prag ein Billett lösen wollte, was nur deshalb unterblieb, weil ich das Bureau vergebens suchte.

Der deutsche Schriftsteller, der diese Sätze am 10. Oktober 1846 in seinem Tagebuch festhielt, war Anfang 1845 total verschuldet aus Italien nach Wien gekommen. Als es ihm, der seit Monaten mit der Arbeit an einem neuen Stück nicht recht weiterkam, hier anfangs nicht gelang, seine finanziellen Verhältnisse in den Griff zu bekommen, wollte er nach Prag weiterreisen. Hätte er damals das Fahrkartenbüro gefunden, wäre sein Leben ganz anders verlaufen. So aber blieb er in Wien und lernte eine junge Burgschauspielerin kennen, in die er sich sogleich verliebte. Am 26. Mai 1846 fand die Hochzeit des 33jährigen Friedrich Hebbel mit der 29jährigen Christine Enghaus statt. Durch die Heirat mit der vermögenden Schauspielerin fand der Dichter auch materiell eine neue Existenzgrundlage. Bevor die beiden in die neue Wohnung übersiedelten, lebten sie nur ein paar Häuser weiter, in der Loidoldgasse 4, in Christines

Café Lange
STUDENT CROSSING!
Cafe
LANGE
PUNTIGAMER BIER

alter Unterkunft. Auch Hebbel wohnte bis zu seiner Verlobung ganz in der Nähe, in der Wickenburggasse 3. Das erklärt sein tägliches Frühstück in dem Kaffeehaus, das sich im Parterre des Hauses befand, in das das Paar im Oktober 1846 einzog.

Das Haus gibt es noch immer. Es steht an der Ecke Landesgerichtsstraße/Josefstädter Straße/Lenaugasse. Und im Parterre ist nach wie vor ein Kaffeehaus untergebracht, das bekannte Café Eiles. Doch die Umgebung hat sich seit seiner Erbauung im Jahr 1840 gewaltig verändert. Wie es vor Errichtung der Ringstraße hier ausgesehen hat, schildert Ferdinand von Saar in der Novelle *Vae victis!* (1879):

Damals [...] gewahrte man dort bloß eine steppenartige, von vielfachen Fußpfaden durchkreuzte Wiese, auf welcher vormittags die Truppen der Garnison ihre Übungen vornahmen, nachmittags aber bis in den späten Abend hinein ein Heer von Kindern sein fröhliches Wesen trieb. Dahinter erhoben sich mit einem Bruchstücke der alten Bastei die düsteren Häusermassen und ragenden Turmspitzen der Stadt; nach rechts hin zeigten bereits zahlreiche Baugerüste die werdende Ringstraße an, und links kamen, über die ersten Anfänge der Votivkirche und die Dächer der Alservorstadt hinweg, die anmutigen Höhenzüge des Wienerwaldes zum Vorschein.

Als Hebbel hier einzog, war allerdings noch keiner der Ringstraßenbauten im Entstehen, auch nicht die Votivkirche. Auf dem Dach des Hauses gab es eine Plattform, von wo aus die Kaffeehausgäste einen Blick auf die Stadt werfen konnten. Hier zu wohnen war zweifellos ein Genuß. Doch das Glacis hatte auch seine Nachteile. In Regenzeiten verwandelte es sich in eine nahezu unpassierbare Schlammwüste, die die Josefstadt von der Innenstadt trennte.

← **Studentenbeisl im Haus Lange Gasse 29. Ödön von Horváths »stiller Straße im achten Bezirk«**

Seinen Namen erhielt der heutige achte Wiener Gemeindebezirk im Jahr 1700, als die um einen Gutshof gelegene Vorstadt von der Stadt Wien erworben und nach dem damaligen Kronprinzen und späteren Kaiser Joseph I. benannt wurde. In der Folge ließen sich hier zahlreiche Adelige Palais errichten, seit dem 19. Jahrhundert gilt die Josefstadt aber wegen ihrer Bevölkerungsstruktur als »bürgerlicher« Bezirk, in dem sich auch viele Künstler und Wissenschaftler niederließen.

Wie das Gebäude, in dem Hebbel von 1846 bis Ende 1848 wohnte, wurden fast alle rechtsseitigen Häuser der Lenaugasse 1839-41 errichtet, nachdem die Grenze der Vorstadt bis zur heutigen Landesgerichtsstraße vorgezogen worden war. Sie bilden eines der besterhaltenen Biedermeier-Ensembles von Wien. Die linksseitigen Häuser sind durchwegs älter. Eines der ältesten des Bezirks ist das Wohnhaus »Zum weißen Stern« auf Nr. 3, das der italienische Architekt Donato Felice d'Allio 1711 für sich selbst erbauen ließ.

Im Haus Lenaugasse 1 befindet sich das seit 1995 geschlossene Gasthaus Blauensteiner (»Zur Stadt Paris«), dem Heimito von Doderer, eine ehemaliger Stammgast des Vorstadtbeisls, mit seiner Erzählung *Ein anderer Kratki-Baschik* (1956) ein literarisches Denkmal setzte, worauf eine Gedenktafel neben dem Eingang hinweist. Diese »wahre« Kurzgeschichte handelt von einem Zauberkünstler, dessen Trick auf geheimnisvolle Weise zum Auslöser für die Trennung eines ungleichen Paares wird. (Kratky-Baschik war der Name eines in ganz Wien bekannten Magiers des 19. Jahrhunderts.)

Je weiter man in die Lenaugasse hineingeht, desto stärker spürt man den Geist der ehemaligen Vorstadt. Der 1881 als Sohn eines Ministerialbeamten geborene Anton Wildgans hat von 1885 bis 1892 im Haus Lenaugasse 13 und dann bis 1905 im Haus Nr. 19 gelebt. In *Musik der Kindheit* (1928) beschreibt er seinen täglichen Schulweg:

Da ist zum Beispiel die Schmidgasse, die am Geographischen Institut vorüber die Lenaugasse überquert, dann über die Langegasse zur Maria-Treu-Gasse hinaufführt und durch diese in den ehrwürdig geräumigen Platz vor der Piaristenkirche mündet. Da ragt, von zwei Barocktürmen überhöht, die breite Front des Gotteshauses mit der in der Frühsonne leuchtenden Inschrift: VIRGO FIDELIS AVE COELESTIS MATER AMORIS. Da stehen in düsterem und dennoch so anheimelndem Grau zur linken Hand die Volksschule, zur rechten das Gymnasium. Piaristenplatz, Ziel des täglichen Schulweges durch zwölf Jahre eines Knabenlebens. An Wintermorgen, wenn die rötlichflackernden Gasflammen der spärlichen Laternen die zögernde Nacht nur mühsam durchdrangen, ging es da hinauf, an trüberleuchteten Vorstadtläden vorüber. Schattenhaft begegneten andere Fußgänger, und aus der finsteren Kirche wimmerte fröstelnd die Orgel ein unendliches, monotones Segenlied zu dem dünnen Gesang einzelner Altweiberstimmen. Aber vom Februar an wurden die Morgen früher und die Tage lichter. Da spiegelte das Eis der Pfützen und Kotfurchen blaue, schmale Himmelsstreifen zwischen grauen Dachsimsen, und die goldenen Turmknäufe der Piaristenkirche glühten in orangeroter Sonne.

Seit Wildgans' Kindheit hat sich an diesem Weg wenig verändert. Gaslaternen gibt es freilich keine mehr. Und der Piaristenplatz heißt heute offiziell Jodok-Fink-Platz, nach einem christlichsozialen Politiker der Ersten Republik. Links neben dem Eingang ins Gymnasium ist eine Gedenktafel angebracht, die daran erinnert, daß Anton Wildgans im Jahr 1900 hier maturiert hat. In der wärmeren Jahreszeit teilen sich den Platz vor der barocken Mariensäule drei Gasthäuser. In diesen Gastgärten kann man unter Ahornbäumen die ausgewogene Schönheit dieses Platzes auf sich wirken lassen. Die Piaristenkirche, auch Pfarrkirche Maria Treu, ist ein bedeutendes Werk des Wiener Hochbarock. Mit dem Bau der Kirche nach Plänen von Johann Lukas von Hildebrandt wurde 1716 begonnen, 1721 war der Rohbau fertig. Die Einwölbung erfolgte aber erst dreißig Jahre später. Die eindrucksvollen Deckenfresken des Gewölbes malte Franz Josef Maulbertsch 1752/53.

Im Gegensatz zu Wildgans' verklärten Kindheitserinnerungen ist für Rainer, eine Hauptfigur in Elfriede Jelineks Roman *Die Ausgesperrten* (1980), die Piaristenkirche als Zentrum seiner katholischen Erziehung ein Ort des Schreckens und der Demütigung.

Rainer hat als Kind neben anderen Missetaten auch in der Kirche ministriert, heute ein ständiger Quell des Abscheus, mit dem die Erinnerung nicht fertig wird. Der Papa hat gesagt, jetzt gehst ministrieren, und schon ist er gegangen, die Hiebe vom Vater haben mehr weh getan als die kalten Fliesen unter den geschundenen Knien. Diese Eiseskälte im Winter um 6 Uhr früh und die schlagende Hand des Herrn Pfarrer, der immerhin keine Hilfsmittel dafür verwendet hat wie Kleiderbügel oder Krücken, platsch, schon wieder eine Watschn, weil der lateinische Text durcheinander geraten ist und zusätzlich eine oder mehrere freche Antworten gegeben wurden, wo gar keine Frage gefragt, sondern ein Befehl erteilt. Darüber schleppten die weißen spitzenbesetzten Gewänder dahin mit den schwarzen Kragen oben drauf, daß man aussieht wie ein Mäderl.

Die Hauptstraße des achten Bezirks ist die Josefstädter Straße, die trotz ihrer Bedeutung ein enge Straße geblieben ist. An manchen Stellen bleibt gerade Platz genug für die Straßenbahn der Linie J, die die ganze Länge der Straße durchfährt. Eine dieser Engstellen befindet sich vor dem Theater in der Josefstadt, einem der bedeutendsten Privattheater Wiens.

Es wurde 1788 als bürgerliches Theater gegründet, 1822 erfolgte unter Mitwirkung des Biedermeier-Architekten Josef Kornhäusel ein Neubau, der erst 1841 bis zur Josefstädter Straße erweitert wurde. Ferdinand Raimund und Johann Nestroy traten hier auf, wanderten aber bald zu erfolgreicheren Vorstadtbühnen, wie das Leopoldstädter Theater und das Theater an der Wien, ab. Seine Blütezeit erlebte das Theater in der Josefstadt vor der Mitte des 19. Jahrhunderts. Das Niveau dieser Zeit erreichte es erst wieder unter der Direktion von Josef Jarno (1899-1923) und Max Reinhardt

(1923-1938), von dem sich, ebenso wie von Hugo von Hofmannsthal, ein Porträtrelief über dem Eingang befindet. Von 1988 bis 1997 war Otto Schenk Direktor des Hauses, seither leitet es Helmuth Lohner.

Das Theater in der Josefstadt gilt bis heute als typisch wienerische Bühne, der die Pflege von Autoren wie Nestroy und Raimund, Hugo von Hofmannsthal und Arthur Schnitzler, ein wichtiges Anliegen ist. In seinem Schauspiel *Liebelei* (UA 1895) läßt Schnitzler übrigens Christines Vater, den alten Weiring, als »Violinspieler am Josefstädter Theater« arbeiten. Auch die Volksstücke von Ödön von Horváth stehen regelmäßig auf dem Spielplan. Der Originalschauplatz eines seiner bekanntesten Dramen, *Geschichten aus dem Wiener Wald* (UA 1931) soll sich ganz in der Nähe des Theaters befinden.

Als Ort der Handlung seines Volksstücks gibt Ödön von Horváth eine »stille Straße im achten Bezirk« an. Das Bühnenbild zeigt eine Fleischhauerei mit halben Rindern und ganzen Schweinsköpfen in der Auslage, daneben die Puppenklinik »Zum Zauberkönig« mit Scherzartikeln, Spielwaren und einem Skelett im Fenster und schließlich eine kleine Tabak-Trafik mit Zeitungen, Zeitschriften und Ansichtskarten. Über der Puppenklinik befindet sich ein kleiner Balkon, der zur Privatwohnung des »Zauberkönigs« gehört. Traugott Krischke, der verstorbene Horváth-Experte und Herausgeber seiner Werke, hat das Haus Lange Gasse 29 als »Originalschauplatz« des Volksstücks identifiziert. Zusammen mit seinen Nachbarhäusern bildet es eines der wenigen erhaltenen Ensembles spätbarocker Vorstadt-Bürgerhäuser im achten Bezirk. Die Maske über dem Tor, das in einen langgestreckten, idyllischen Hof führt, erklärt den Hausnamen »Zum wilden Mann«. Links vom Eingang ist heute ein kleines Café untergebacht, rechts davon der Laden eines Elektroinstallateurs. Und um 1930 dürfte die Gasse tatsächlich noch eine »stille Straße« gewesen sein, ein idealer Schauplatz für Horváths Entlarvungen der kleinbürgerlichen Wiener »Gemütlichkeit«. Schon die Eingangsszene macht klar, was den Zuschauer (oder Leser) erwartet.

Ida *ein elfjähriges herziges mageres Mäderl, verläßt mit ihrer Markttasche die Fleischhauerei und will nach rechts ab, hält aber vor der Puppenklinik und betrachtet die Auslage.*
Havlitschek *der Gehilfe Oskars, ein Riese mit blutigen Händen und ebensolcher Schürze, erscheint in der Türe der Fleischhauerei; er frißt eine kleine Wurst und ist wütend:* Dummes Luder, dummes –
Oskar: Wer?
Havlitschek *deutet mit seinem langen Messer auf Ida:* Das dort! Sagt das dumme Luder nicht, daß meine Blutwurst nachgelassen hat – meiner Seel, am liebsten tät ich sowas abstechen, und wenn es dann auch mit dem Messer in der Gurgel herumrennen müßt, wie die gestrige Sau, dann tät mich das nur freuen!
Oskar *lächelt:* Wirklich?

Wir lassen diesen »gemütlichen« Ort Richtung Josefstädter Straße zurück, überqueren diese, und gehen die Lange Gasse weiter, vorbei an der Pension Zipser, wo Horváth 1920 und 1931 gemeldet war, bis wir wieder zur Schmidgasse kommen. Im Haus Nr. 18 befindet sich das Josefstädter Bezirksmuseum, in dem eine Friedrich Hebbel-Dokumentation und ein Stefan Zweig-Archiv untergebracht sind. Wir gehen die Schmidgasse wieder bis zur Lenaugasse hinunter, dann nach links und kommen über das idyllische »Schlosserplatzl« in die Florianigasse.

Die Florianigasse ist fast ganz mit drei- bis vierstöckigen historistischen Zinshäusern verbaut. An ihrem Beginn, bei der Landesgerichtsstraße, ist sie besonders eng. Diese Stelle muß seit Aufkommen des Autoverkehrs gefährlich gewesen sein. Denn bereits am 17. Oktober 1911 wurde hier ein Fußgänger von einem Lastwagen überfahren und getötet. »Dem Verunglückten war ein Rad über den Hals gegangen und hatte den Kehlkopf eingedrückt«, heißt es in einer Meldung der *Neuen Freien Presse* vom 18. Oktober. Zu dieser Zeit, von Juli bis November 1911, wohnte im Haus Nr. 3 Robert Musil, der den Unfall vielleicht miterlebt, vielleicht aber auch nur in der Zeitung davon gelesen hat. Die eindringliche Schilderung eines Verkehrsunfalls am Beginn seines Romans *Der Mann ohne Eigenschaften* (1930) könnte jedenfalls von diesem Ereignis ausgelöst worden sein.

Autos schossen aus schmalen, tiefen Straßen in die Seichtigkeit heller Plätze. Fußgängerdunkelheit bildete wolkige Schnüre. Wo kräftigere Striche der Geschwindigkeit quer durch ihre lockere Eile fuhren, verdickten sie sich, rieselten nachher rascher und hatten nach wenigen Schwingungen wieder ihren gleichmäßigen Puls.

Dieses pulsierende Geschehen wird durch den Unfall gestört, die Menge kommt aus dem Rhythmus:

Schon einen Augenblick vorher war etwas aus der Reihe gesprungen, eine quer schlagende Bewegung; etwas hatte sich gedreht, war seitwärts gerutscht, ein schwerer, jäh gebremster Lastwagen war es, wie sich jetzt zeigte, wo er, mit einem Rad auf der Bordschwelle, gestrandet dastand. Wie die Bienen um das Flugloch hatten sich im Nu Menschen um einen kleinen Fleck angesetzt, den sie in ihrer Mitte freiließen. Von seinem Wagen herabgekommen, stand der Lenker darin, grau wie Packpapier, und erklärte mit groben Gebärden den Unglücksfall. Die Blicke der Hinzukommenden richteten sich auf ihn und sanken dann vorsichtig in die Tiefe des Lochs, wo man einen Mann, der wie tot dalag, an die Schwelle des Gehsteigs gebettet hatte. Er war durch seine eigene Unachtsamkeit zu Schaden gekommen, wie allgemein zugegeben wurde.

Gehen wir die Florianigasse wieder langsam hinauf. Im Haus Nr. 8 wohnten, worauf zwei Gedenktafeln hinweisen, Albert Schweitzer und Ludwig Zamenhof, der Schöpfer der Plansprache Esperanto. Neben diesem Haus führt die Wickenburggasse hinein, in der sich früher das Gasthaus »Riedhof« befand. Diese Gastwirtschaft ist vor allem durch Arthur Schnitzler literarisch bekannt geworden. In einem »Cabinet particulier« mit seiner

»behaglichen, mäßigen Eleganz« findet die *Reigen*-Szene zwischen dem »Gatten« und dem »süßen Mädel« statt. Die beiden kommen sich immer näher, doch dann fürchtet sie den überraschenden Eintritt des Kellners. »Da ... kommt sein Lebtag ... kein Kellner ... herein ...«, kann der »Gatte« gerade noch antworten, bevor das geschieht, was im *Reigen* immer durch Gedankenstriche angedeutet ist.

Auch in Schnitzlers *Traumnovelle* (1926) wird der Riedhof, an dessen Stelle heute ein Gemeindebau steht, als Stammlokal von Medizinern erwähnt. Die Geschichte erzählt von den erotischen Abenteuern des verheirateten jungen Arztes Fridolin. Auf dem Heimweg von einem Patientenbesuch in seine Josefstädter Wohnung wird er in der Buchfeldgasse von einer blutjungen Prostituierten angesprochen: »Willst nicht mitkommen, Doktor?« Auf seine erstaunte Frage, woher sie ihn denn kenne, antwortet das Mädchen: »Ich kenn' Ihnen nicht, aber in dem Bezirk sind ja alle Doktors.« Fridolin geht mit auf ihr Zimmer, wehrt sie dort aber ab, bis auch sie nicht mehr will. Sein nächtlicher Streifzug durch Wien führt Fridolin zuguterletzt an den Stadtrand, in eine Villa im Liebhartstal, wo ein geheimnisvoller Ball von Männern in Mönchskutten und nackten Frauen stattfindet. Stanley Kubrick hat in seinem letzten Film *Eyes Wide Shut* (1999) Schnitzlers *Traumnovelle* in das New York der Gegenwart verlegt.

Wir aber bleiben im achten Bezirk und in der Florianigasse. 1992 erschien der Roman *Gebürtig* von Robert Schindel. Darin kehrt der erfolgreiche amerikanische Lustspielautor Herrmann Gebirtig in seine Geburtsstadt Wien zurück, um vor Gericht gegen einen ehemaligen KZ-Schergen auszusagen. Der Sohn eines jüdischen Rechtsanwalts war selbst Insasse eines Konzentrationslagers gewesen und nach der Befreiung in die Vereinigten Staaten emigriert. Nach vierzig Jahren kommt er zum erstenmal wieder in seine Geburtsstadt und nähert sich zögernd der elterlichen Wohnung in der Florianigasse. Dabei sieht er eine alte Frau, in der er die Hausmeisterstochter von einst erkennt, und spricht sie an.

»Sind Sie Hannelore Hofstätter?« Die alte Frau blieb stehen, öffnete den Mund, sagte nichts.
»Lori?«
»Jessas, der Herrmann!«
Sie gingen nebeneinander her und redeten ein bißchen. Ecke Lange Gasse standen sie. Sie erzählte von ihrem bitteren Leben, seit Jahren war sie Witwe, Lackner hieß sie seit dreiundvierzig, er starb an Blasenkrebs, jahrelang gepflegt, vorige Woche war ihr Hund gestorben, mit dem sie stets im Schönbornpark gewesen war, die Witwenpension reichte aus, das schon, in der Lange Gasse wohnte sie schon seit damals, natürlich, der Heini ist noch da, ja freilich, im gleichen Haus, aber Wohnung Nummer acht, da ist er, das Herz macht Probleme, nicht ihres, seines, es geht so.
»Du lebst in Amerika?« »Ja.« »Amerika«, sagte sie und lächelte, verabschiedete sich in der Lange Gasse. Immer mehr dieser Wolken zogen den Himmel entlang, ein schöner Maientag, das konnte man sagen. Gebirtig ging weiter hinunter, bis er vorm Haus zwölf A stand. Er sah zum zweiten Stock hinauf. Aus dem Haustor kam ein schwarzgelber Schäferhund mit einem Mann. Der Köter ging auf Gebirtig zu, der stand starr, versuchte fest in die Augen des Tieres zu blicken. Totenstill wurde es in der Florianigasse, Herrmann vernahm bloß ein leises Knurren. Der Hund ging mit der Nase zum hilflos herabhängenden rechten Arm von Gebirtig, begann zu schnüffeln und knurrte lauter.
»Nero, Platz«, schnarrte der Mann hinter dem Hund diesen mit heiserer Stimme an. Nero stellte die Ohren auf, trottete zurück, der Mann nahm ihn beim Halsband und befestigte die Leine. Während die beiden davongingen, setzte der Straßenlärm wieder ein. Herrmann Gebirtig stand vor seinem Vaterhaus. Von seinem Rücken ging die Buchfeldgasse weg.

Heini, Loris Bruder, holt Herrmann in einer Tabak-Trafik ein. Der Sohn des Hausmeisters hat sich die Wohnung Nr. 8 im Haus Florianigasse 12A genommen, nachdem dessen Besitzer Rosenstrauch

»ordnungsgemäß nach England ausgewandert« war, so Heini. Nur widerwillig gibt Herrmann Heini beim Abschied die Hand.

Es ist ein bitterer Weg, den Herrmann Gebirtig durch die Florianigasse zurücklegt. Dabei wird er nicht nur mit schmerzlichen Erinnerungen konfrontiert, sondern auch, was fast noch schlimmer ist, mit dem Selbstmitleid und dem schlechten Gewissen der früheren Nachbarn, die noch immer in den »arisierten« Wohnungen sitzen. Auch das ist ein noch heute aktueller Teil der Geschichte der »bürgerlichen« Josefstadt.

Machen wir einen großen zeitlichen Sprung zurück an den Beginn des 18. Jahrhunderts. Der Park, in dem Lori Hofstätter ihren Hund »äußerln« führte, gehörte ehemals als Schloßpark zum Palais Schönborn, einem 1714 von Johann Lukas von Hildebrandt fertiggestellten, zweigeschossigen Gartenpalais. Zwei Jahre nach Vollendung des Gebäudes hielt sich die Schriftstellerin und Frau des englischen Botschafters in Konstantinopel Lady Mary Montagu für ein paar Monate in Wien auf. Nur wenige Tage nach ihrer Ankunft besuchte sie das neue Palais und berichtete darüber in einem Brief an ihre Schwester:

Graf Schönborns Landsitz ist einer der prächtigsten, die Ausstattung ganz aus reichem Brokat, so schön entworfen und ausgeführt, nichts kann fröhlicher und prächtiger aussehen, ganz zu schweigen von einer Galerie voll von Raritäten aus Korallen, Perlmutter etc. und den im ganzen Haus in Überfluß vorhandenen Vergoldungen, Schnitzereien, herrlichen Gemälden, allerschönstem Porzellan, Statuen aus Alabaster und Elfenbein sowie den Orangen und Zitronenbäumen in vergoldeten Töpfen. Das Essen war vorzüglich, wohl angeordnet und durch die gute Laune des Grafen noch viel angenehmer gemacht.

Lady Montagu war die erste, die für eine Schleifung der Stadtmauern plädierte, um die mittelalterliche Enge Wiens zu sprengen. Es sollten aber noch fast eineinhalb Jahrhunderte vergehen, bis die Basteien tatsächlich abgetragen wurden. Das Schönbornpalais war das kulturelle und wohl auch, wie der Montagu-Brief zeigt, das lukullische Zentrum des Hochadels in der Josefstadt. Nach zahlreichen Besitzerwechseln ist darin seit 1917 das Österreichische Museum für Volkskunde untergebracht.

Im Februar 1907 bezog der damals sechsundzwanzigjährige Stefan Zweig eine Wohnung in der Kochgasse 8, um, wie er schreibt, »einen stabilen Punkt« zu haben, »von dem aus man wandert, und zu dem man immer wieder zurückkehrt«. Das Haus liegt in demselben Häuserquadrat wie das Palais Schönborn, in dessen Garten Zweig wahrscheinlich hinunterblicken konnte. 1910 lernte er eine alte Frau kennen, deren Wohnung über der seinen lag. Es stellte sich heraus, so Zweig in seinen Erinnerungen *Die Welt von Gestern* (1944), »daß diese achtzigjährige Frau niemand geringerer war als die Tochter von Goethes Leibarzt Dr. Vogel«, die »1830 von Ottilie von Goethe in persönlicher Gegenwart Goethes aus der Taufe gehoben« worden war. »Mir wurde ein wenig schwindlig«, so Zweig weiter, »es gab 1910 noch einen Menschen auf Erden, auf dem Goethes heiliger Blick geruht!« Dann berichtet er von den Gesprächen mit der alten Dame:

Wie immer alte Leute, sah sie diese ihre Jugendzeit mit stärkster Gegenständlichkeit; rührend war mir ihre Empörung, die Goethegesellschaft habe eine schwere Indiskretion begangen, indem sie die Liebesbriefe ihrer Kindheitsfreundin Ottilie von Goethe ›jetzt schon‹ publiziert habe – ›jetzt schon‹ – ach, sie hatte vergessen, daß Ottilie schon ein halbes Jahrhundert tot war! Für sie war Goethes Liebling noch da und war noch jung, für sie waren die Dinge Wahrheit, die uns längst Vorzeit und Legende geworden! Immer fühlte ich geisterhafte Atmosphäre in ihrer Gegenwart. Da wohnte man in diesem steinernen Haus, sprach durchs Telephon, brannte elektrisches Licht, diktierte Briefe in eine Schreibmaschine, und zweiundzwanzig Stufen empor, und man war in ein anderes Jahrhundert entrückt und stand im heiligen Schatten von Goethes Lebenswelt.

Stefan Zweig ist eng mit der Josefstadt verbunden. Schon als Student wohnte er hier, zuerst in der Buchfeldgasse 2, dann in der Tulpengasse 6. Im Bezirksmuseum Josefstadt in der Schmidgasse 18 gibt es, wie bereits erwähnt, ein Stefan Zweig-Archiv. In seinem Roman *Ungeduld des Herzens* (1939), der kurz vor Ausbruch des Ersten Weltkriegs spielt, läßt er den Arzt Dr. Emmerich Condor in einem »schäbigen« Haus in der Florianigasse wohnen. Darin riecht es »nach mageren Küchen und schlecht geschlossenen Klosetts«. Auf den Gängen stehen tuschelnd Frauen in schmutzigen Schlafröcken herum, die jeden Fremden mißtrauisch beobachten. Dieses heruntergekommene Haus wird man allerdings vergeblich suchen, denn Stefan Zweig hat ihm die Nr. 97 gegeben, die Florianigasse endet aber bereits mit Nr. 73. Die Beschreibung der Wohnverhältnisse in den Vorstadtmietshäusern der Jahrhundertwende verliert dadurch aber nichts an Gültigkeit. Die wenigsten vor dem Ersten Weltkrieg gebauten Wohnungen hatten einen eigenen Wasseranschluß. In der Regel gab es in jedem Stockwerk nur ein Becken auf dem Gang, die sogenannte Bassena. Auch die Toiletten befanden sich auf dem Gang, meist nur eine für mehrere Wohnungen. Hier trafen sich die Frauen beim Wasserholen, was fast zwangsläufig zu einem längeren »Bassenatratsch« führte. Heute erhält man Bassenabecken – für teures Geld – am Flohmarkt und beim Antiquitätenhändler. Aber noch lange nach dem Zweiten Weltkrieg herrschte in den Altbauwohnungen dieselbe triste Atmosphäre wie vor dem Ersten.

Wie wenig sich in fünfzig Jahren an den Wiener Wohnverhältnissen geändert hat, zeigt ein Ausschnitt aus Elfriede Jelineks bereits erwähntem Roman *Die Ausgesperrten:* »Um die schäbige alte Wohnung herum türmt sich die alte Kaiserstadt in Gestalt zahlloser Substandardwohnungen auf. Häßliche, unscheinbare und oft auch alte Menschen schleichen in ihnen herum und tragen ihre Kübel und Krüge zu den Gangklos und Gangwasserleitungen und wieder zurück. Das ergibt ein ständiges Hin und Her, ohne daß etwas Produktives geschieht.« Elfriede Jelinek hat selbst in ihrer Jugendzeit in einem heute nicht mehr existenten Mietshaus in der Laudongasse gewohnt und, wie ihre Romanfiguren, ein Gymnasium im achten Bezirk besucht, wo sie 1964 maturierte. Sie kennt daher die Josefstadt der fünfziger und sechziger Jahre sehr genau. Hans, die zweite männliche Hauptfigur des Romans, wohnt mit seiner Mutter, einer eingefleischten Sozialdemokratin, in einem Gemeindebau in der Kochgasse.

Die Kochgasse vermittelt städtische Atmosphäre, sie nimmt ihn
auch heute wieder auf und saugt ihn in den richtigen Hausflur,
der funktionell ausgestattet ist, damit der Arbeiter sich in ihm
wohl fühlt und nichts Überflüssiges vorfindet, an dem sich der
Blick erfreuen könnte und dann solchen Überfluß auch im
Leben haben möchte.
Kein Zierat, keine Giebel, Erker, Türmchen oder Stuckreliefs, die
sind für den hoffnungslos toten Bürger, den es eigentlich nicht
mehr gibt. Nüchternheit wegen der nüchternen Strenge, die
dem Wiederaufbau innewohnt, den der Arbeiter seit langem
vollbringt, der hier wohnt. Poesie können Deckchen, Familien-
fotos, Hirschbilder und SW-Möbel herbeischaffen, aus denen
manchmal die seltsamen Töne der neuen Zeit dringen, voraus-
gesetzt sie sind die beliebten neuen Tonmöbel. Man kauft sie auf
Raten. Jeder Insasse darf sich seine Poesie selber machen, dafür
hat der Architekt Platz an Wänden und Decken für Bilder und
Statuen freigelassen, es liegt nur an den Leuten und ihrem per-
sönlichen Reifegrad, wie sie diese Poesie haben wollen, ob oben,
seitlich oder unten.

Was sind »SW-Möbel«? SW ist die Abkürzung für »Soziale Wohnkultur«, ein 1950 von der Gemeinde Wien initiiertes Projekt, in dessen Rahmen ein Produktions- und Verkaufsbetrieb für einfache, billige und doch von Künstlern entworfene Möbel für Kleinwohnungen aufgezogen wurde. Das Programm enthielt unter anderem Fauteuils und Musikschränke.

Tatsächlich gibt es nur wenige Sozial- und Gemeindebauten in der Kochgasse. Die meisten Bauten der Umgebung stammen noch aus dem 19. Jahrhundert. Ein Musterbeispiel für die Repräsentationssucht des Großbürgertums ist das nahe der Kochgasse 1891 erbaute Haus Laudongasse 25, das mit allem auftrumpft, was der mittlerweile »hoffnungslos tote Bürger« liebte, mit Türmchen, Erker, Balkon und einer mit Zierat, Masken und Kartuschen überladenen Klinkerfassade.

Bevor wir den achten Bezirk verlassen, noch einmal zurück in die Zeit, als Wien noch von Stadtmauern und Basteien umgeben und die Josefstadt durch das Glacis von der Stadt getrennt war. Das Haus Laudongasse 18, gegenüber dem Schönbornpalais, gehörte ab 1802 der seinerzeitigen Vorleserin Maria Theresias, Karoline von Greiner. Nach ihrem Tod 1816 ging es, ebenso wie das durch einen Garten mit ihm verbundene Haus Alser Straße 25, in den Besitz ihrer Tochter Karoline Pichler über, die eine der gebildetsten Frauen ihrer Zeit war. In ihrem Haus traf sich die geistige Elite des Bürgertums, gingen Künstler und Wissenschaftler ein und aus. Franz Grillparzer, Nikolaus Lenau, Dorothea und Friedrich Schlegel waren einige ihrer ständigen Gäste. Sie selbst war auch als Schriftstellerin aktiv. Ihre Werke – Gedichte, Dramen und historische Romane – umfassen nicht weniger als sechzig Bände. Ihr bedeutendstes Werk sind die *Denkwürdigkeiten aus meinem Leben* (1844), in denen sie ein anschauliches Bild vom kulturellen Leben im Biedermeier entwirft. Aber auch politische Ereignisse, wie die zweimalige Einnahme Wiens durch französische Truppen, fanden Eingang in ihre Aufzeichnungen. Als am 11. Mai 1809 napoleonische Truppen Wien bombardierten, beobachtete sie das Geschehen von ihrem Gartenfenster aus.

Am Abend wurde das Schießen von beiden Seiten stärker. Mit bangem Mute standen wir am Gartenfenster da, sahen von der rechten Seite herein (von der Gegend des Spittelberges) die Haubitzen der Franzosen als weißglänzende zitternde Schlangen in fast horizontaler Bewegung gegen die Stadt hinfliegen – furchtbare Vögel, die Graus und Flammen dahin trugen, wo sie trafen, während aus der Stadt links herüber in majestätischem Bogen rotlodernde Bomben sich erhoben und sich auf die vom Feinde besetzte Gegend herabsenkten. Das Krachen, der Donner des eifrig spielenden Geschützes, das in solcher Nähe auch bald uns selbst zu erreichen drohte, hatte etwas sehr Beängstigendes. Es war eine furchtbare Nacht – durch die Menschen dazu gemacht! Während der Garten mit seinen Blumen und Bäumen, vom hellen Monde beglänzt, in tiefstem Frieden der Natur vor uns lag.

Nach 1805 wurde Wien 1809 zum zweitenmal von französischen Truppen besetzt. Nach den für beide Seiten extrem verlustreichen Schlachten von Aspern, Wagram und Znaim wurde im Oktober 1809 der Friede von Schönbrunn unterzeichnet. Danach verließen die Franzosen die Stadt. Zuvor sprengten sie die Burgbastei, um den Wienern die Nutzlosigkeit ihrer veralteten Fortifikationen vor Augen zu führen. Anders als noch 1805 waren jetzt alle Wiener, und so auch Karoline Pichler, über den Abzug der napoleonischen Truppen erleichtert, denn diese hatten der Stadt nicht nur den Krieg gebracht, sondern Wien auch eine enorme Hungersnot beschert.

Über die Lange Gasse oder Kochgasse kommt man hinunter zur Alser Straße, und »mit dem Alserstraßenboulevard ist jäh die kleinere, intimere, gleichsam wohnzimmerartige Josefstadt zuende«, schreibt Elfriede Jelinek in einem autobiographischen Text. Hier ist die Grenze zum neunten Bezirk, dem Alsergrund.

→ »Jeder Weg hat seine eigene Würde«

Rund um die Strudlhofstiege

Achter Spaziergang: Votivkirche – Schwarzspanierstraße – Altes AKH/Narrenturm – Währinger Straße – Strudlhofstiege – Liechtensteinstraße – Lichtentaler Kirche – Nußdorfer Straße – Julius-Tandler-Platz (»Althanplatz«) – Porzellangasse – Seegasse – Berggasse – Wasagasse

Am 18. Februar 1853 wurde der zweiundzwanzigjährige Kaiser Franz Joseph I. bei seinem gewohnten Spaziergang auf der Burgbastei von einem ungarischen Nationalisten mit einem Küchenmesser attackiert. Obwohl der Kaiser praktisch unverletzt blieb, da der Attentäter sein Ziel verfehlte und überwältigt werden konnte, wurde der junge Ungar, ein Schneidergeselle, zum Tod verurteilt und acht Tage später durch den Strang hingerichtet. Zum Gedenken an den mißglückten Mordanschlag wurde der Bau der Votivkirche beschlossen. Den ausgeschriebenen Architekturwettbewerb gewann der dreiundzwanzigjährige Heinrich Ferstel mit dem Entwurf einer Kathedrale im Stil der französischen Gotik. Die Grundsteinlegung erfolgte 1856, eingeweiht wurde die Kirche aber erst 1879.

Die Votivkirche ist das früheste historistische Gebäude an der Ringstraße. Sie ist also kein »gewachsener« Bau, sondern ein von Ferstel bis ins letzte Detail durchgestaltetes Kunstwerk. Bei aller Bewunderung für den Architekten wurde von Anfang an kritisiert, daß die Kirche mit den Glaubensvorstellungen der Gegenwart nicht übereinstimme. Ferdinand von Saar bezeichnete sie 1888 in einem Gedicht als »Kirche ohne Gott«, die »wie ein steinerner Anachronismus« emporrage »aus glaubensloser Gegenwart«. Weniger poetisch spricht Heimito von Doderer in *Die Dämonen* von der »steifleinen-neugotischen Votivkirche«, deren Architekt

→ Heimito von Doderers »Bühne des Lebens« – die 1910 erbaute Strudlhofstiege

übrigens ein Großonkel des Autors war. Und in Robert Musils *Mann ohne Eigenschaften* ist die Rede von einer »neugotischen« Kirche, »die wie ein gelungener Fastnachtsscherz aussah«.

Ob sie einem nun gefällt oder nicht, durch ihre Lage zwischen Universitätsstraße und Währinger Straße ist die Votivkirche gleichsam die Visitenkarte des neunten Bezirks. Hier beginnen wir unseren Spaziergang durch den Alsergrund. Hinter der Kirche liegt eine kurze, nach ihrem Erbauer benannte Gasse, die in die Schwarzspanierstraße mündet. Bis hierher reichte vor dem Bau der Votivkirche die freie Fläche des Glacis, das, wie bereits mehrmals erwähnt, vom Militär als Exerzier- und Paradeplatz verwendet wurde.

Ihren Namen hat die Schwarzspanierstraße nach einem Benediktinerkloster, von dem heute nur noch die Fassade der 1739 eingeweihten ehemaligen Klosterkirche vorhanden ist. Dahinter verbirgt sich ein Studentenheim. Neben der Kirchenfassade befindet sich das sogenannte Schwarzspanierhaus, in dessen Vorgängerbau Ludwig van Beethoven am 26. März 1827 »erbaulich starb«, wie es auf einer Gedenktafel heißt. Das Haus wurde, trotz Protesten aus der Bevölkerung, 1904 abgerissen. Zuvor hatte man aber das Sterbezimmer des Komponisten inklusive Türen, Fenstern und Fußbodenbrettern demontiert und in das Archiv des Historischen Museums der Stadt Wien gebracht. Dort wartet es bis heute auf seinen Wiederaufbau im Rahmen einer Beethoven-Gedenkstätte.

Kurz bevor das alte Schwarzspanierhaus abgerissen wurde, mietete sich in Beethovens Sterbezimmer der dreiundzwanzigjährige Philosoph Otto Weininger ein, um sich in atmosphärischer Nähe zu seinem Lieblingskomponisten in der Nacht zum 4. Oktober 1903 selbst zu töten. Dem kurzen Leben und spektakulären Selbstmord Weiningers hat der israelische Dramatiker Joshua Sobol ein Stück gewidmet. *Weiningers Nacht* (1982) versucht, die Grundtendenzen des philosophischen Hauptwerks *Geschlecht und Charakter* (1903) aus der Familiengeschichte und dem sozialen Umfeld des Sohnes eines jüdischen Goldschmieds verständlich zu machen. Bevor sich Weininger erschießt, verkündet er die »neue Botschaft«, in der sich jüdischer Selbsthaß mit frauenfeindlichen

Aussagen verbinden. Der Monolog endet mit wörtlichen Zitaten aus *Geschlecht und Charakter.*

[…] dem neuen Judentum entgegen drängt ein neues Christentum zum Lichte; die Menschheit harrt des neuen Religionsstifters, und der Kampf drängt zur Entscheidung wie im Jahre eins. Zwischen Judentum und Christentum, zwischen Geschäft und Kultur, zwischen Weib und Mann, zwischen Gattung und Persönlichkeit, zwischen Unwert und Wert, zwischen irdischem und höherem Leben, zwischen dem Nichts und der Gottheit hat abermals die Menschheit die Wahl. Das sind die beiden Pole: es gibt kein drittes Reich!

Weiningers juden- und frauenfeindliches Traktat fand enormen Anklang und wurde schon bald nach seinem Tod zu einem Kultbuch, das auch nicht der Aufmerksamkeit Hitlers entging.

Während am heutigen Schwarzspanierhaus nichts an Otto Weininger erinnert, ist Beethoven gleich mit zwei Porträtreliefs vertreten, einmal auf der bereits erwähnten Gedenktafel und ein zweites Mal rechts über der Hauseinfahrt. Ebenfalls über dem Hauseingang befindet sich links ein Porträtrelief des Dichters Nikolaus Lenau, der in den dreißiger Jahren des 19. Jahrhunderts mehrmals dort bei seiner Schwester wohnte. Es war eine der etwa zwanzig Wien-Unterkünfte des Lyrikers, der die letzten Jahre seines Leben in geistiger Umnachtung in der Oberdöblinger Irrenanstalt verbrachte, wo er 1850 auch starb.

Durch den Gebäudekomplex des Schwarzspanierhauses gelangt man in die rechtwinkelig verlaufende Beethovengasse, in der wir uns nach links wenden. Nach ein paar Schritten stehen wir vor einer Seitenfront des alten Allgemeinen Krankenhauses. SALUTI ET SOLATIO AEGRORUM steht über der Einfahrt in das riesige Areal. Es wurde 1784 unter Kaiser Joseph II. eröffnet und bot anfangs zweitausend Patienten Platz. 1822 gab es allerdings erst sieben Höfe, die Gebäude um den achten und neunten Hof, in den wir jetzt eintreten, wurden erst 1834 unter Franz I. errichtet.

Über zweihundert Jahre war das Allgemeine Krankenhaus, kurz AKH genannt, in den josefinischen Gebäuden untergebracht, 1994 übersiedelte es schließlich in einen von zwei Hochhausblöcken dominierten Gebäudekomplex am Währinger Gürtel, das alte AKH aber wurde der Universität Wien geschenkt und zu einem Campus umfunktioniert, dessen Parkanlagen allen offenstehen.

Im Hof 13, dem nördlichsten Hof des Areals, befindet sich ein kurioser fünfgeschossiger Rundbau, ehemals ein Haus für Geisteskranke, der sogenannte Narrenturm. Er wurde von Isidor Canevale errichtet und ebenfalls 1784 eröffnet. Wegen seiner Form wurde er von der Bevölkerung »Kaiser-Joseph-Gugelhupf« genannt. Auch wenn es heute angesichts des gefängnisartigen Turms befremdend klingt, damals bedeutete ein eigenes Gebäude zur besseren Betreuung von Geisteskranken einen großen Fortschritt. So sah das auch der deutsche Schriftsteller Ernst Moritz Arndt bei seinem Wien-Besuch 1798.

Dieser sogenannte Turm liegt hinter dem großen Spital und seitwärts vom Militärspital an der Alser- und Währingergasse, ein starkes zirkelförmiges Gebäude, doch kein Pantheon; wieder ein Denkmal österreichischer Freigebigkeit. Alles ist mit der größten Sorgfalt und Genauigkeit eingerichtet und wird in Ordnung und Reinlichkeit gehalten, daß ich erstaunt bin, wie es unter diesen Halbmenschen möglich sei. Dieser Turm hat nach allen Seiten reichen Luftzug und Himmelslicht. Unten ist ein Garten, wo die Halbtollen und Genesenden spazieren können. Die, versteht sich, die stark genug dazu sind, müssen auch kleine Arbeiten tun, Holz und Wasser tragen, fegen und dergleichen. Die Gänge und Treppen und selbst die Zimmer lassen es kaum vermuten, wo man ist, wenn man nicht durch das wilde Schreien und Lärmen der Umherstehenden und Gehenden und durch das Gewimmer und Gebelle der Rasenden und Geschlossenen drinnen allzu lebhaft daran erinnert würde.

Seit 1971 beherbergt der renovierungsbedürftige Narrenturm das Pathologisch-anatomische Bundesmuseum. Diese weltweit einzigartige Sammlung von Skelett- und Feuchtpräparaten sowie Moulagen, das sind farb- und formgerechte Nachbildungen kranker Organe und Körperteile aus Wachs, ist extrem sehenswert, allerdings nichts für Hypochonder und schwache Nerven. Gerhard Roth hat der Sammlung ein sehr informatives Kapitel seiner *Reise in das Innere von Wien* (1991) gewidmet.

Wir verlassen das alte AKH durch den auch weiterhin medizinisch genutzten Teil und gelangen auf die Währinger Straße. Sie ist die zentrale Verkehrslinie des Bezirks und eine der ältesten und längsten Ausfallstraßen Wiens, die ursprünglich den nach ihr benannten Vorort mit der Stadt verband.

Wenige Meter stadtauswärts, im Haus Nr. 43, befindet sich das Bezirksmuseum Alsergrund mit zwei Dichter-Gedenkstätten. Die eine ist Heimito von Doderer, die andere Erich Fried gewidmet. Beide Autoren sind eng mit dem neunten Bezirk verbunden.

Die Gedenkstätte für Heimito von Doderer umfaßt zwei Räume. Im ersten sind Bilder und Dokumente zu Leben und Werk des Dichters sowie persönliche Erinnerungsstücke ausgestellt, darunter Doderers Raucher-Requisiten und einige Füllfedern, seine Schreibmaschine und ein Fernrohr. Besonders eindrucksvoll sind die Pfeile und Bögen des leidenschaftlichen Bogenschützen. Der zweite Raum enthält die Möbel aus Doderers letztem Arbeitszimmer in der Währinger Straße 50, Teile seiner Bibliothek und einige handschriftliche Romanentwurf-Skizzen, in die man auf Wunsch Einsicht nehmen kann. Der Gedenkraum für Erich Fried ist wesentlich bescheidener und nur durch eine improvisierte Wand vom restlichen Bezirksmuseum abgetrennt. Die interessantesten Objekte sind ein kleiner weißer Radio und eine Schreibmaschine aus dem Besitz des Lyrikers. Der Sohn jüdischer Eltern hat bis zu seiner erzwungenen Flucht nach England 1938 am Alsergrund gelebt.

Schräg gegenüber dem Bezirksmuseum beginnt die Strudlhofgasse, die zum Zentrum von Heimito von Doderers berühmtestem Roman führt. Doch bevor wir dorthin spazieren, machen wir auf halber Strecke einen kurzen Abstecher nach links, zur ehemaligen k.k. Konsular-Akademie in der Boltzmanngasse 16, einem monumentalen Gebäude aus dem Jahr 1904, in dem heute die US-amerikanische Botschaft untergebracht. Hier besucht 1911 der Gymnasiast René Stangeler, Doderers Alter ego im Roman, den Freund seiner Schwester und hört das Vorspiel zur großen Klaviersonate in Fis-moll von Robert Schumann. Dabei »durchbrach die Empfindung sein Antlitz«, heißt es im Roman: »Man könnte sagen: dieses Gesicht entknotete sich.«

Folgen wir dem durch die Musik verwandelten René Stangeler nun weiter, zurück zur Strudlhofgasse und dort nach links, bis zur Stiege, die der Gymnasiast sofort als »eine der Bühnen des Lebens« erkennt. Er stellt sich eine große Szene vor, »ein Herab- und Heraufsteigen und Begegnen in der Mitte, durchaus opernhaft«. Eine solche Szene wird dann auch stattfinden, so opernhaft, daß Stangeler »wie in Begeisterung die Arme ausgebreitet« halten wird. Steigen wir mit Stangeler die Stiegen hinunter, vorbei am oberen Brunnenbecken und der Marmortafel mit dem Gedicht, das Doderer dem Roman vorangestellt hat.

Auf die Strudlhofstiege zu Wien

Wenn die Blätter auf den Stufen liegen
herbstlich atmet aus den alten Stiegen
was vor Zeiten über sie gegangen.
Mond darin sich zweie dicht umfangen
hielten, leichte Schuh und schwere Tritte,
die bemooste Vase in der Mitte
überdauert Jahre zwischen Kriegen.

Viel ist hingesunken uns zur Trauer
und das Schöne zeigt die kleinste Dauer.

Unten angelangt, schauen wir zurück auf das Werk des »Meisters der Stiegen«, wie sein Architekt Theodor Jaeger im Roman genannt wird. Diese Stiegen, so der Erzähler über das 1910 erbaute Werk weiter, »sind immer da, und sie ermüden nie uns zu sagen, daß jeder Weg seine eigene Würde hat und auf jeden Fall immer mehr ist als das Ziel«.

Der Meister der Stiegen hat ein Stückchen unserer millionenfachen Wege in der Großstadt herausgegriffen und uns gezeigt, was in jedem Meter davon steckt an Dignität und Dekor. Und wenn die Rampen flach und schräg ausgreifen und querlaufen am Hange, den zweckhaften Kurzfall und all' unsere Hühnerleitern verneinend; wenn ein Gang hier zur Diktion wird auf diesen Bühnen übereinander, und der würde-verlustige Mensch nun geradezu gezwungen scheint, sein Herabkommen doch ausführlicher vorzutragen trotz aller Herabgekommenheit: so ist damit der tiefste Wille des Meisters der Stiegen erfüllt, nämlich Mitbürgern und Nachfahren die Köstlichkeit all' ihrer Wegstücke in allen ihren Tagen auseinanderzulegen und vorzutragen, und diese lange, ausführliche Phrase kadenziert durchzuführen – ein Zwang für trippelnde Herzln und für trampelnde Stiefel – bis herab, auf die Plattform, wo sich um's Gewäsch und Geträtsche des Brunnens die sommerliche Einsamkeit dick sammelt, oder bis ganz unten zur Vase und zur Maske, die in eine warme stille Gasse schaut und ebenso unbegreiflich ist wie ein Lebendiges, sei sie gleich aus Stein.

René Stangeler bleibt weiterhin unser Vor-Geher. »Unten kommt man in die Liechtensteinstraße, und Stangeler folgte ihr nach links, wo sie alsbald bei einem Wirtshause, das sich ›Zur Flucht nach Ägypten‹ nennt, in eine breitere Verkehrs-Ader mündet.« Aus »Zur Flucht nach Ägypten« ist mittlerweile »Zur Chinesischen Mauer« geworden. Nur die Aufschrift »RESTAURATION« erinnert an frühere Zeiten.

Wir befinden uns nun an einer großen Kreuzung, wo fünf Straßen zusammentreffen, und legen Doderers Roman kurz beiseite. An der Ecke Alserbachstraße 11/Liechtensteinstraße steht nämlich das Geburtshaus von Erich Fried. Hier lebte der damalige Schüler mit seinen Eltern und der Großmutter bis zu seiner Flucht vor den Nationalsozialisten 1938. Vergleicht man alte Fotografien mit dem heutigen Aussehen des Hauses, erkennt man es kaum wieder. Aus einem typisch historistischen Bau mit einer gebänderten, ornamentreichen Fassade hat man einen glatten, charakterlosen Wohnblock gemacht. Wo jetzt eine Bankfiliale untergebracht ist, befand sich früher das Café Thury, in dem Frieds Eltern am 24. April 1938 die finanziellen Möglichkeiten der Ausreise aus Österreich besprachen. Dabei wurden sie von einem Kellner belauscht und an die Nationalsozialisten verraten. Noch am gleichen Abend wurden sie verhaftet. Die Ermordung seines Vaters schildert Erich Fried in der autobiographischen Erzählung *Die grüne Garnitur* (1982).

Einen Monat später, am 24. Mai, wurde mein Vater nach Hause gebracht. »Wieder einer weniger«, sagte der eine Polizist. Er schien auf Antwort zu warten und sah die Bilder und die Möbel an. Aber niemand gab Antwort. Dann ging er wieder. Mein Vater mußte auf das Sofa gelegt werden; er versuchte, eine Zigarette zu rauchen und lag keuchend und laut röchelnd auf dem grünen Plüsch, bis der alte Hausarzt kam, ihm eine Kampferinjektion gab und ihn ins Krankenhaus schaffen ließ. Er starb am selben Abend; man hatte ihm bei einem Verhör die Magenwand eingetreten.

Der Hausverwalter kündigte der Familie die Wohnung, die Großmutter mußte zu Verwandten in einen anderen Bezirk ziehen. Ihrem siebzehnjährigen Enkel aber gelang die Flucht ins Ausland. Und so endet die Erzählung:

Ich fuhr über Belgien nach England. Bis 1942 kamen Nachrichten von meiner Großmutter, dann wurde sie nach Theresienstadt geschickt und ist von dort nicht mehr zurückgekommen. Der Bodenkram des Hauses Alserbachstraße 11 ist im Krieg verbrannt, als unsere Nachbarin aus dem obersten Stockwerk sich selbst und ihre Wohnung mit Benzin übergoß und anzündete. Der Schaden ist längst repariert, das Haus sieht von außen wie neu aus. Bei meinen Besuchen in Wien habe ich es nicht wieder betreten.

Wir nehmen die Spur von René Stangeler wieder auf und gehen jenseits der Alserbachstraße in der nun »stark verengten« Liechtensteinstraße weiter. Im Roman ist die Gasse noch ganz deutlich »die Grenze zweier sehr verschiedener Stadt-Teile«. Links steigt das Terrain an, und dort erhoben sich neue vier- und fünfstöckige Gebäude, während rechts meist nur »einstöckige Häuschen« standen, »von denen wenige viel jünger sein mochten als hundert Jahre«.

Die »einstöckigen Häuschen« und damit das alte Lichtental sind schon lange verschwunden. Dadurch erlebt man auch die Liechtensteinstraße nicht mehr so deutlich als Grenze zwischen verschiedenen Stadtteilen. Sie bildete ursprünglich den westlichsten Rand des Augebiets der Donau, von dem ein Steilhang zu einem Höhenrücken ansteigt. Der Niveauunterschied zwischen den Gebieten links und rechts der Straße ist beträchtlich. Ihm ist nicht nur die berühmte Strudlhofstiege zu verdanken, sondern auch die nach dem »oben« gelegenen Stadtteil Himmelpfortgrund genannte Himmelpfortstiege.

Von der Gasse zweigte nach rechts ein Gäßchen. An dem einen Eckhause bemerkte Stangeler jetzt in geringer Höhe, über dem Erdgeschoß am ersten Stockwerk, ein in blauer Glasur ausgeführtes rundplastisches Bildwerk, welches ein Einhorn darstellte. Er blieb in der halben Breite des Nebengäßchens stehen und schaute zu dem Einhorn hinauf, als er hinter sich Schritte hören konnte, welche nun langsamer wurden und anhielten. René wandte sich herum und erblickte ein etwa siebzehnjähriges Mädchen in bescheidenem grauen Tuchanzug und eine Aktentasche unter dem Arm.
Er lachte im selben Augenblicke, und dieses Lachen war sehr geschickt und stellte die Verbindung, welche er sofort suchte,

mühelos her: denn sie blickte, gleichfalls lachend, zu dem Einhorn hinauf und sagte:
»Wissen Sie eigentlich, was das da für ein komisches Viech ist?«

So lernt René Stangeler Paula Schachl kennen, die in einem kleinen Lichtentaler Häuschen lebt. Er lädt sie in eine Konditorei in die Alserbachstraße ein, wohin wir den beiden aber nicht mehr folgen wollen. Das Haus »Zum blauen Einhorn« wurde 1962 abgerissen, eine Kopie des Hauszeichens aber am Nachfolgebau, Liechtensteinstraße 74, wieder angebracht. Unter der Skulptur hängt eine Tafel, die nicht nur auf die *Strudlhofstiege* hinweist, sondern auch auf Nikolaus Lenau, der mit Doderer verwandt war und 1823 im alten Haus gelebt hat. In den *Dämonen* läßt Doderer einige Romanfiguren in Lenaus einstiger Unterkunft wohnen.

Paula Schachls Haus muß man sich ganz in der Nähe der Lichtentalerkirche vorstellen, die eng mit dem Namen Franz Schubert verbunden ist. Hier wurde der Lehrerssohn 1797 getauft, und hier dirigierte der Siebzehnjährige 1814 seine erste Messe, die er zum Hundertjahrjubiläum der Kirche geschrieben hatte. In seinem biographischen Roman *Schubert* (1992) erzählt Peter Härtling von dem Erfolg dieser Aufführung, er läßt den jungen Komponisten aber auch die Schattenseiten der eingeschlagenen Laufbahn erahnen. Es ist nicht weit von der Lichtentalerkirche auf den Himmelpfortgrund, wo Schuberts Geburtshaus steht. Die Himmelpfortstiege hinauf und dann auf der Nußdorferstraße nach rechts. Nach ein paar Schritten steht man vor dem sorgfältig restaurierten Haus, das heute ein Museum der Stadt Wien ist. Man tritt in einen Innenhof mit offenen Umgängen und einem Brunnen, hinten schließt ein kleiner Garten an. Im ersten Stock befinden sich das Schubert-Museum und zwei Räume, in denen Ölbilder, Aquarelle und Zeichnungen von Adalbert Stifter ausgestellt sind. Es sind hauptsächlich Landschaftsbilder sowie Stein- und Wolkenstudien, aber auch ein »Blick in die Beatrixgasse in Wien«, wo Stifter mehrere Jahre gewohnt hat.

Von Schuberts Geburtshaus gehen wir wieder über die Himmelpfortstiege hinunter, durchqueren den Lichtentalerpark und treten beim Franz-Josefs-Bahnhof erneut in Doderers Roman- und Lebenswelt ein. Der heutige Julius-Tandler-Platz vor dem Bahnhof hieß früher nach einem Adeligengeschlecht Althanplatz. Unter diesem Namen taucht er auch in Doderers Romanen auf. Hier, vor dem alten Bahnhof, der in den siebziger Jahren radikal umgestaltet wurde, ereignet sich am 21. September 1925 in der Romanwelt der *Strudlhofstiege* jener folgenschwere Unfall, bei dem Mary K. von einer Straßenbahn über dem Knie das rechte Bein abgefahren wird. Major Melzer, eine Hauptfigur des Romans, sieht den Unfall und handelt sofort.

Schon bei ihr. Schon im Blute, dessen Rot ihm entgegenspringt, jetzt den Knieenden bespritzt. Jedoch, hier war ja ein Soldat von Beruf, ein Soldat vieler wechselnder Schlachten. Er riß den Riemen vom Leib, zerfetzten und blutigen Stoff empor und bei Seite. Er griff vor sich hin, erkannte klar und kalt in diesen Bruchteilen von Sekunden die fast völlige Abtrennung des Beins über dem Knie, auch, wo nun das totbleiche noch unverletzte Fleisch verläßlich begann: und schnürte ab. Er stieß seinen Spazierstock (samt dem goldenen Knauf) geschickt durch den Riemen, fast gleichzeitig mit dem harten Anziehen von diesem: und nun drehte er. Die stoßweise, taktweise Blutwelle versiegte, nicht mehr wuchs die Lache um seine Knie. Jemand half die ganze Zeit, raffte Störendes beiseite, beförderte das Durchgleiten des Stockes, hielt diesen jetzt fest in seiner Lage. so daß Melzer ihn loslassen und sich aufrichten konnte, um Atem zu schöpfen. Er wandte sich dem Helfer zu: und sah neben sich in der roten Lache die Thea Rokitzer knien, vollständig bespritzt und besudelt von Marys Blut wie er selbst.

Die gemeinsame Hilfsaktion schweißt Melzer und Thea zusammen. Später werden sie in der »Liechtenthalerkirche« heiraten. Mary, die im Haus Althanplatz, heute Julius-Tandler-Platz Nr. 6 wohnt, wird lernen, mit einer Beinprothese zu leben. Dieses Haus, in dem Doderer 1932 bei Marie Kornfeld wohnte, spielt eine zentrale Rolle in beiden großen Romanen des Autors, in der *Strudlhofstiege* und in den *Dämonen*. Neben Mary K. wohnt auch Grete Siebenschein, René Stangelers Geliebte, im sogenannten Doro-Stein-Haus, das es noch immer gibt. Verschwunden sind hingegen zwei Kaffeehäuser, die ebenfalls am Althanplatz lagen: das Café »Zur Franz-Josefs-Bahn« und das »Café Brioni«. In den Räumlichkeiten des einen ist heute eine Libro-Filiale, in denen des anderen ein sogenanntes »Wettbüro Café« untergebracht.

Wir verlassen den wenig einladenden Ort und gehen in die Porzellangasse hinein, die gegenüber dem Bahnhof in den Platz einmündet. Der Weg führt vorbei an der Generaldirektion der ehemals Österreichischen Tabak-Regie, wo Melzer in den zwanziger Jahren arbeitet. Wir kommen zu seiner Wohnung, die vermutlich im Haus Nr. 41 lag, gegenüber den sogenannten »Miserowskyschen Zwillingen«, zwei gleich aussehenden Gründerzeitbauten aus den Jahren 1890/92, »eine beängstigende Bau-Art«, heißt es dazu in der *Strudlhofstiege*. Hier wohnt im Roman »der kleine E.P.«, dessen Urbild Ernst Pentlarz der Verlobte von Doderers erster Frau Gusti Hasterlik war.

Neben dem linken der »Miserowskyschen Zwillinge« führt die Seegasse hinein, Richtung Donaukanal. Hier, im Hof des Hauses Seegasse 9-11, liegt, versteckt hinter einem Pensionistenheim, der älteste erhaltene jüdische Friedhof Wiens. Er hat eine wechselvolle Geschichte. 1517 errichtet, konnte er im Zuge der Judenvertreibung von 1670 gerade noch vor der Zerstörung bewahrt werden. 1696 kaufte der Hofbankier Samuel Oppenheimer das Friedhofsareal und ließ daneben ein jüdisches Versorgungsheim bauen. 1784 wurde der Friedhof von der Donau überflutet, wobei viele Grabsteine vernichtet wurden. Neun Jahre später kaufte die Judengemeinde das Areal von den Oppenheimer-Erben zurück. 1844 wurde das Versorgungsheim reformiert und der Friedhof gründlich gereinigt. Damals zählte man etwa siebenhundert Grabsteine. Viele angesehene Mitglieder der jüdischen Gemeinde wurden hier begraben, wie aus den Familien Arnstein, Eskeles, Oppenheimer und Wertheimstein. 1943 konnte die Zerstörung des Friedhofs durch die Nationalsozialisten nur durch den nicht ungefährlichen Transport der Steine auf den Zentralfriedhof verhindert werden. Ab 1981 wurden sie hierher zurückgebracht und der Friedhof in den Neubau eines Altersheims der Stadt Wien integriert. 1983 wurde die Gedenkstätte eröffnet.

Gleich beim ersten Anblick des Friedhofs fällt einem ein seltsamer »Grabstein« auf, der etwas abseits steht und ganz anders als die üblichen jüdischen Grabsteine aussieht. Er stellt einen Fisch dar, der auf einem Steinpodest ruht. Um diesen »Grabstein« rankt sich eine der seltenen »echten« Sagen der Wiener Juden.

Zu einer Zeit, als die Wiener Juden einmal relativ ruhig leben konnten, fischte ein Mann namens Simeon einen großen, dicken Fisch aus der Donau, die damals noch nahe an der Stadt vorbeifloß. Als seine Frau Chava den Fisch auf den Küchentisch legte, um ihn zuzubereiten, schnappte er noch einmal nach Luft, sprach ganz deutlich die Worte »Schema Jisrael« (»Höre Israel«, das jüdische Glaubensbekenntnis) und blieb dann reglos liegen. Erschrocken lief das Ehepaar zum Rabbi, der meinte, er handle sich wohl um einen »Dibbuk«, eine wandernde Seele, und riet, den Fisch zu begraben. Das taten Simeon und Chava und setzten ihm den Grabstein, der noch heute zu sehen ist.

Soweit die Sage vom sprechenden Fisch. Die Tatsachen sind leider weniger poetisch. Der Fisch auf dem »Grabstein« ist ein Wasserspeier und war wahrscheinlich Teil eines zur rituellen Händewaschung benötigten Brunnens, der auf dem Friedhof aufgestellt gewesen sein dürfte.

Nach einem Rundgang durch den Friedhof, in dessen Mauer auch einige mittelalterliche Grabsteine eingelassen sind, spazieren wir zurück zur Porzellangasse. Dort befindet sich im Eingangsportal des Hauses Nr. 37 eine Gedenktafel an Leo Perutz. »Rassismus und Intoleranz zwangen ihn ins Exil«, heißt es auf der Tafel. Der 1882 in Prag geborene Autor emigrierte nach dem »Anschluß« 1938 nach Palästina, wo er bis zu seinem Tod lebte. Er starb 1957 während eines Urlaubsaufenthalts in Bad Ischl.

Leo Perutz hatte seine produktivste Zeit zwischen dem Ende des Ersten Weltkriegs 1918 und dem Beginn des Austrofaschismus 1933. Seine spannenden Romane machten ihn zu einem der erfolgreichsten deutschsprachigen Autoren der Zwischenkriegszeit. Einer davon, *Zwischen neun und neun* (1918), spielt in Wien und zu einem großen Teil in seiner engsten Wohngegend, dem neunten Bezirk. Die rasante und unheimliche Geschichte handelt von einem in Handschellen gefesselten Mann, der kreuz und quer durch Wien hetzt. Dabei kommt er auch in den Liechtensteinpark, der hinter Perutz' Wohnhaus liegt. Dort muß der gefesselte, seine Handschellen verbergende Stanislaus Demba hilflos mitansehen, wie der kleine Hund eines weltfremden Gelehrten sein Wurstbrot verspeist, was ihn in hilflose Wut versetzt. Doch dann beschließt er, sich zu rächen.

»Aber du bist ja ein liebes Hunderl!« rief Stanislaus Demba in plötzlich erwachter Begeisterung. »Du bist ein reizendes Hunderl.« Ob die Herren den Hund vielleicht verkaufen wollten. »Nicht? Schade!« – Der Hund würde es bei ihm gut haben. Stanislaus Demba – wenn er sich den Herren vorstellen dürfte. Demba, *cand. phil.* … Nach so einem Hunde sei er schon lange auf der Suche. »Und von wem hat denn der Hund das schöne rote Mascherl bekommen? Du bist aber ein herziger Hund! Na, komm doch her zu mir! Willst du Zucker haben?«
»Geh hin, Cyrus!« sagte der Hofrat. »Gib dem Herrn schön das Pratzerl.«
Cyrus ging arglos ganz nah an Stanislaus Demba heran und hob die Vorderpfote.
Darauf schien der Student nur gewartet zu haben. Der unglückliche Hund erhielt statt des Zuckers einen gewaltigen Fußtritt und fiel heulend auf den Rücken.
Und nun sprang Stanislaus Demba auf und stürmte ohne Gruß davon. Das untere Ende seines Mantels geriet ihm unter die Füße und brachte ihn zum Stolpern. Ein leises, metallisches Klirren war zu hören, ähnlich dem Rasseln eines Schlüsselbun-

des. Aber Demba bewahrte sein Gleichgewicht, raffte den Mantel zusammen und verschwand hinter der Biegung des Fußpfads.

Die Wiener sind bekannt für ihre Hundeliebe. Vielleicht haben manche Leser deshalb mehr Mitleid mit dem Hund als mit dem Studenten, der weiterhin hungrig durch Wien läuft und von einem Abenteuer in das andere taumelt. Wir aber verraten nicht, warum Demba gefesselt ist und wie die spannende Geschichte endet.

Der Liechtensteinpark ist nach dem Palais benannt, das Hans Adam I. Fürst von und zu Liechtenstein in dem von ihm begründeten Stadtviertel Lichtental in zwei Baustufen, 1691-94 und 1700-1705/06, errichten ließ. Es wurde von Domenico Egidio Rossi begonnen und von Domenico Martinelli fertiggestellt. Das Portal zur Fürstengasse aus dem Jahr 1814 wird Joseph Kornhäusel zugeschrieben. Das Liechtensteinsche Sommerpalais zählt zu den schönsten barocken Palastbauten Wiens. Heute ist darin das Museum Moderner Kunst untergebracht, und nur ein kleiner Teil des Parks ist öffentlich zugänglich.

Wir spazieren weiter die Porzellangasse stadteinwärts und kommen dabei am »Schauspielhaus« vorbei, einer der interessantesten und innovativsten Wiener Bühnen der Gegenwart. Von 1987 bis 1990 leitete hier George Tabori unter dem Titel »Der Kreis« ein avantgardistisches Theaterprojekt, das sich als Gegensatz zur bürgerlichen Theaterkultur sah. Seither ist wieder der Gründer des Schauspielhauses, Hans Gratzer, Leiter des Kellertheaters, das vor allem Klassiker der Moderne und Werke zeitgenössischer Autoren auf die Bühne bringt. Besonders verdienstvoll war und ist sein Einsatz für den 1994 verstorbenen Dramatiker Werner Schwab, von dem jährlich ein Stück aufgeführt wird.

Wo sich die Porzellangasse zu einem kleinen Platz weitet, der nach dem 1986 verstorbenen ÖVP-Politiker und Schriftsteller Jörg Mauthe benannt ist, führt rechts die Berggasse ab. Nach wenigen Metern steht man vor der berühmtesten Adresse in dieser Gasse, dem Haus Nr. 19, der ehemaligen Wohnung und Ordination von

Sigmund Freud. Hier lebte und arbeitete der Begründer der Psychoanalyse von 1891 bis zu seiner erzwungenen Emigration 1938. Seit 1971 ist diese Stätte ein international vielbeachtetes Museum. Die berühmte Coach wird man hier allerdings vergeblich suchen. Sie befindet sich in London, wo Freud nach seiner Flucht vor den Nationalsozialisten lebte und 1939 starb.

Freuds Beziehungen zur Literatur sind vielfältig. In seinen bahnbrechenden Abhandlungen wie *Die Traumdeutung* (1900) und *Der Witz und seine Beziehung zum Unbewußten* (1905) zog er zahlreiche literarische Beispiele zur Stützung seiner Thesen heran. Die Bezeichnung »Ödipuskomplex«, einen zentralen Begriff seines Ideengebäudes, hat er in Anlehnung an eine Gestalt der griechischen Mythologie gewählt. Auch fühlte er in seinem Streben »nach Aufhellung der Wahrheiten des Unbewußten« den Dichtern verwandt. In einem Brief an Arthur Schnitzler vom 14. Mai 1922 gesteht Freud, daß er den in derselben Stadt lebenden Autor »aus einer Art von Doppelgängerscheu« gemieden habe. Denn dieser wisse all das »durch Intuition« bzw. »in Folge feiner Selbstwahrnehmung«, was er selbst »in mühseliger Arbeit an anderen Menschen aufgedeckt« habe.

Freuds Einfluß auf Kunst und Literatur des 20. Jahrhunderts ist natürlich gewaltig. Einer von unzähligen Künstlern, die sich besonders intensiv mit der Psychoanalyse auseinandersetzen, ist der Regisseur und Schauspieler Woody Allen. Man denke nur an seinen Film *Der Stadtneurotiker* (1976), wo der Klient in klassischem Ambiente von einem Psychoanalytiker behandelt wird, der Freud zum Verwechseln ähnlich sieht. In seinem Buch *Wie du dir, so ich mir* (1978; engl. 1966) macht er sich über Freud selbst lustig, indem er einen fiktiven Freud-Schüler von seiner ersten Begegnung mit dem Meister erzählen läßt:

»Freud stand in einer Bäckerei. Er versuchte, sich ein paar *Schnecken* zu kaufen, brachte es jedoch nicht fertig, sie mit ihrem Namen zu verlangen. Freud hatte zu große Hemmungen, das Wort ›Schnecken‹ auszusprechen, wie Sie wahrscheinlich wissen. ›Geben Sie mir ein paar von diesen kleinen Kuchen‹, sagte er und zeigte mit dem Finger darauf. Der Bäcker sagte: ›Meinen Sie die *Schnecken*, Herr Professor?‹ Da wurde Freud puterrot, floh zur Tür hinaus und murmelte: ›Äh, nein, nichts – schon gut!‹ Ich erstand die Kuchen ohne jede Mühe und brachte sie Freud als Geschenk. Wir wurden gute Freunde.«

Geht man die Berggasse »bergauf«, kommt man zur Wasagasse, in der sich ein Gymnasium befindet, das so bekannte Autoren wie Stefan Zweig, Friedrich Torberg, Erwin Chargaff und Erich Fried besucht haben. Obwohl das Haus von keinem Geringeren als Heinrich Ferstel erbaut wurde, läßt Stefan Zweig in seinen Lebenserinnerungen kein gutes Haar an dem Gebäude. Einen »typischen Zweckbau« nennt er ihn, »eilig, billig und gedankenlos hingepflastert«. Er kritisiert auch die Lehrer, ihre »menschliche Lieblosigkeit«, »nüchterne Unpersönlichkeit und das Kasernenhafte des Umgangs«. Wann immer Zweig später an der Schule vorbeikam, war er froh, dem »Kerker« seiner Jugend entronnen zu sein. Friedrich Torberg hat seine Schulerfahrungen in seinen ersten, stark autobiographischen Roman *Der Schüler Gerber hat absolviert* (1930) einfließen lassen, ohne konkret diese Schule zu nennen. Er erzählt vom letzten Schuljahr eines Schülers, der von einem Lehrer so lange gequält wird, bis er verzweifelt und seinem Leben ein Ende setzt. Erwin Chargaff, der später in den Vereinigten Staaten die Grundlagen der modernen Biochemie schuf und noch später zu einem kritisch-brillanten Essayisten werden sollte, hat das Wasa-Gymnasium 24 Jahre nach Stefan Zweig und drei Jahre vor Friedrich Torberg absolviert und scheint mit der Schule durchaus zufrieden gewesen zu sein. Es bezeichnet den Unterricht als »inhaltlich beschränkt, aber von sehr hoher Qualität«. Erich Fried schließlich hat weder direkt noch verschlüsselt etwas Negatives über seine Schule geschrieben. Trotzdem wurde 1998 seltsamerweise nicht dieses Wiener Gymnasium, sondern ein anderes, das er nie besucht hat, nach ihm benannt.

Vom Gymnasium Wasagasse sind es nur wenige Schritte bis zur Votivkirche, wo wir unseren Spaziergang begonnen haben. Der Park vor der »Kirche ohne Gott« ist – natürlich rein zufällig – nach Sigmund Freud benannt. Dessen Lehre hat Egon Friedell in seiner *Kulturgeschichte der Neuzeit* (1927-32) als eine Religion bezeichnet, die als Wissenschaft auftritt, als »eine neue erdumspannende Revolte gegen das Evangelium«.

→ »Die Majestäten verlassen uns«

Ein Ausflug nach Schönbrunn

Mit der U-Bahnlinie U4 bis zur Station Schönbrunn

An einem schönen Frühsommermorgen des Jahres 1914 fährt ein sehr korrekt und festlich gekleideter alter Herr mit einem charakteristischen Backenbart in einem Fiaker aus der Wiener Innenstadt hinaus zum Schloß Schönbrunn. Er ist auf dem Weg zu einer Privataudienz bei Kaiser Franz Joseph I. Er läßt den Wagen in angemessener Entfernung halten und geht dann vorsichtig, um sich die glänzenden Stiefel nicht staubig zu machen, unter blühenden Kastanien zum Schloß empor. Mit dem Eintreffen des alten Franz von Trotta im Schloß Schönbrunn beginnt eine der einprägsamsten Stellen in Joseph Roths Roman *Radetzkymarsch* (1932). Der Bezirkshauptmann will den Kaiser um Gnade für seinen Sohn Carl Joseph bitten, dem wegen Spielschulden und anderer Vergehen eine unehrenhafte Entlassung aus der Armee droht.

Wer heute mit der U-Bahn (U4) nach Schönbrunn fährt und bei der gleichnamigen Station aussteigt, kann den Weg des Bezirkshauptmanns leicht nachvollziehen. Er beginnt beim Meidlinger Tor, dem östlichen Seiteneingang ins Schloßareal. Die Schuhe macht man sich nicht staubig, denn der Weg durch die Kastanienallee ist asphaltiert. Dafür muß man aber jetzt Eintritt bezahlen, um in den Raum zu gelangen, wo Trotta vom Kaiser empfangen wird. Nachdem er eine Zeitlang in dem großen Raum vor dem Arbeitszimmer des Kaisers gewartet hat, wird er zu Franz Joseph vorgelassen. Dann stehen sich die beiden Männer gegenüber »wie zwei Brüder«, sie ähneln sich so sehr, daß jeder das Gefühl hat, sein eigenes Spiegelbild zu sehen. Die »Affäre Trotta« wird vom gütigen, schon ziemlich senilen Kaiser positiv erledigt, und der Bezirkshauptmann zieht sich ebenso korrekt zurück, wie er gekommen ist. Einige Wochen später wird in Sarajewo der Thronfolger Franz Ferdinand ermordet, Carl Joseph Trotta fällt im Krieg, und bald

stirbt auch Franz Joseph. Für den alten Bezirkshauptmann Trotta bricht eine Welt zusammen.

Ein Rundgang durch den Westflügel des Schlosses führt auch durch die Privaträume von Kaiser Franz Joseph und seiner Gemahlin Elisabeth, jener »Sisi«, die sich in Schönbrunn nie heimisch fühlte. Die freiheitsliebende und sensible bayerische Prinzessin konnte sich nicht an die strengen Konventionen am Wiener Hof gewöhnen. Auch mußte sie sich bald eingestehen, daß ihre Liebe zu dem langweiligen und steifen Franz Joseph erkaltete. In ihrem *Poetischen Tagebuch*, in dem sie sich von 1885 bis 1888 all ihre Kümmernisse und Enttäuschungen in Gedichtform von der Seele schrieb, klagt sie auch darüber. In einem im September 1885 in Schönbrunn geschriebenen Gedicht sieht sie sich, wie so oft, in der Rolle der Titania, einer Figur aus ihrem Lieblingsstück *Ein Sommernachtstraum* von William Shakespeare.

Tief ermüdet geht Titania in dem Garten auf und nieder,
Löst sich sinnend ihre Flechten, dichtet wandelnd neue Lieder,
Und sie denkt der längstvergangnen Zeiten, wo sie hier geweilet;
Sieht noch, wie im Mondenscheine dem Geliebten zu sie eilet –
»Hier auf dieser Bank, da sassen Arm in Arm wir lang verschlungen,
Während draussen am Parterre musiziert wird und gesungen;
Dorten steigen auf Raketen, glühen Feuer aus Bengalien,
Hier dringt kaum des Vollmonds Silber durch das Laubdach der Kastanien.
Und wir tauschten heisse Küsse, wie die Vollmondnacht, noch schwüler,
Dachten nicht des nahen Morgens, wo es grau wird, ach! und kühler!«
So Titanias schwermutsvolle Abendgangerinnerungen.
Weh'! Es bleibt die graue Farbe, wenn das Lied auch längst verklungen!

← **Im Schloßpark von Schönbrunn**

Die stark von Heinrich Heine beeinflußten Gedichte Elisabeths sind zwar von geringem literarischem Wert, als Zeugnisse von »Sisis« innerer Befindlichkeit und als Dokumente für die Zustände am Wiener Hof jedoch von einiger Bedeutung.

Elisabeths unglückliche Ehe, der Selbstmord ihres einzigen Sohnes Rudolf in Mayerling, ihr ruheloses Umherreisen sowie ihr gewaltsamer Tod durch einen Anarchisten 1898 in Genf machten die Kaiserin zu einer beliebten Gestalt von Romanen und Filmen, einer Operette und zuletzt auch eines Musicals. Lange Zeit war das Bild »Sisis« durch die kitschigen Filme mit Romy Schneider geprägt; erst in den letzten Jahren wurde man ihrer schillernden Persönlichkeit gerecht.

Im Ostflügel des Schlosses, der durch Festsäle und Repräsentationsräume mit dem Westflügel verbunden ist, befinden sich die Zimmer von Franz Stephan von Lothringen und Maria Theresia, die sich ab 1745 »römische Kaiserin« nannte. Ihr verdankt das Schloß Schönbrunn seinen Ausbau zu der Gestalt, in der er sich heute präsentiert. Begonnen wurde der Bau des Schlosses nach Plänen von Johann Bernhard Fischer von Erlach bereits 1695 unter Leopold I., vollendet wurde es in den Jahren 1744-49 von Nicolaus Pacassi. Im Osttrakt residierte auch Kaiser Napoleon während seiner Aufenthalte in Wien 1805 und 1809. Im Jahr 1810 heiratete er die Erzherzogin Marie Louise. Ein Jahr darauf wurde ihr gemeinsamer Sohn geboren, der bis zu seinem frühen Tod 1832 hier wie ein Gefangener lebte.

Im sogenannten Blauen Salon verzichtete nach der Ausrufung der Republik 1918 der letzte österreichische Kaiser Karl I. auf die Beteiligung an den Regierungsgeschäften. In Alexander Lernet-Holenias Roman *Die Standarte* (1934) kommt der Dragonerfähnrich Herbert Menis gerade in dem Moment in den Osttrakt der Residenz, als der Kaiser Schönbrunn verläßt:

[...] neben mir stand ein Bedienter in großer Livree, er war schon alt, er erinnerte mich ein wenig an Anton, er sah bedrückt vor sich hin. Ich beugte mich zu ihm. »Was geht hier vor?« fragte ich leise.

Auch er antwortete nicht sogleich. »Die Majestäten«, murmelte er schließlich, ohne den Kopf zu heben, »verlassen uns«. Ich hatte den Sinn dieser Worte noch nicht ganz erfaßt, als auch schon eine Bewegung durch die wartenden Reihen ging. Gleichzeitig hörte man, von rechts, Schritte, und der Kaiser und die Kaiserin, gefolgt von einigen Herren, kamen zwischen den Spalieren entlang. Die Spaliere verbeugten sich. Die Kaiserin schritt aufrecht, der Kaiser aber hatte die Kappe in die Stirn gezogen, er sah kaum jemanden an, nur hin und wieder dankte er und nickte flüchtig. Die Gruppe ging rasch an mir vorbei und trat in die beiden großen Säle links. Die Spaliere richteten sich wieder auf, blieben aber noch kurze Zeit stehen. Von unten her hörte man nun Wagen, offenbar dieselben, die ich warten gesehen hatte, davonfahren. Dann lösten die Spaliere sich auf, und alles verließ die Säle.

Kurze Zeit später wirft Menis die Standarte, die er unter Lebensgefahr gerettet hatte und nun unter der Uniform »über dem Herzen« trägt, in ein Kaminfeuer, wo sie gemeinsam mit anderen Fahnen und Feldzeichen verbrennt. So endet der Roman, neben Joseph Roths *Radetzkymarsch* einer der bekanntesten literarischen Abgesänge auf die Habsburgermonarchie.

Den Schloßpark kann man heute leider nicht mehr durch das Schloß betreten. Die Durchfahrt wurde zum Schutz der darüberliegenden Prunkräume aus klimatischen Gründen gesperrt. Man muß links oder rechts um das Schloß herumgehen, um in den 1705 angelegten Garten zu gelangen. Von der Gartenfassade des Schlosses schaut man dann auf die 1775 errichtete Gloriette mit dem Neptun-Brunnen am Fuß des Hügels.

In seinem Roman *Der Tod Georgs* (1900), einem Hauptwerk des literarischen Wiener Jugendstils, läßt Richard Beer-Hofmann seinen Helden Paul an einem trüben Herbsttag zur Gloriette hinaufblicken.

Im Parterre vor dem Schloß knieten Gartenarbeiter auf den Rasenflächen und schichteten gelbgrüne verblichene Rasenziegel. Die Beete lagen entblößt, und ihre schwarze lockere Erde war aufgewühlt. An die Sockel der sandsteinernen Bilder hatte der Wind braune modernde Blätter zu Haufen angeweht. Irgendwo klangen Stimmen. Paul sah auf; ein Mann, der zwei Kinder an der Hand hielt, kam über den Wiesenhang von der Gloriette herab. Die offene luftige Säulenhalle schien unkörperlich und flach an den Himmel gepreßt, der in wolkenlosem Grau dahinter aufstieg. In fahlem Gelb zog sich der steile Wiesenhang herab, jäh abgeschnitten durch die steinerne modergrüne Rückwand des Neptunbrunnens. Zwischen all den matten erlöschenden Farben, schien das Grün des Tannenhintergrundes sich schwarz zu einer Höhle zu vertiefen, aus der die steinernen Hippocampen sprengten.

Fast ein Jahrhundert nach Beer-Hofmanns Erzählung schrieb Friederike Mayröcker das Gedicht *schöner Brunnen, Schönbrunn* (1986), in dem sich der fast gleiche Anblick des Schloßparks ganz anders spiegelt:

[...] da ziehen Menschenschlangen hinauf,
glorietttewärts,
säumen die obersten Ränder der Anhöhe, darunter
nachgebildet der Brunnen von Trevi,
Endlosschleife der Beete, vielleicht kryptische
Alphabete, kryptische Botschaften, die Kuppelgänger so grün
verstreut, in vielen
Sommerfarben / und Mumie: rotschädelig *sandalisiert*,
ich weisz nicht
die Haut den jungen Sohn an der Hand, der läszt chinesischen
Drachen
schweben, schon auswächst und -wuchert
nach vier zeigt die Uhr, die
Kugeln von Buchs, und Dottergelbes strebt in die Aula, da fiebermassiger Neptun nochmals sein Haupt,

Rechts vom Neptun-Brunnen befindet sich einer der drei Eingänge in den Tiergarten Schönbrunn. Und damit wechseln wir in die skurril-irrwitzige Phantasiewelt John Irvings, dessen erster Roman *Laßt die Bären los!* (1985, amerik. 1968) zu einem großen Teil im Schönbrunner Zoo spielt.

Irving besuchte den Zoo vermutlich während seines Wiener Studienaufenthalts 1963/64 zum erstenmal und zog aus seinen Eindrücken völlig falsche Schlüsse. Er glaubte, die Tiere seien in ehemals menschliche, im Krieg beschädigte Behausungen gesteckt worden, die man zu Käfigen umfunktioniert hatte. Tatsächlich ist der Schönbrunner Tiergarten der älteste existierende Zoo der Welt. Die »Menagerie« war von Kaiser Franz I. gegründet und 1752 kreisförmig um einen achteckigen Mittelpavillon angelegt worden. Was Irving allerdings zurecht beklagte und was ihm vielleicht auch den Anstoß zu seinem Roman gab, war die Tierhaltung in diesen viel zu kleinen barocken Käfigen. Und die Kriegsschäden mußten das Ihre dazu beigetragen haben, den Eindruck zu erwecken, die Tiere würden notdürftig in Ruinen gefangengehalten. Ein Beispiel dafür war ein Bär.

Es war der Berühmte Asiatische Kragenbär, der in einer Hinterecke seines Käfigs kauerte und sich hin- und herschaukelte, um seinen Hintern in die Gitterstäbe zu donnern. Eine kurze, gedruckte Legende des Bären klebte in einer Weltkarte, auf der das Verbreitungsgebiet der Gattung schwarz schraffiert war und ein roter Stern den Ort markierte, wo er gefangengenommen wurde – im Himalaya – von einem Mann namens Hinley Gouch. Der Käfig des Asiatischen Kragenbären, so erklärte die Legende, zeige von den anderen Bären weg, weil er bei ihrem Anblick »wütend« werde; er sei ein besonders grimmiger Bär, sagte die Legende, und müsse in seiner dreiseitigen Ruine hinter Eisengitterstäben eingesperrt leben, weil er fähig sei, sich durch Beton zu graben.

Der Anblick dieses und der anderen gefangenen Tiere läßt in Siggi Javotnik, dem Helden des Romans, den Entschluß reifen, die Bären zu befreien, was in einem gewaltigen Crescendo am Ende des Romans auch geschieht.

Heute ist der Zoo kein Tiergefängnis mehr. Nur wenige barocke Käfige sind noch belegt, und meistens mit Tieren, die darin genügend Bewegungsfreiheit finden. Den Erfordernissen moderner Tierhaltung entsprechend, wurden unter anderem ein Elefantenpark und Großkatzenanlagen gebaut. Und auch die Bären leben nicht mehr in engen Käfigen. Einen Asiatischen Kragenbären gibt es allerdings nicht mehr, denn der ist ja, mit Siggis Hilfe, ausgebrochen.

Wir verlassen den Tiergarten durch den Hietzinger Eingang und kommen auf unserem Weg zum Hietzinger Tor an dem prächtigen, 1882 errichteten Palmenhaus vorbei. »waun e in s boemanhaus kum / schdüü i da r a boa bluman!«, heißt es in einem Gedicht von H. C. Artmann. Wir nehmen die gestohlenen Blumen dankend entgegen und spazieren damit zur U-Bahnstation Hietzing, von wo wir mit der U4 in die Innenstadt zurückfahren.

→ »Wann die Musi so spüüt«

In Heiligenstadt und Grinzing und ein Blick vom Cobenzl

Mit der Straßenbahn Linie 37 zuerst bis zur Station Pokornygasse (Wertheimsteinpark), dann weiter bis zur Endstelle Hohe Warte. Dort Beginn des letzten Spaziergangs: Heiligenstädter Park – Pfarrplatz – Probusgasse – Eroicagasse – Beethovengang – Heiligenstädter Friedhof – Grinzinger Steig – Grinzinger Friedhof

WÖK war die Kurzbezeichnung für eine von der Gemeinde Wien betriebene Speisehauskette mit preisgünstigen Menüs, deren Lokale über die ganze Stadt verteilt waren. Eine dieser »Wiener öffentlichen Küchen« befand sich an der Ecke Döblinger Hauptstraße/Pyrkergasse 41, gegenüber der Straßenbahnhaltestelle. In Thomas Bernhards Erzählung *Die Billigesser* (1980) ist es das Stammlokal von vier Männern, die täglich das billigste der drei angebotenen Menüs zu sich nehmen. Hier lernt der Privatgelehrte Koller, dem nach einem Hundebiß das linke Bein amputiert werden mußte, die »Billigesser« kennen.

Die WÖK gibt es heute nicht mehr, wohl aber den ganz in der Nähe gelegenen Wertheimsteinpark, den Koller zu Studienzwecken regelmäßig besuchte, um sich dort mit seinem Lebenswerk, einer umfangreichen wissenschaftlichen Arbeit über »Physiognomik«, zu beschäftigen.

Betritt man den Park durch den Hof der Villa Wertheimstein und folgt dem Weg nach links, steht man bald vor einer riesigen alten Esche, folgt man dem rechten Weg, kommt man zu einer knorrigen alten Eiche. Bernhards Erzählung beginnt nun damit, daß ihr Protagonist nicht, wie sonst immer, zur Esche, sondern diesmal zur alten Eiche geht. Dabei trifft er zufällig auf seine täglichen Tischgenossen aus der WÖK, deren plötzlicher Anblick Koller über einen toten Punkt seiner Arbeit hinweghilft. Er entschließt sich, seiner Studie einen Versuch mit dem Titel »Die Billigesser« einzufügen.

Der großartige Park mit seinem vielfältigen Baumbestand wurde nach der 1844 geborenen Bankierstochter Franziska von Wertheimstein benannt, deren Vater 1876 die Villa in der Döblinger Hauptstraße 96 mit der riesigen Parkanlage gekaufte hatte. In ihrer Döblinger Villa unterhielt Franziska einen Salon, wo sich Künstler, Wissenschaftler und Politiker trafen. Zu ihren engsten Freunden zählte der Schriftsteller Ferdinand von Saar, den sie auch finanziell unterstützte. Im Park steht eine Büste des Dichters und auch ein Gedenkstein für Franziska. Sie starb 1907, Villa und Park vermachte sie der Stadt Wien. In der Villa sind heute das Bezirksmuseum und das Weinbaumuseum Döbling sowie Gedenkräume für Ferdinand von Saar und den ehemals berühmten, 1890 verstorbenen und schon lange nicht mehr gespielten Burgtheaterautor Eduard von Bauernfeld eingerichtet, der bei Familie Wertheimstein seine letzte Bleibe fand.

Die Endstelle der Straßenbahnlinie 37 befindet sich auf der Hohen Warte, die jeder Österreicher als Sitz der Zentralanstalt für Meteorologie und Geodynamik kennt, denn sie beliefert Fernsehen und Radio mit den täglichen Wetterprognosen. Und fast jeder weiß auch, daß hier die Villa des österreichischen Bundespräsidenten steht. Auf der höchsten Stelle der Hohen Warte zieht die Straßenbahn eine Schleife durch eine Villensiedlung, die von dem Jugendstil-Architekten Josef Hoffmann konzipiert wurde. Eines der bekanntesten Häuser ist die nach Plänen von Hoffmann 1909-1911 errichtete Villa Mahler-Werfel in der Steinfeldgasse 2. Franz Werfel erwarb die Villa 1931 für seine Frau Alma, die darin einen Salon führte, wo viele bekannte Autoren wie Hermann Broch, Egon Friedell und Ödön von Horváth verkehrten. Seine Freundschaft mit Anna, der Tochter von Alma und Gustav Mahler, führte auch Elias Canetti in das Haus, der in dem Kapi-

← Wie eine Szene aus Horváths »Geschichten aus dem Wienerwald« – beim Heurigen in Grinzing

tel »Trophäen« seiner Lebensgeschichte *Das Augenspiel* (1985) ein wenig schmeichelhaftes Porträt von Alma Mahler-Werfel zeichnet.

Über einen offenen Hof – mit Fliesen belegt, zwischen denen in absichtlicher Natürlichkeit Gras zu wachsen erlaubt war – wurde ich in eine Art Allerheiligstes geführt, in dem Mammi mich empfing. Eine ziemlich große, allseits überquellende Frau, mit einem süßlichen Lächeln ausgestattet und hellen, weit offenen, glasigen Augen. Ihre ersten Worte klangen so, als hätte sie schon lange auf diese Begegnung gewartet, denn was hatte sie nicht alles von einem gehört. »Annerl hat mir erzählt«, sagte sie gleich und verkleinerte damit ihre Tochter vom ersten Wort an, keinen Augenblick ließ sie einen darüber im Zweifel, wer hier, wer überhaupt das wichtige war.

Die Antipathie dürfte wohl auf Gegenseitigkeit beruht haben, denn in ihrer Autobiographie *Mein Leben* (1960) erwähnt Alma, die sonst so stolz auf ihre Beziehungen und Bekanntschaften ist, Canetti kein einziges Mal. Heute ist in der Villa Mahler-Werfel die Botschafterresidenz Saudi-Arabiens untergebracht, weshalb das festungsartige, efeuüberwachsene Haus leider nicht besichtigt werden kann.

Das Villenviertel auf der Hohen Warte ist von dem riesigen Heiligenstädter Park umgeben, der im Norden zur Grinzinger Straße abfällt. Heimito von Doderer beschreibt in seinem Roman *Die Dämonen* (1956) den Weg von der Straßenbahnendstelle durch den Park hinunter bis zum Heiligenstädter Pfarrplatz.

Hier gab's einen Endpunkt der Straßenbahn, ein Aus- und Einsteigen, ein Verschieben der rotgelben Wagen. Und dahinter sank unmittelbar der Park steil ab, mit Baumkronen, die hoch in den Himmel kuppelten, und an welchen selbst die letzte, schrägste Abendsonne noch einen goldenen Griff tun konnte, während es drunten auf dem Spielplatze von Kinderstimmen hallte. In diesen Straßen blieb es nun kühl und schattig. Aber in die späte Sonne trat man noch einmal, auf dem Platze vor der alten kleinen Pfarrkirche des Sprengels hier. Alle Häuser im Kreise scheinen in einem früheren Jahrhunderte zurückgeblieben zu sein und lassen noch dessen niederes und festes bäuerliches Wachstum sehen. Ein breiter Hof zeigt ein Fenster, von dem bekannt ist, daß dahinter Beethoven einst über die ›Eroica‹ gebeugt war, manchmal ist das Fenster offen, es gibt Blumen, Wäschestücke und sonstige Lebenszeichen, das Zimmer scheint aber dunkel und nicht eben freundlich. Es wohnen irgendwelche kleine Leute darin.

Der Weg beginnt schräg gegenüber der Villa Mahler-Werfel und führt in einer Serpentine zur Grinzinger Straße hinunter, vorbei an einem 1910 enthüllten Beethoven-Denkmal, das eine erste Vorahnung davon gibt, was einen in Heiligenstadt erwartet.

Der Pfarrplatz mit seinem noch immer dörflichen Charakter und der kleinen Jakobskirche ist das Herz von Heiligenstadt, das mit anderen Vororten 1890/92 als 19. Bezirk nach Wien eingemeindet wurde. Und hier ist Beethoven allgegenwärtig. Obwohl er 1817 nur kurze Zeit im Haus Pfarrplatz 2 wohnte, erinnern gleich drei Tafeln an diesen Aufenthalt. Die kleinen Fenster seiner Wohnung gingen auf die heutige Eroicagasse hinaus.

Die berühmteste Beethoven-Gedenkstätte befindet sich in der Gasse, die nach dem römischen Kaiser Probus (232-282) benannt ist, der zwar nicht, wie es die Legende will, den Weinbau in Österreich »eingeführt«, wohl aber entscheidend gefördert hat. Hier lebte der Komponist im Herbst 1802 im Haus Nr. 6, wo er am 6. Oktober in Verzweiflung über den Verlust seines Gehörs das sogenannte *Heiligenstädter Testament* verfaßte, das eigentlich ein nicht abgesandter Brief an seine Brüder ist. In dem als Museum eingerichteten Haus mit seinem idyllischen Hof kann man eine Faksimilekopie des Briefs lesen, dessen Original sich in der Hamburger Stadtbibliothek befindet. Beethoven war noch keine zweiunddreißig Jahre alt, als er diesen Brief schrieb, in dem es heißt:

[...] welche Demüthigung wenn jemand neben mir stund und von weitem eine Flöte hörte und *ich nichts* hörte; oder jemand den *Hirten Singen hörte*, und ich auch nichts hörte, solche Ereignüsse brachten mich nahe an Verzweiflung, es fehlte wenig, und ich endigte selbst mein Leben – nur die *Kunst*, sie hielt mich zuruck, ach es dünkte mir unmöglich, die welt eher zu verlassen, bis ich das alles hervorgebracht, wozu ich mich aufgelegt fühlte, und so fristete ich dieses elende Leben – wahrhaft elend [...]

Dieses »elende Leben« sollte noch ein Vierteljahrhundert dauern, in dem die Schwerhörigkeit ständig zunahm, was Beethoven allerdings nicht davon abhielt, noch das alles hervorzubringen, wozu er sich »aufgelegt fühlte«. 1822-24 etwa schrieb er das »Lied an die Freude«, obwohl er bereits 1819 völlig taub geworden war.

Schräg gegenüber dem Beethovenhaus, auf Nr. 5, befindet sich das Gebäude, in dem die 1911 geborene Schriftstellerin Hilde Spiel ihre frühen Kindheitsjahre verbrachte. In ihren Erinnerungen *Die hellen und die finsteren Zeiten* (1989) beschreibt sie den Garten hinter der ebenerdigen Wohnung, wo »die Sonne und der Sommer stillzustehen« schienen und die Kinder in den Ästen eines Apfelbaums »aus rauhen grauen Armeedecken« Zelte bauten.

Nach dem Ersten Weltkrieg wurde sie »aus dem Paradies der Probusgasse« vertrieben und übersiedelte mit den Eltern in den dritten Bezirk. 1936 emigrierte Hilde Spiel nach England und kehrte 1946 als britische Kriegskorrespondentin in ihre Heimatstadt zurück. Auf den Spuren ihrer Kindheit kam sie dabei auch nach Heiligenstadt. »Im dunkelnden Licht stehe ich auf dem Pfarrplatz«, heißt es in ihrem Tagebuch *Rückkehr nach Wien* (1968). »Hier liegt meine Seele begraben. Wann immer ich in den zehn Jahren meiner Abwesenheit Heimweh hatte, war es nach diesem Ort. Wann immer ich gewisse Stellen von Beethoven oder Schubert hörte, erschien er vor meinem Blick.« Wir gehen zurück zum Pfarrplatz und besuchen mit Hilde Spiel die Kirche ihrer Kindheit. Die folgende Schilderung gehört zum Ergreifendsten, was sie geschrieben hat.

Ich trete ein. Ohne nachzudenken, kniee ich nieder wie früher am Sonntagmorgen, am Tag meiner ersten Kommunion, vor jenen stolzen Fronleichnamsprozessionen, die im warmen Juni durch das ganze Dorf und wieder zurück zur Kirche führten. Eben wird ein Kindergottesdienst abgehalten, doch man hat nicht einmal den einzigen Kristall-Luster, nur ein paar verlorene Kerzen entzündet. Ich beuge mich auf meine Hände nieder, nicht mehr gläubig, aber von der Schönheit und Schlichtheit des Glaubens berührt. Alles angestaute Gefühl, jahrelang unterdrückt, als man seinen Mut für den Preis erkalteter Empfindung erkaufen mußte – aller Kummer um die Erniedrigung meiner Heimat, alle Sorge um meine Kinder im Krieg, aller Schmerz um den Tod meines Vaters drängt jetzt hervor. Ein paar Buben in den vordersten Bänken drehen sich um und starren die fremde Soldatenfrau an, die nahe der Tür kniet und schamlos vor sich hin weint. Schweigend liest der Priester die Messe, von einem kleinen Ministranten unterstützt. Das Weihrauchfaß schwingt und klirrt, mit einem schwachen, wie nur geträumten Klang.

Die aus dem 12. Jahrhundert stammende Jakobskirche ist eine der ältesten Kirchen Wiens mit noch romanischen Bauteilen. Wie archäologische Ausgrabungen erwiesen haben, wurde sie wahrscheinlich auf dem Areal eines spätrömischen Friedhofs erbaut. Damit erklären sich die Gräber, die unter der Kirche und im Pfarrgarten gefunden wurden. Die Vermutung, daß der Hl. Severin in dem Grab unter dem Altar bestattet wurde, läßt sich kaum mehr aufrechterhalten. Der Hauptsitz des »Apostels von Noricum« war nämlich nicht Wien, sondern Mautern (lat. Favianis), wo er im Jahr 482 auch starb. Als die römische Bevölkerung 488 nach Italien abwanderte, nahmen die Mönche des von Severin gegründeten Ordens seine Gebeine mit, um sie in der Nähe von Neapel endgültig zu bestatten.

Wir spazieren vom Pfarrplatz in die Eroicagasse hinein, vorbei am Haus Nr. 15, in dem 1932 Heimito von Doderer gemeinsam mit Albert Paris Gütersloh gewohnt hat und in dem er »Quapp«, eine der weiblichen Hauptfiguren der *Dämonen*, leben und Violine üben läßt. Je länger man der Eroicagasse folgt, desto stärker rücken im Norden die Weingärten des Nußbergs ins Bild. Vor einer kleinen Brücke erinnert ein Straßenname an die Zahnradbahn, die fast ein halbes Jahrhundert lang von Nußdorf auf den Kahlenberg hinaufführte, bevor sie 1920 eingestellt wurde.

Nach der Brücke über den Schreiberbach biegen wir nach links in den Beethovengang ein, der ein Lieblingsspazierweg des Komponisten gewesen sein soll. Adolf Loos hat diesen Weg als den schönsten Spaziergang Wiens im Vorfrühling bezeichnet. Wir folgen dem schattigen, den Bach entlangführenden Weg, den es sich in jeder Jahreszeit entlangzuschlendern lohnt, und kommen zur nächsten Beethoven-Gedenkstätte, der sogenannten »Beethovenruhe«. Dort steht eine Büste des Komponisten von Anton Fernkorn, jenem Bildhauer, der auch die Reiterstandbilder auf dem Heldenplatz schuf. Anläßlich der Enthüllung dieses Denkmals 1863 verfaßte Franz Grillparzer ein Gedicht, das mit den Versen endet: »Der Ort, den je ein edler Mann betrat / Er ist geweiht für alle Zeiten.«

Grillparzer hat seine Beziehung zu dem Komponisten, den er 1823 persönlich kennengelernt hatte, in der Schrift *Meine Erinnerungen an Beethoven* (1844/45) festgehalten. Darin berichtet er auch über die Sommermonate des Jahres 1808, in denen sie zufällig in demselben Haus, dem noch heute bestehenden sogenannten »Beethoven-Grillparzer-Haus«, in der Grinzinger Straße 64 lebten, der siebzehnjährige Grillparzer mit seinen Eltern und Brüdern, Beethoven allein. Als der Komponist bemerkte, daß Grillparzers Mutter seinem Klavierspiel lauschte, sei er die Treppe hinab ins Freie gestürmt und habe das Klavier bis zur Rückkehr der Grillparzers in die Stadt nicht mehr berührt. Später, als Grillparzer bereits ein erfolgreicher Dramatiker war, schrieb er auf Beethovens Wunsch den Text für eine Oper, die aber nie komponiert wurde. Und Grillparzer war es auch, der die von einem Schauspieler verlesene Grabrede auf Beethoven schrieb.

Wo der Beethovengang endet, beginnt die Wildgrubgasse, die zum Heiligenstädter Friedhof führt, hinter dem die Nußberger

Weingärten liegen. Wenn man den Friedhof durch das Haupttor betritt und dann gleich links an den Gräbern der sanft geschwungenen Mauer entlanggeht, kommt man zu der schon fast in der Nordwestecke des Friedhofs gelegenen Wandgruft Nr. 4, in der seit 1988 Ödön von Horváth begraben liegt. Der Schriftsteller war am 1. Juni 1938 in Paris, wohin es den bei den Nationalsozialisten mißliebigen Autor verschlagen hatte, auf dem Champs-Elysées von einem umstürzenden Baum erschlagen worden. Fünfzig Jahre nach seinem Tod veranlaßte die Gemeinde Wien die Überführung seines Leichnams in die Familiengruft.

Vom Heiligenstädter Friedhof führt der Grinzinger Steig über einen Hügelrücken zwischen Weingärten hindurch geradewegs ins Zentrum des berühmtesten Wiener Heurigenortes. »Now, ladies and tschentlemen, you are in Grinzing. Allons zu Heirichn! Tutto vino, niente birra, owa a Musi, de wos jedn ins Gmiad gehd ... Kummts, Leidln, jetzt gemma boschn!«, verkündet H. C. Artmanns Hobby-Fremdenführer in der Skizze *Herr Hasenbrein und der Fremdenverkehr* (1983). »boschn«, erklärt ein Lexikon der Wiener Mundart, ist das rhythmische Händeklatschen zur Heurigenmusik.

In seinem *Weanerlied* tut Andreas Okopenko genau das, was laut Hasenbrein beim Heurigen total verpönt ist: er trinkt Bier.

Mei Weanerlied

I sitz so gern in Grinzing bei an *Bier,*
in der Heinz-Conrads-Gassn Nummera vier.
Wann die Musi so spüüt
und mei Herz krokodüüt,
sitz i so gern in Grinzing bei an Bier.

Die Lipizzaner spüün an Johann Strauß,
die Wäschermadln ziagn ma d Sockn aus.
Wann die Musi so spüüt
und mei Herz krokodüüt,
da is mei goidans Herz a Bienenhaus.

Die gstööde Wirtin pfnaust »Geh, sei net frech!«,
der liabe Herrgott zahlt für mi die Zech.
Und im Dusel siech i gleich
meine wunderschöne Leich,
und der Pompfünebrer waant vur lauter Blech.

Noch zwei Worterklärungen: »gstööd« meint körperlich gut gebaut, vollschlank, und »pfnausen« heißt schnauben. »krokodüüt« ist natürlich eine Wortschöpfung Okopenkos. Dieses Gedicht bezeichnet sein Autor als »Spontan-Poesie«, es sei »nahezu im Augenblick fertig dagestanden«. Er spielt darin mit allen möglichen Wien-Klischees, von den Lipizzanern über das goldene Wiener Herz bis hin zum Pompfünebrer, dem Wiener Leichenträger, und bemüht auch den 1986 verstorbenen Heinz Conrads, den Inbegriff des Entertainers mit Wiener Schmäh.

Grinzing ist eine sehr alte Ortschaft. Schon im 12. Jahrhundert soll es ein blühendes Dorf gewesen sein. Später wurde es immer wieder verwüstet, 1484 von den Truppen des ungarischen Königs Matthias Corvinus, 1529 und 1683 von den Türken, 1809 von den Franzosen. Und immer wieder gelang ihm der Wiederaufbau, wozu der Weinbau die Grundlagen schuf. Seit dem Biedermeier ist Grinzing ein vielbesuchter Heurigenort, dem der Massentourismus heute aber auch viel zu schaffen macht. Lauschige Plätzchen, wo man abends gemütlich ein Glas Wein trinken kann, wird man hier kaum finden. Der Schweizer Autor Christoph Braendle weiß davon ein Lied zu singen. Nach einer Heurigentour mit Freunden durch andere Weinorte will der Ich-Erzähler der »Wiener Sonaten« *Liebe, Freud und schöner Tod* (1998) zuletzt unbedingt auch noch hierher.

Schließlich verlange ich, nach Grinzing zu fahren. Ernst faßt sich verzweifelt ans Herz. Aus der Melancholie schießt Sandra in jähes Entsetzen. Fanny lacht. 1956, erklärt Markus, gab es in Grinzing 281 Original-Heurige, die eigenen Wein verkauften und ein einfaches Buffet boten; und drei Pseudoheurige, die

fremden Wein zukauften und mit üppigen Speisekarten aufwarteten. Heute ist das Verhältnis zehn zu zweiunddreißig. Die Gäste werden in Bussen angekarrt, Italiener, Deutsche, Amerikaner, man serviert Pizza, Chicken Wings, Chefsalat. Das ist grauenhaft. Das hält man nicht aus. Ich insistiere und gebe nicht nach.
Aber der Heurige, in dem wir ein schnelles Fluchtachterl trinken und dessen Namen zu nennen sich nicht lohnt, ist tatsächlich eine Katastrophe. Effizient in Terrassen angelegt. Oben spielt eine Musik, unten spielt Musik. Oben singen sie »Eviva Espagna«, unten singen sie russische Lieder. Dazwischen stapfen zwei Geiger und fideln sich gegenseitig nieder. [...] Ernst hatte recht, Sandra hatte recht. Fanny hatte recht, ich entschuldige mich.

Dennoch: Trotz der Menschenmassen, die sich hier Abend für Abend um jeden Preis vergnügen und betrinken wollen oder müssen, hat Grinzing noch nicht seinen ganzen Charme eingebüßt. Man sollte allerdings in der touristenarmen Zeit herkommen und untertags einen Spaziergang durch den Ort und seine Umgebung machen. Besonders im Herbst, wenn die Trauben reifen und sich die Weinblätter verfärben, liegt eine melancholische Stimmung über dem Dorf, der man sich nur schwer entziehen kann.

Eine der besten Heurigenszenen der Literatur hat Ödön von Horváth, der jetzt zwischen Weinbergen begraben liegt, geschrieben. In seinen *Geschichten aus dem Wiener Wald* (UA 1931) kommt alles vor, was den typischen Heurigen ausmacht, »Schrammelmusik und Blütenregen«, »große weinselige Stimmung«, Betrunkene, die streiten und vor Rührseligkeit weinen. Und natürlich darf ein klassisches Wienerlied nicht fehlen: »Es wird ein Wein sein / Und wir werden nimmer sein / Es wird schöne Madeln geben / Und wir werden nimmer leben« – dann aber wird es »einen Augenblick totenstill beim Heurigen«, bevor »mit verdreifachter Kraft« weitergesungen wird – eine Regieanweisung, die unter die Haut geht.

Bevor wir Grinzing verlassen, besuchen wir noch seinen Friedhof, einen der schönsten von Wien. Man erreicht ihn über den Mannagettasteig und die gleichnamige Gasse, die neben der spätgotischen Pfarrkirche beginnt. Friedhofsbesuche wirken belehrend und beruhigend, meint Professor Schuster in *Heldenplatz* (1988). Überall sonst werde man heute gestört, nur hier könne man sich noch konzentrieren. Den Döblinger und den Grinzinger Friedhof bezeichnet er als die Friedhöfe, auf welchen die österreichischen »Geistesmenschen« begraben liegen. Einer von ihnen ist sein Erfinder Thomas Bernhard, ein anderer Heimito von Doderer. Ihre Gräber wollen wir besuchen.

So verschieden die beiden Gräber sind, so verschieden waren auch die Begräbnisse der beiden Dichter. Während Doderer am 2. Januar 1967 mit einem richtigen »Staatsbegräbnis«, bei dem fast die ganze Bundesregierung und viele Schriftstellerkollegen anwesend waren, mit Musik und zahlreichen Reden beigesetzt wurde, erfolgte Bernhards Bestattung am 16. Februar 1989 auf seinen ausdrücklichen Wunsch hin heimlich. Erst danach wurde sein Tod öffentlich bekanntgegeben. Doderers Grab ist ein Ehrengrab der Stadt Wien, »Hic et nunc semper paratus« steht in goldenen Lettern auf dem weißen Marmorgrabstein. Bernhard liegt in demselben Grab wie sein »Lebensmensch« Hedwig Stavianicek, das von einem alten schmiedeeisernen Kreuz geschmückt ist. Das Namenskästchen ist mit einer Verriegelung gesichert, die dafür sorgt, daß nur Eingeweihte sein Grab (in Gruppe 21, Reihe 6) finden.

Bei einem Rundgang durch den Friedhof kann man sich davon überzeugen, wie viele »Geistesmenschen« – Schauspieler, Architekten, Musiker, Komponisten, Schriftsteller – hier in oft prachtvollen Grabstätten begraben liegen. Ja, es ist schön hier. Man fühlt sich wirklich entspannt und beruhigt. Und doch geht einem ein Satz von Thomas Bernhard nicht aus dem Sinn, den er 1968 bei einer Preisverleihung ausgesprochen hat: es ist alles lächerlich, wenn man an den *Tod* denkt.

Langsam nimmt der Autobus der Linie 38A die Kurven der gepflasterten Straße, die von Grinzing durch den Wald auf den Cobenzl hinaufführt. Von dort fährt er weiter auf den Kahlenberg. Ich habe mich aber entschlossen, auf dem Cobenzl auszusteigen, obwohl der Blick vom Kahlenberg spektakulärer ist. »Hast du vom Kahlenberg das Land dir rings besehen / So wirst du was ich schrieb und wer ich bin verstehen«, heißt es bei Grillparzer. Aber mich stört dort die stillgelegte moderne Hotelruine neben der großen Aussichtsterrasse. Und auch das Kahlenbergrestaurant sehe ich mir lieber als Silhouette vom Cobenzl aus an.

Der Bus hält auf dem Parkplatz, und ich gehe hinüber zum Restaurant Cobenzl. Neben dem geschlossenen Eingangsgitter in den Garten hängt eine Kartusche mit der Aufschrift »Restaurant Cobenzl 1751«. Damals hieß der Hügel noch Reisenberg und gehörte den Jesuiten. Erst nach der Aufhebung des Ordens 1773 ging er in den Besitz von Johann Philipp Graf Cobenzl über, der hier ein Schloß bauen und einen prächtigen Landschaftspark mit Teichen und Grotten, Tempeln und Alpenhäuschen, exotischen Pflanzen und Tieren anlegen ließ. 1781 war Mozart bei Cobenzl zu Gast und bewunderte die Anlage. Nach mehreren Eigentümerwechseln wurde der Besitz 1907 von der Gemeinde Wien angekauft und entwickelte sich rasch zu einem beliebten Ausflugsziel. Durch den Bau der Höhenstraße in den dreißiger Jahren wurde der Park zerstört, das Schloßhotel in und nach dem Zweiten Weltkrieg verwüstet und 1966 abgerissen, nur Kaffehaus und Restaurant blieben damals stehen. Nach einem Brand Anfang der achtziger Jahre wurde das heutige Restaurant nach Originalplänen wiederhergestellt.

Ich setze mich an einen Tisch auf der Terrasse des modernen Cafépavillons und blicke auf Wien hinunter. Ich suche den Stephansturm, der in dem über der Stadt liegenden Dunst gar nicht so leicht auszumachen ist. Andere Bauten springen viel mehr ins Auge: der Donauturm, der Millennium Tower, der Schlot des Fernheizwerks, die beiden schwarzen Blöcke des Allgemeinen Krankenhauses. Und von hier aus sieht man auch, was von der Türmerstube des Stephansdoms aus nicht sichtbar war, die Donau, wie zu Stifters Zeiten als »breiten, schimmernden Silberbach«. Unmittelbar vor mir fällt ein Weingarten ab, rechts davon verdecken einige große Bäume einen Teil der Sicht auf die Stadt. Sie gehören zu den östlichsten Wäldern des Wienerwalds, von dem auch der Cobenzl ein Teil ist.

In dem Roman *Die Dämonen* (1956) philosophiert Heimito von Doderer über die psychischen Auswirkungen des Wienerwalds als Übergangsgebiet zwischen Ost und West.

Der Wienerwald ist eine nicht unbedenkliche Landschaft. Alles leichtgeschwungen und duftig enteilend. Aber dahinter lauert eine gewisse Schwere, die Schwere der Wehmut, eine Gefahr auch für sehr gesunde Menschen; ja, für die erst recht. Es ist eigentlich schon der Abschied von Berg und Hügel, von villenbesetzten Lehnen, die sich in die Waldtäler schieben; es ist der Abschied von all' dieser freundlich anheimelnden westlichen Detailliertheit und den kleineren Landmaßen; ja, es ist wie der Abschied von der Kleinheit Griechenlands, hart vor dem Eintritt in den Osten, den unmäßig hingedehnten: nicht weit von hier beginnt die Tiefebene und flieht dahin und enteilt; gegen Ungarn zu. Alles wird größer und weniger in's einzelne gehend, und mit dem wachsenden Landmaße wächst auch das Zeitmaß.

Doderer stellt auch Vermutungen darüber an, warum man hier herauffährt, um auf die Stadt hinunterzuschauen. Vielleicht, meint er, ist es »der augenfällig gewordene Abstand« vom eigenen Leben, den die Menschen genießen, der Abstand von dem Leben, das sich sonst »dort unten im blauen Dunst« abspielt.

Für mich ist es auch ein guter Platz, noch einmal über die vielen Eindrücke nachzudenken, die ich auf den Spaziergängen durch die Stadt »dort unten« empfangen habe. Dabei hilft mir ein Prosa-Gedicht von Ingeborg Bachmann aus ihrer Erzählung *Das dreißigste Jahr* (1961). Vieles, was darin angesprochen wird, ist uns auf unseren Wegen durch die Stadt und ihre Texte begegnet. Es ist ein eindrucksvolles poetisches Resümee unserer literarischen Spaziergänge.

Stadt ohne Gewähr!
Laßt mich nicht von irgendeiner Stadt reden, sondern von der einzigen, in der meine Ängste und Hoffnungen aus so vielen Jahren ins Netz gingen. Wie eine große, schlampige Fischerin sehe ich sie noch immer an dem großen gleichmütigen Strom sitzen und ihre silbrige und verweste Beute einziehen. Silbrig die Angst, verwest die Hoffnung.
[...]
Strandgutstadt!
Denn Länder wurden an sie geschwemmt und Güter aus anderen Ländern: die Kreuzstichdecken der Slowaken und die pechigen Schnurrbärte der Montenegriner, die Eierkörbe der Bulgaren und ein aufsässiger Akzent aus Ungarn.
Türkenmondstadt! Barrikadenstadt!
Soviel zerbröckelter Stein, soviele hohle Wände sind da, daß man es flüstern hört von langher, von weither.
O alle die Nächte, die aufkamen in Wien, soviel bittere Nächte!
Und alle die Tage, die es dir hinwarf mit dem Gesumm aus Schulhäusern und Irrenanstalten, Altersheimen und Krankenzimmern, wenig gelüftet und selten geweißt, alle die Tage, von ganz schüchternen Kastanienblüten umschwärmt! O alle die Fenster die nie aufgingen, alle die Tore, als ging's durch kein Tor hinaus, als gäb es den Himmel nicht!
Endstadt! als gäb es kein Gleis hinaus!
Hofrätliches und Abgetretenes in Kanzleien. Nie ein hartes Wort in den Vorzimmern, immer ein kränkendes. (Hinhalten, nicht abweisen.)
Es ist die Frage, ob man lieben muß, was man nicht lieben mag, aber die Stadt ist schön und ein umständlicher Dichter stieg auf den Turm von St. Stephan und huldigte ihr.
[...]

Scheiterhaufenstadt, in der die herrlichsten Musiken ins Feuer geworfen wurden, in der bespien und geschmäht wurde, was von den aufrechten Ketzern kam, den ungeduldigen Selbstmördern, den gründlichen Entdeckern, und alles, was von dem geradesten Geist war.
Schweigestadt! Stumme Inquisitorin mit dem unverbindlichen Lächeln.
––– aber das Schluchzen aus lockeren Pflastersteinen, wenn einer vorübertorkelt, jung, geschunden vom Schweigen, ermordet vom Lächeln. Wohin mit dem aufkommenden Schrei aus einer Tragödie?!
Komödiantenstadt! Stadt der frivolen Engel und einer Handvoll versatzamtreifer Dämonen.
Schüchterne Stadt im Zwiegespräch, schüchterner Keim in einem Gespräch von morgen.
Stadt der Witzmacher, der Speichellecker, der Spießgesellen. (Für eine Pointe wird eine Wahrheit geopfert, und gut gesagt ist halb gelogen.)
Peststadt mit dem Todesgeruch!
Beim Schwarzwasser der Donau und dem schmutzigen Öl in der Weite:
Laßt mich an den Glanz eines Tages denken, den ich auch gesehen habe, grün und weiß und nüchtern,
nach gefallenem Regen,
als die Stadt gewaschen war und gereinigt,
als sternförmig die Straßen von ihrem Kern,
ihrem starken Herz, ausliefen, gereinigt,
als die Kinder in allen Stockwerken eine neue Etüde zu üben anfingen,
als die Straßenbahnen vom Zentralfriedhof wiederkamen mit allen Kränzen und Asternsträußen vom vergangenen Jahr,
weil Auferstehung war,
vom Tod,
vom Vergessen!

Ich habe meine Melange ausgetrunken und mache mich in der Nachmittagssonne wieder auf den Weg, diesmal zu Fuß, hinunter nach Grinzing, eingestimmt von einem Zitat aus Elfriede Jelineks Roman *Die Ausgesperrten* (1980).

Der Gehweg ist der obere Reisenbergweg, welcher sich todesmutig den Buschenschanks von Grinzing entgegenwirft. [...] Alte Villen, die sich in den Tälern hinter Bäumen verstecken, obwohl sie durchaus vorzeigbar sind. Verglaste Veranden, mit wildem Wein bewachsen, dessen zahmer Bruder in vornehmem Abstand für den Villenbesitzer arbeitet und Erträge erwirtschaftet. Die unglaubliche und total irrwitzige Schönheit dieser Stadt drängt sich hier derart rücksichtslos ins Bild, daß sogar Rainer sein Maul zu halten versucht, was ihm allerdings nicht gelingt, und er preist sogleich verbal das Umliegende. Die Luft ist vollständig durchsichtig. Wie Aspik auf einem Gerstner-Brötchen, und das Aspik würde seinerseits behaupten, es sei klar wie Luft über Weinbergen.

Quellennachweis

Autor und Verlag haben sich bemüht, die zuständigen Lizenzgeber ausfindig zu machen. Dies ist nicht in allen Fällen gelungen. Sofern noch nicht abgegoltene Ansprüche bestehen, werden die entsprechenden Lizenzgeber gebeten, sich mit dem Verlag in Verbindung zu setzen.

Abraham a Sancta Clara: *Mercks Wienn: 1680* (Hrsg. Werner Welzig unter Mitarbeit von Franz M. Eybl). Tübingen 1983

Achleitner, Friedrich: *Versuch übers Hawelka*. In: *Café Hawelka. Ein Wiener Mythos*. © Friedrich Achleitner, Wien 1982

Aichinger, Ilse: *Judengasse/Ungargasse*. In: Richard Reichensperger (Hrsg.): *Vorfreude Wien. Literarische Warnungen 1945-1995*. © S. Fischer Verlag GmbH, Frankfurt am Main 1995

Allen, Woody: *Wie du dir, so ich mir*. © Rogner & Bernhard GmbH & Co. Verlags KG, Hamburg 1994

Altenberg, Peter: *Zimmereinrichtung*. In: *Auswahl aus seinen Büchern von Karl Kraus* (Hrsg. Christian Wagenknecht). Frankfurt a. M./Leipzig 1997

Altenberg, Peter: *Kaiserin-Elisabeth-Denkmal*. In: *Gesammelte Werke, Bd. 2* (Hrsg. Werner J. Schweiger). Wien/Frankfurt 1987

Améry, Jean: *Örtlichkeiten*. © Klett-Cotta, Stuttgart 1980

Arndt, Ernst Moritz: *Sehnsucht nach der Ferne. Die Reise nach Wien und Venedig 1798* (Hrsg. Eva Ptak-Wiesenauer). Stuttgart/Wien 1988

Artmann, H. C.: *Ein Wesen namens Sophia*. In: *Gesammelte Prosa, Bd. II* (Hrsg. Klaus Reichert). © Residenz Verlag, Salzburg und Wien 1997

Artmann, H. C.: *»wann s du...«* In: *Das poetische Werk in 10 Bänden, Bd. III* (Hrsg. Klaus Reichert unter Mitwirkung des Autors). © Verlag Klaus Renner, Porto/Castiglione del Lago, früher München/Salzburg 1993

Bachmann, Ingeborg: *Besichtigung einer alten Stadt/Das dreißigste Jahr*. In: *Sämtliche Erzählungen. Werke Bd. 2*. © Piper Verlag GmbH, München 1978

Bachmann, Ingeborg: *Malina*. © Suhrkamp Verlag, Frankfurt am Main 1974

Bäcker, Heimrad: *»und zwar die tempel...«* In: *nachschrift*. © Literaturverlag Droschl. Edition neue texte. Graz/Wien 1993

Beckermann, Ruth (Hrsg.): *»Ehe einer nach Wien fährt...«* In: *Die Mazzesinsel. Juden in der Wiener Leopoldstadt 1918-1938*. Wien/München 1984

Beer-Hofmann, Richard: *Der Tod Georgs*. © Andreas Thomasberger, Bad Soden, 1980

Beethoven, Ludwig van: *Heiligenstädter Testament* (Hrsg. Hedwig M. von Asow). Wien/München 1992

Braendle, Christoph: *Liebe, Freud und schöner Tod. Wiener Sonaten*. © Picus Lesereisen. Picus Verlag, Wien 1998

Busta, Christine: *Bittlichter*. In: *Inmitten aller Vergänglichkeit*. © Otto Müller Verlag, Salzburg 1985

Canetti, Elias: *Das Augenspiel. Lebensgeschichte 1931-1937*. © Carl Hanser Verlag, München 1985

Casanova, Giacomo: *Geschichte meines Lebens. Bd. 3* (Hrsg. Günter Albrecht in Zusammenarbeit mit Barbara Albrecht). Leipzig/Weimar 1984

Celtis, Konrad: *Ad Mortem*. In: *Poeta laureatus*. (Hrsg. Kurt Adel). Graz/Wien 1960

Chiavacci, V.: *Vom Naschmarkt*. In: *Kleinleben der Großstadt*. Stuttgart 1898

Doderer, Heimito von: *Die Dämonen*. © C.H.Beck'sche Verlagsbuchhandlung, München 1956. Die erste Auflage dieses Werkes ist im Biederstein Verlag erschienen.

Doderer, Heimito von: *Die Strudlhofstiege*. © C.H.Beck'sche Verlagsbuchhandlung, München 1951. Die erste Auflage dieses Werkes ist im Biederstein Verlag erschienen.

Doderer, Heimito von: *Die Wasserfälle von Slunj*. © C.H.Beck'sche Verlagsbuchhandlung, München 1963. Die erste Auflage dieses Werkes ist im Biederstein Verlag erschienen.

Ehrenstein, Albert: *Wiener Freyung*. In: *Werke, Bd. 4/1* (Hrsg. H. Mittelmann). © Boer Verlag, München 1986, 1996

Elisabeth, Kaiserin: *Titania*. In: *Das poetische Tagebuch* (Hrsg. Brigitte Hamann). Wien 1984

Fried, Erich: *Die grüne Garnitur*. In: *Das Unmaß aller Dinge*. © Verlag Klaus Wagenbach, Berlin 1982 – s.a. Erich Fried, *Gesammelte Werke*, Verlag Klaus Wagenbach, Berlin 1993

Frischmuth, Barbara: *Kai und die Liebe zu den Modellen*. © Residenz Verlag, Salzburg und Wien 1979

Frischmuth, Barbara: *Mein und Musils Nachbar*. In: *Traumgrenze*.

© Residenz Verlag, Salzburg und Wien 1983

Fritsch, Gerhard: *Prater / Praterstern*. In: *Gesammelte Gedichte* (Hrsg. Reinhard Urbach). © Otto Müller Verlag, Salzburg 1994

Fritsch, Lisa: *Friedhof St. Marx*. In: *Landsat*. © Franz Deuticke Verlag, Wien 1995

Gerstl, Elfriede: *Vom alltag*. In: *vor der ankunft. auf reisen entstandene gedichte. Viersprachige Ausgabe*. © Elfriede Gerstl, Wien 1988

Gerstl, Elfriede: *Vom Speckjagen im 2. Bezirk*. In: Richard Reichensperger (Hrsg.): *Vorfreude Wien. Literarische Warnungen 1945-1995*. © Elfriede Gerstl, Wien 1995

Greene, Graham: *Der dritte Mann*. © Paul Zsolnay Verlag Gesellschaft m.b.H., Wien 1994

Handke, Peter: *Die Angst des Tormanns beim Elfmeter*. © Suhrkamp Verlag, Frankfurt am Main 1977

Haslinger, Josef: *Opernball*. © S. Fischer Verlag GmbH, Frankfurt am Main 1995

Hawelka, Josefa und Leopold: *»Unser Gast redet nichts«*. Interview in: *Falter* 25/99

Hebbel, Friedrich: *Tagebücher 1843-1847. Bd. 2* (Hrsg. Karl Pörnbacher). München 1984

Heer, Friedrich: *Dunkle Mutter Wien, mein Wien*. © Verlag Herder GmbH & Co.KG, Wien/Freiburg/Basel 1978

Herzmanovsky-Orlando, Fritz von: *Der Gaulschreck im Rosennetz*. In: *Das Gesamtwerk in einem Band* (Hrsg. Friedrich Torberg). © Langen Müller in der F. A. Herbig Verlagsbuchhandlung, München 1957

Hofmannsthal, Hugo von: *Prolog zu dem Buch »Anatol«*. In: *Gesammelte Werke. Gedichte, Dramen I 1891-1898* (Hrsg. Bernd Schoeller in Beratung mit Rudolf Hirsch). Frankfurt a. M. 1979

Hofmannsthal, Hugo von: *Juniabend im Volksgarten*. In: *Gesammelte Werke. Erzählungen, Erfundene Gespräche und Briefe, Reisen* (Hrsg. Bernd Schoeller in Beratung mit Rudolf Hirsch). Frankfurt a. M. 1979

Horváth, Ödön von: *Geschichten aus dem Wiener Wald*. In: *Gesammelte Werke, Bd. 4* (Hrsg. Traugott Krischke). © Suhrkamp Verlag, Frankfurt am Main 1986

Irving, John: *Garp und wie er die Welt sah*, deutsch von Jürgen Abel. © Rowohlt Verlag GmbH, Reinbek 1979

Irving, John: *Laßt die Bären los!* © Diogenes Verlag AG, Zürich 1985

Jandl, Ernst: *wien : heldenplatz*. In: *Poetische Werke 2* (Hrsg. Klaus

Siblewski). © Luchterhand Literaturverlag GmbH, München 1997

Jelinek, Elfriede: *Die Ausgesperrten.* © Rowohlt Verlag GmbH, Reinbek 1980

Jelinek, Elfriede: *Die Klavierspielerin.* © Rowohlt Verlag GmbH, Reinbek 1983

Kraus, Karl: *Die demolirte Literatur.* In: *Frühe Schriften.* © Suhrkamp Verlag, Frankfurt am Main 1988

Kraus, Karl: *Die letzten Tage der Menschheit.* In: *Schriften, Bd. 10* © Suhrkamp Verlag, Frankfurt am Main 1986

Kuh, Anton: *Lenin und Demel.* In: *Luftlinien* (Hrsg. Ruth Greuner). © Verlag Kremayr & Scheriau, Wien 1981

Lenz, Hermann: *Die Augen eines Dieners.* © Suhrkamp Verlag, Frankfurt am Main 1976

Lernet-Holenia, Alexander: *Die Standarte.* © Paul Zsolnay Verlag Gesellschaft m.b.H., Wien 1959, 1996

Loos, Adolf: *Trotzdem.* © Georg Prachner Verlag, Wien 1982

Loos, Adolf: *Die Potemkin'sche Stadt.* In: *Ver Sacrum.* Jg.1/1898 © Georg Prachner Verlag, Wien

Mayreder, Rosa: *Das Haus in der Landskrongasse. Jugenderinnerungen.* © Mandelbaum Verlag Michael Baiculesco, Wien 1998

Mayröcker, Friederike: *Benachbarte Metalle.* © Suhrkamp Verlag, Frankfurt am Main 1998

Montagu, Lady Mary: *Briefe aus Wien.* Wien 1985

Mozart, Wolfgang Amadeus: *Briefe und Aufzeichnungen.* (Hrsg. W. A. Bauer und O. E. Deutsch). Kassel 1963

Musil, Robert: *Der Mann ohne Eigenschaften.* In: *Gesammelte Werke, Bd. 1-5* (Hrsg. Adolf Frisé). © Rowohlt Verlag GmbH, Reinbek 1978

Neidhart von Reuenthal: »*Owê dirre sumerzît...*« In: Siegfried Beyschlag (Hrsg.): *Die Lieder Neidharts.* Darmstadt 1975

Okopenko, Andreas: *Mei Weanerlied.* In: Jochen Jung (Hrsg.): *Glückliches Österreich.* © Andreas Okopenko, Wien 1995

Pataki, Heidi: *belvedere.* In: *Amok und Koma.* © Otto Müller Verlag, Salzburg 1999

Perutz, Leo: *Zwischen neun und neun.* © Paul Zsolnay Verlag Gesellschaft m.b.H., Wien 1978, 1993

Pichler, Karoline: Zitat aus *Denkwürdigkeiten aus meinem Leben.* Wien 1844. In: Jost Perfahl (Hrsg.): *Wien Chronik.* Salzburg/Stuttgart 1961

Polgar, Alfred: *Denkmal / Wien I. Stallburggasse 2.* In: *Kleine Schriften,*

Bd. 1 (Hrsg. Marcel Reich-Ranicki in Zusammenarbeit mit Ulrich Weinzierl). © Rowohlt Verlag GmbH, Reinbek 1982

Qualtinger, Helmut/Merz, Carl: *Der Herr Karl.* In: Helmut Qualtinger: *Werkausgabe, Bd. 1* (Hrsg. Traugott Krischke). © Franz Deuticke Verlag, Wien 1995

Qualtinger, Helmut/Merz, Carl: *Travniceks gesammelte Werke.* In: Helmut Qualtinger: *Werkausgabe, Bd. 3* (Hrsg. Traugott Krischke). © Franz Deuticke Verlag, Wien 1996

Rabinovici, Doron: *Leben in der Mitvergangenheit.* In: *Format* 14/99 © Doron Rabinovici, Wien 1999

Rezzori, Gregor von: *Aufruhr im Mittelpunkt von Wien.* In: *Begegnungen.* © Gregor von Rezzori, Wien 1992

Richter, Joseph: *Taschenbuch für Grabennymphen auf das Jahr 1787.* In: Bernhard Doppler (Hrsg.): *Erotische Literatur 1787-1958.* Wien/Köln 1990

Roth, Gerhard: *Eine Reise in das Innere von Wien.* © S. Fischer Verlag GmbH, Frankfurt am Main 1991

Roth, Gerhard: *Der Plan.* © S. Fischer Verlag GmbH, Frankfurt am Main 1998

Roth, Joseph: *Die westlichen Gettos – Wien.* In: *Werke, Bd. 2* © Verlag Kiepenheuer & Witsch, Köln und Verlag Allert de Lange, Amsterdam 1990

Rühm, Gerhard: *keanddnaschdrossn.* In: *Sämtliche Wiener Dialektdichtungen.* © Gerhard Rühm. Literaturverlag Droschl, Graz-Wien 1993

Saar, Ferdinand von: *Vae victis!* In: *Novellen aus Österreich, Bd. 1* (Hrsg. Karl Wagner). Wien/München 1998

Schindel, Robert: *Gebürtig.* © Suhrkamp Verlag, Frankfurt am Main 1992

Schnitzler, Arthur: *Leutnant Gustl.* In: *Das erzählerische Werk, Bd.2.* © S. Fischer Verlag GmbH, Frankfurt am Main 1961

Schnitzler, Arthur: *Der Weg ins Freie.* In: *Das erzählerische Werk, Bd. 4.* © S. Fischer Verlag GmbH, Frankfurt am Main 1961

Schutting, Julian: *Ärmstes aller Wiener Denkmäler!* In: Richard Reichensperger (Hrsg.): *Vorfreude Wien. Literarische Warnungen 1945-1995.* © Julian Schutting. S. Fischer, Frankfurt a. M. 1995

Sperber, Manès: *Die Wasserträger Gottes. All das Vergangene...* © EuropaVerlag, Hamburg-Wien 1974

Spiel, Hilde: *Rückkehr nach Wien. Ein Tagebuch.* © Nymphenburger in der F. A. Herbig Verlagsbuchhandlung GmbH, München 1968

Stifter, Adalbert: *Aussicht und Betrachtungen von der Spitze des St. Stephansturmes/Leben und Haushalt dreier Wiener Studenten.* In: *Aus dem alten Wien. Zwölf Erzählungen* (Hrsg. Otto Erich Deutsch). Frankfurt a. M. 1986

Streeruwitz, Marlene: *Verführungen.* © Suhrkamp Verlag, Frankfurt am Main 1996

Turrini, Peter: *Die Verhaftung des Johann Nepomuk Nestroy.* © Luchterhand Literaturverlag GmbH, München 1998

Walther von der Vogelweide: *»Owê war sint verswunden…«* In: *Gedichte* (Hrsg. Peter Wapnewski). Frankfurt a. M. 1962

Weininger, Otto: *Geschlecht und Charakter. Eine prinzipielle Untersuchung.* Wien 1920

Wildgans, Anton: *Musik der Kindheit.* In: *Gedichte. Musik der Kindheit. Kirbisch* (Hrsg. Gottfried Wildgans). © Verlag Kremayr & Scheriau, Wien 1953

Zeemann, Dorothea: *Einübung in Katastrophen* © Suhrkamp Verlag, Frankfurt am Main 1997

Zelter, Friedrich: *Brief an Goethe vom 15. September 1819.* In: *Zelter auf Reisen. Briefe Friedrich Zelters an Goethe.* Leipzig 1924

Zweig, Stefan: *Die Welt von Gestern. Erinnerungen eines Europäers.* © Beermann-Fischer Verlag A.B., Stockholm, 1944. Alle Rechte vorbehalten S. Fischer Verlag GmbH, Frankfurt am Main

Bildnachweis

Bildarchiv Foto Marburg: S. 19
Dr. Christian Zentner, Grünwald: S. 71
Archiv Preußischer Kulturbesitz: S. 94
Merian Wien, o.J.: S. 134, 198
Franz Hubmann, Wien: S.171
Richard Miklin: S. 8, 42, 115, 154, 190

Personenregister

Abraham a Sancta Clara 44f, 54, 78
Achleitner, Friedrich 51
Adler, Friedrich 59, 99
Aichinger, Ilse 32, 126, 152
Allen, Woody 186
Altenberg, Peter 53, 60f, 87, 91f
Arndt, Ernst Moritz 174
Artmann, H. C. 51, 64, 66, 70, 196, 205
Améry, Jean 144
Andrian, Leopold 28
Arnstein, Fanny von 21
Augustin, Volkssänger 34

Bachmann, Ingeborg 31, 57f., 89, 116-18, 152, 210
Bäcker, Heimrad 106
Bahr, Hermann 73
Balzac, Honoré de 120
Basset, Walter 110
Bauer, Wolfgang 152
Bauernfeld, Eduard von 28, 199
Bayer, Konrad 51
Beckermann, Ruth 97
Beer-Hofmann, Richard 193
Beethoven, Ludwig van 54, 58, 90, 116, 122, 145, 172f., 201f., 204
Bernhard, Thomas 20, 38, 46, 51f., 54, 59, 63, 81f., 88, 197, 208
Braendle, Christoph 40, 206
Broch, Hermann 144, 199
Brod, Max 53
Busta, Christine 16

Canetti, Elias 83, 86, 106, 108f., 123, 144, 199
Canetti, Veza 108f.
Carl, Carl 104, 147
Casanova, Giacomo 44f.
Castelli, Ignaz 67
Celtis, Konrad 14
Chargaff, Erwin 187
Charoux, Siegfried 29
Chiavacci, Vinzenz 145

Demel, Christoph 49
Doderer, Heimito von 46f., 83, 88, 122-24, 127, 156, 170, 175-77, 180-82, 200, 203, 208, 210
Dollfuß, Engelbert 51, 93

Ebner-Eschenbach, Marie von 24, 126
Ehrenstein, Albert 27
Elisabeth, Kaiserin 87, 191f.
Eugen von Savoyen, Prinz 63, 129

Ferstel, Heinrich 90, 170, 187
Fischer von Erlach, Johann Bernhard 54, 63, 77, 129, 142, 192
Fischer von Erlach, Joseph Emanuel 72, 143
Fontane, Theodor 51

Franz Ferdinand, österr. Thronfolger 47, 129, 189
Franz Joseph I., Kaiser 118, 170, 189, 191
Franz Stephan von Lothringen, Kaiser 57
Freud, Sigmund 186, 188
Fried, Erich 175, 178, 187
Friedell, Egon 61, 89, 199
Frischmuth, Barbara 116, 118, 120f., 125
Fritsch, Gerhard 12, 110, 112
Fritsch, Lisa 133

Gerstl, Elfriede 39, 102
Goethe, Alma von 28, 90
Goethe, Johann Wolfgang von 28, 30, 90, 165
Goethe, Ottilie von 28, 90, 165
Greene, Graham 95, 110
Griensteidl, Heinrich 73
Grieser, Dietmar 111
Grillparzer, Franz 20, 38f., 52, 54, 61f., 66, 68, 87f., 140f., 152, 168, 204, 209
Gütersloh, Albert Paris 122, 203

Härtling, Peter 180
Handke, Peter 146f.
Hansen, Theophil 35, 82, 85, 138
Hasenauer, Carl von 88
Haslinger, Josef 135
Hawelka, Josefa 52
Hawelka, Leopold 51f.
Hebbel, Friedrich 50, 153, 155f., 160
Heer, Friedrich 35, 85
Heinrich II. Jasomirgott 24, 26f.
Herzmanovsky-Orlando, Fritz von 142, 149f.
Hoffmann, Josef 61, 199
Hofmannsthal, Hugo von 20, 51, 73, 86f., 127f., 138, 159
Hollein, Hans 41, 96
Horváth, Ödön von 15, 152, 155, 159f., 199, 205, 207
Hildebrandt, Johann Lukas von 27, 43, 63, 92, 129, 157, 164
Hitler, Adolf 30, 52, 79, 81, 93, 109, 127, 171
Hrdlička, Alfred 55

Irving, John 20, 60, 140-142, 195

Jaeger, Theodor 177
Jandl, Ernst 80
Jelinek, Elfriede 112, 116, 143, 152, 158, 166, 169, 213

Kafka, Franz 53, 62
Kisch, Egon Erwin 51, 92
Kleeberger, Juliana 67
Kokoschka, Oskar 138
Kraus, Karl 47, 49, 51, 59, 73-75, 91, 108f., 137-39
Kuh, Anton 49, 91
Kundmann, Karl 87

Lenau, Nikolaus 28, 120, 168, 173, 180
Lenz, Hermann 53, 131f.
Leopold VI., Herzog 25
Leopold I., Kaiser 100
Lernet-Holenia, Alexander 21, 59, 76, 192
Lichtenstein, Ulrich von 25
Loos, Adolf 15, 59f., 72, 85, 138, 140, 144, 204

Mahler-Werfel, Alma 199f.
Marc Aurel, röm. Kaiser 18, 20, 30
Maria Theresia 44, 57, 59, 72, 168, 192
Matsch, Franz von 18
Mauthe, Jörg 50, 78, 92, 185
Mayreder, Rosa 22
Mayröcker, Friederike 194
Menasse, Robert 89
Merz, Carl 12, 80
Montagu, Lady Mary 164
Mozart, Wolfgang Amadeus 68f., 72, 78, 116, 131f., 136, 209
Musil, Robert 27, 76, 116, 120-22, 142-44, 160, 172

Neidhart Fuchs 14, 23
Neidhart von Reuenthal 14, 23 ff.
Nestroy, Johann 28, 50, 104-06, 147-49, 152, 158f.
Nicolai, Friedrich 151
Nüll, Eduard van der 136

Okopenko, Andreas 205f.
Olbrich, Joseph 145

Pacassi, Nicolaus 92, 192
Pataki, Heidi 128
Perutz, Leo 183f.
Peymann, Claus 88
Piccolomini, Aeneas Silvius 67
Pichler, Karoline 168f.
Polgar, Alfred 51, 61, 91, 93, 114, 122, 150

Qualtinger, Helmut 12, 78

Rabinovici, Doron 107f.
Raimund, Ferdinand 104f., 149, 152, 158
Redl, Alfred 92
Reinmar von Hagenau 24f.
Rezzori, Gregor von 41
Richter, Joseph 45
Rilke, Rainer Maria 138, 151
Roth, Gerhard 16, 62, 65, 75-77, 175
Roth, Joseph 15, 56, 97, 101, 105, 144, 189, 193
Rühm, Gerhard 51, 60

Saar, Ferdinand von 28, 155, 170, 199
Salten, Felix 37, 73, 75, 111
Schikaneder, Emanuel 147
Schindel, Robert 122, 162
Schmeltzl, Wolfgang 28
Schmidt, Friedrich 88
Schneider, Reinhold 34f.
Schnitzler, Arthur 30f., 73-75, 86, 89, 98, 105, 111, 116, 127, 138f., 152, 159, 161f., 186
Schubert, Franz 88, 180
Schutting, Julian 55
Semper, Gottfried 81, 88
Sicardsburg, August Sicard von 136
Singer, Christiane 68
Sobol, Joshua 172
Sperber, Manès 83, 98f.
Spiel, Hilde 121, 202
Stifter, Adalbert 9ff., 33, 38, 76, 103, 105, 111, 117f., 180, 210
Stranitzky, Joseph 58
Strauß, Johann 96, 104, 114, 116, 205
Streeruwitz, Marlene 89
Stürgkh, Karl Graf 59

Tannhäuser, Minnesänger 25
Thiede, Oskar 105
Torberg, Friedrich 91, 187, 197
Trotzki, Leo 91
Turrini, Peter 148, 152

Vogl, Franz 152

Wagner, Otto 139, 148
Walther von der Vogelweide 18, 20, 24f.
Weigel, Hans 88, 90, 140, 143, 152
Weinheber, Josef 26, 119
Weininger, Otto 172f.
Werfel, Franz 86, 91, 199
Wertheimstein, Franziska von 199
Whiteread, Rachel 29
Wiener, Oswald 51
Wischenbart, Rüdiger 103
Wildgans, Anton 37, 39,123, 156-58
Wittgenstein, Ludwig 124

Zeemann, Dorothea 54
Zelter, Carl Friedrich 30
Zweig, Stefan 73, 89, 111, 150, 160, 165f., 187

Klett-Cotta
© J. G. Cotta'sche Buchhandlung Nachfolger GmbH, gegr. 1659,
Stuttgart 2000
Alle Rechte vorbehalten. Fotomechanische Wiedergabe nur mit
Genehmigung des Verlags
Printed in Germany
Karten: Rudolf Hungreder, Leinfelden
Gestaltung: Finken & Bumiller, Stuttgart
Abbildungen auf dem Umschlag:
Oben: Blick über Wien vom Belvedere aus. Ölgemälde von
Bernardo Bellotto, genannt Canaletto, um 1760. Kunsthistorisches
Museum, Wien
Unten: Belvedere-Park, © Tony Stone, München
Gesetzt aus der 10 Punkt Scala
Auf säure- und holzfreiem Werkdruckpapier
gedruckt und gebunden von Gutman & Co., Talheim
ISBN 3-608-91992-9

Maria Marginter/Fyodor Gawrilow:

St. Petersburg

Weiße Nächte, dunkle Tage. Literarische Spaziergänge

173 Seiten, Pappband, 11 Fotos, zwei Karten, Lesebändchen

ISBN 3-608-91776-4

»Als ›phantastischste Stadt der Welt‹ bezeichnete Dostojewski St. Petersburg. In der Tat: Generationen von Schriftstellern und Künstlern haben an diesem Mythos weitergearbeitet – deshalb verfügt St. Petersburg heute über eine ausgeprägte geistige Identität, die jeden Ort mit einer Geschichte verbindet. Dokumentiert ist das facettenreiche Gesicht dieser Stadt in einem literarischen Reiseführer, der den Besucher auf zehn Spaziergängen durch die einzelnen Quartiere führt. Die Autoren erweisen sich als intime Kenner.«

Neue Zürcher Zeitung

Jutta Stössinger:

Badeleben

Literarischer Reisebegleiter von Wismar bis Danzig

Unter Mitarbeit von Heiner Maier

176 Seiten, Pappband, zahlreiche Illustrationen, Lesebändchen

ISBN 3-608-91776-4

Die literarische Bäderreise von Wismar nach Danzig führt über legendäre Orte wie Bad Doberan, Stralsund, Rügen, Hiddensee, Greifswald u. a. Unterwegs läßt sich verweilen bei kleinen Exkursen über Backsteingotik und Strandburgen, über Bernstein und darüber, wo denn das Rerik von Alfred Andersch wirklich liegt.

Die Reisebegleiter sind nicht minder illuster: Franz Kafka, Christa Wolf, Uwe Johnson, Wolfgang Koeppen, die Brüder Mann, Theodor Fontane, Elizabeth von Arnim, Joachim Ringelnatz, Christoph Hein und andere lassen uns die Stationen der Reise auf vielfältige Weise erleben.

»...ein Reiseführer der besten Art, wie er anmutiger nicht sein könnte, und ein Geschichtsbuch der besonderen Art.«

Peer Teuwsen/Tages-Anzeiger

Anzeige:

Klett-Cotta

Peter Peter:
Sizilien

Literarische Erkundungen
im Land, wo der Teufel sein Weib nahm

220 Seiten, Pappband,
zahlreiche Illustrationen, eine Karte, Lesebändchen
ISBN 3-608-91772-1

»Hier hat sich jemand wirklich bemüht, diese widersprüchliche und widerspenstige Insel zu erklären und – im zweifachen Wortsinn – erfahrbar zu machen.«
Falter Wien

Doris und Dieter Schiller:
Bodensee

Literarische Erkundungen rund um das Schwäbische Meer

198 Seiten, Pappband,
zahlreiche Illustrationen, eine Karte, Lesebändchen
ISBN 3-608-93393-X

»Ein hübsches Reise-Lese-Buch ist aus den unterschiedlichen Texten entstanden. Mit seinen zurückhaltenden Kommentaren, in denen manch reizvoller Spaziergang empfohlen wird, überläßt es den Leser beinahe ganz den Eindrücken der Literaten, die an den Bodensee gereist sind, dort gelebt haben oder noch leben.«
DIE ZEIT

Klett-Cotta

Cobenzl
Grinzing
Franz-Josefs-Bahnhof
Adalbert-Stifter-Museum
Liechtenstein-
Währing 18.
Alserbachstraße
Liechtenstein-Park
Porzellang.
Jüdi
Frie
Seeg
Liechtensteinstraße
Heimito von Doderer- und Erich Fried-Gedenkstätten
Strudlhofstiege
Währinger Straße
Sigmun Freud-Museun
Hernals 17.
Alsergrund 9.
Narrenturm
Wasagasse
Be
Schwarzspanierstraße
Votivkirche
Alser Straße
Kochgasse
Friedrich-Hebbel-Dokumentation + Stefan Zweig-Archiv
Josef-stadt 8.
Floriani-gasse
Ottakring 16.
Piaristenkirche
Josefstädter Straße
Schmidgasse
Lange Gasse
Hc
Volkstheater
Neubau 7.
Spittelberg
Rudolfsheim–Fünfhaus 15.
Mariahilfer Straße
Stiegengasse
Naschm
Mariahilf 6.
Schloß Schönbrunn
Wien